PROVAS DIGITAIS
no Processo do Trabalho:
Realidade e Futuro

VOLUME 2

LACIER

Ana Paula Silva Campos Miskulin
Danielle Bertachini
Platon Teixeira de Azevedo Neto
Coordenadores

PROVAS DIGITAIS
no Processo do Trabalho:
Realidade e Futuro

VOLUME 2

LACIER

LACIER
Lacier Livraria e Editora
www.livrarialacier.com.br

Rua Doutor Quirino, 808 – Centro
CEP 13015-081 – Campinas, SP – Brasil

Novembro, 2023

Diretor: *Lacier José de Rezende*
Diretor assistente: *Eduardo Soares Aureliano*
Projeto de capa: *Fabio Giglio*
Projeto gráfico e editoração eletrônica: *Peter Fritz Strotbek – The Best Page*

Ficha Catalográfica

Dados Internacionais de Catalogação na Publicação (CIP)
(Câmara Brasileira do Livro, SP, Brasil)

P969 Provas digitais no processo do trabalho : realidade e futuro / Coordenadores: Ana Paula Silva Campos Miskulin, Danielle Bertachini, Platon Teixeira de Azevedo Neto. — 1. ed. — Campinas, SP : Lacier Editora, 2023.
222 p. ; 17 x 24 cm. (volume 2)

ISBN 978-65-88805-64-0

1. Direito do trabalho. 2. Direito processual do trabalho. 3. Prova digital. 4. Internet — Legislação. I. Miskulin, Ana Paula Silva Campos. II. Bertachini, Danielle. III. Azevedo Neto, Platon Teixeira de.

CDU 34.331(81)

Índices para catálogo sistemático:
1. Processo do trabalho — Provas digitais
Angela Schmidt da Rosa – Bibliotecária – CRB-14/1171

Sumário

Apresentação

A prova digital, definitivamente, veio para ficar. O mundo não retrocederá a ponto de ignorar os registros tecnológicos e a quantidade infinita de dados armazenados nos mais diversos bancos. Na realidade, ao contrário, o tema se torna cada vez mais pujante e necessário.

Assim, unimo-nos novamente nesse propósito de oferecer à comunidade jurídica, especificamente a laboral, maiores e novos debates acerca das provas digitais. Esta nova obra se apresenta, então, não como uma segunda edição, mas como um segundo volume do livro "Provas Digitais no Processo do Trabalho: Realidade e Futuro", publicado pela Editora Lacier em 2022.

Esta coletânea, lançada em 2023, constitui, assim, uma sequência de estudos de renomadas e renomados autores, magistrados, professores e advogados que se voltam ao exame da utilização das provas digitais no processo do trabalho, passando pelos aspectos teórico e prático desse meio probatório no cenário contemporâneo.

A obra é inaugurada com artigo destes coordenadores, tratando das distinções entre intimidade e privacidade, e de dados estáticos e dados em trânsito, além da abordagem processual de utilização das provas digitais, com vistas ao desfazimento de alguns mitos que teimam em existir na comunidade jurídica, mas que precisam ser definitivamente esclarecidos.

Em seguida, Xerxes Gusmão enfrenta e descortina a questão do direito à intimidade à luz da Lei Geral de Proteção de Dados, em belo texto que analisa a eficácia probante e a validade das provas digitais no processo do trabalho, especialmente.

Larissa Matos ainda alerta para os limites da Lei Geral de Proteção de Dados, sobretudo em relação ao recomendado *compliance* na proteção dos dados pelas empresas e como isso pode repercutir nas provas digitais apresentadas no processo laboral.

O artigo de Luciano Martinez, particularmente, vem explorar o armazenamento de publicações na *internet* e como isso pode repercutir na produção das provas digitais, bem como o valor jurídico destas, notadamente em relação às páginas arquivadas pelo *Internet Arquive*, uma organização sem fins lucrativos, detentora da *Wayback Machine*, um banco de dados digitais com bilhões de páginas da *internet* e que pode ser utilizado como repositório de publicações verificável em processos judiciais.

Bernardo de Azevedo vem na sequência trazendo as técnicas de requisição e a apresentação de dados de geolocalização demonstrando como estes dados e outros relacionados às provas digitais podem ser utilizados em processos judiciais.

A geolocalização também é tema do completo texto de Olga Fortes, que traz análise atual da jurisprudência trabalhista pátria envolvendo o assunto.

Elias Menta e Jean Carlos tratam dos aspectos processuais da prova digital, trazendo à baila o CPC e sua aplicação supletiva e subsidiária ao processo laboral, enfocando a questão dos requisitos de validade dessa nova modalidade de prova de forma primorosa.

Viviane Vidigal, por sua vez, instiga-nos a refletir sobre a gestão algorítmica do trabalho com texto bastante provocativo, fazendo alusão à mitológica *Caixa de Pandora*.

A colaboração de João Pedro e Ana Cláudia também se revela importante na medida em que trata da obrigatoriedade do fornecimento de IP por provedores de aplicação e de conexão por decisão judicial, o que pode ser determinante para a apuração da autoria e materialidade dos atos praticados na *internet*.

Após, encontramos a valiosa contribuição de Guilherme Feliciano e Mariana Benevides, examinando, de forma ímpar, a escravidão contemporânea e o uso de tecnologias digitais, buscando demonstrar como estas podem ser úteis no combate às formas contemporâneas de redução do trabalhador a condições análogas à de escravo.

Marco Aurélio e Maria Carolina, de modo singular, analisam o uso das provas digitais no campo do direito previdenciário, ampliando o leque de aplicações no universo do sujeito-trabalhador.

Por fim, brilhante artigo de Fabiano Luzes, Marcos Dias e Maurício Madeu, que lança luzes sobre aspectos práticos na utilização das provas digitais com base em experiências concretas no âmbito do TRT da 1ª Região, situado no Rio de Janeiro.

Tem-se, pois, uma obra completa, plural, dialética e profunda acerca das provas digitais no processo do trabalho, revelando mais uma vez a nossa realidade desse futuro-presente, abordando de forma multidimensional aspectos diversos da aplicação dessas formas atípicas de comprovação dos fatos na seara laboral.

Pode-se perceber, enfim, a elevada relevância da temática dentro do contexto vivente, haja vista a enormidade de discussões, podendo-se, ainda, constatar que a matéria passa a ser examinada não mais somente pelos juízes de primeiro grau, mas avançam pelos tribunais regionais e já tem sido enfrentada pelos tribunais superiores. Por isso, não fique para trás!

Convidamos todas e todos a apreciarem com carinho este segundo volume da coleção.

Cordiais abraços,

De Campinas, Florianópolis e Goiânia,

Ana Paula Silva Campos Miskulin
Danielle Bertachini
Platon Neto

A Dinamicidade do Processo do Trabalho Contemporâneo: Desfazendo Mitos sobre o Uso das Provas Digitais

Ana Paula Silva Campos Miskulin[1]

Danielle Bertachini[2]

Platon Neto[3]

Introdução

(1) Juíza do trabalho do TRT da 15ª Região. Mestre em Direito do Trabalho pela USP. Especialista em Direito e Processo do Trabalho pela UFG. É pesquisadora do Núcleo de Pesquisa e Extensão: o trabalho além do Direito do Trabalho da USP. Professora. Autora do livro *Aplicativos e Direito do Trabalho:* a era dos dados controlados por algoritmos. Coordenadora de obras sobre Direito Processual do Trabalho e Tecnologia. Fez parte da primeira turma do Curso de Formação de Formadores da ENAMAT, em abril de 2021, sobre Provas Digitais, tendo após atuado como tutora do respectivo curso na ENAMAT e ministrado outros cursos e palestras também sobre o mesmo tema na Escola Nacional e em diversas Escolas Judiciais regionais.

(2) Juíza do Trabalho desde 2000, estando atualmente lotada na 7ª VT de Florianópolis. Concluiu o curso de especialização em Direito Econômico do Trabalho pela Unicamp/CESIT e o Master em Direito Social do Trabalho na França, em Lyon (*Université Lumiére 2*). Fez parte da primeira turma do Curso de Formação de Formadores da ENAMAT sobre Provas Digitais, tendo após atuado como tutora de cursos sobre o tema na ENAMAT além de ter ministrado outros cursos e palestras sobre o mesmo tema.

(3) Juiz Titular da Vara do Trabalho de São Luís de Montes Belos/GO (TRT18). Juiz Auxiliar da Vice-presidência e da Corregedoria do TRT de Goiás. Foi Juiz Auxiliar da Direção da ENAMAT de março de 2020 a outubro de 2022. Professor Adjunto de Direito Processual do Trabalho da Universidade Federal de Goiás. Professor Permanente do Mestrado em Direito e Políticas Públicas da UFG; Doutor em Direito pela Universidade Federal de Minas Gerais. Mestre em Direitos Humanos pela Universidade Federal de Goiás. Especialista em Direito Constitucional pela Universidade de Brasília. Pós-graduado em Direito do Trabalho e Previdência Social pela Universidade Europeia de Roma, na Itália. Membro Efetivo do Instituto Ítalo-Brasileiro de Direito do Trabalho. Titular da Cadeira n. 3 da Academia Goiana de Direito. Eleito para a Cadeira n. 60 da Academia Brasileira de Direito do Trabalho em julho de 2023.

A ideia principal deste artigo é desfazer alguns mitos sobre o uso das provas digitais no processo do trabalho. É certo que, se de um lado existe a preocupação válida, por óbvio, quanto à privacidade, de outro existe o direito à ampla defesa, que não pode ser tolhido sob o argumento infundado de intromissão na intimidade da pessoa, sem que a discussão seja realmente aprofundada e esgotada.

Assim, a pesquisa exposta neste trabalho pretende abordar a questão sob três aspectos.

Em primeiro lugar, será feita a distinção entre intimidade e privacidade, buscando-se demonstrar que as provas digitais, geralmente, não afetam a intimidade, esfera mais reservada do indivíduo e, com as devidas cautelas, tampouco a privacidade, desde que eventuais dados sensíveis sejam postos em sigilo no processo.

Em segundo lugar, pretende-se demonstrar a distinção entre dados estáticos e dados em trânsito, sendo tal diferenciação fundamental para se compreender a possibilidade de aplicação de certas provas digitais no processo laboral, como a geolocalização, que não está restrita à investigação policial e ao processo criminal. Defende-se aqui a significativa capacidade de prova do mundo digital superando as provas frágeis e pouco precisas até então existentes.

Por último, passa-se ao tratamento dos direitos pertinentes e dos dados no processo do trabalho, a partir de uma valoração do conjunto probatório calcada na unidade, respeitando-se os requisitos de validade das provas digitais. Encerra-se, assim, com um exame dos aspectos processuais do uso dessa nova e modalidade atípica de prova. Convidamos os leitores a seguirem conosco esse trajeto.

1. Conceituações e limitações dos direitos à privacidade e à intimidade

Em profundo estudo doutrinário sobre o direito à intimidade do empregado, a saudosa Alice Monteiro de Barros (1997, p. 29-30) concluiu que, embora não houvesse, de forma geral, uma diferenciação clara e consensual para os autores brasileiros entre intimidade e privacidade, podia-se dizer, de modo genérico, que o direito à intimidade é o direito a manter o segredo de certos aspectos da vida pessoal, enquanto se costumava atribuir uma dimensão maior à privacidade, compreendendo-se diversas manifestações da vida privada.

Conforme alerta José Adércio Leite Sampaio (2018, p. 286), conquanto haja uma tendência da doutrina brasileira a tratar intimidade e vida privada indistintamente, "há que se fazer radical distinção a partir das lições do direito comparado e mesmo da matriz etimológica das duas expressões, sem esquecer ainda do fator de diferenciação feito pela disposição constitucional", vez que no inciso X do art. 5º da CF/88 constam as expressões separadas: "intimidade" e "vida privada", sendo lógico o tratamento diferenciado dos dois bens jurídicos do ser humano.

Assim, o direito à vida privada comporta uma compreensão mais ampla, com desdobramentos que são produtos de uma dada realidade social, econômica e política, percebível pelo mundo jurídico e, por ele, revelado. Nessa esteira, a forma com que a privacidade deve ser considerada no atual contexto inexoravelmente se alude a um novo contexto em que o universo digital se amplia e face a novas tecnologias e à inteligência artificial, onde não mais se espera que o direito de não ser incomodado assegure um grande sossego, pois o tempo todo as imagens das pessoas estão sendo registradas. Basta sair na rua para ser filmado em diversos lugares, nas padarias, nos supermercados, nos edifícios, nos estabelecimentos bancários, nos tribunais e nas instituições de ensino.

Samantha Corrêa (2011, p. 37) explica a diferença entre privacidade e intimidade com base na Teoria dos Círculos Concêntricos. Com base nessa ideia, temos um círculo maior correspondente à privacidade, e dentro dele, outro menor relativo à intimidade. Nesta temos o núcleo essencial, equivalente "aquilo que diz respeito única e exclusivamente à pessoa, à sua esfera mais reservada", ou seja, há aqui o segredo da pessoa, que merece ser preservado. Naquela, a privacidade de modo mais amplo, temos aquilo que "o indivíduo não quer que seja de conhecimento público, embora possa escolher algumas dessas pessoas para participar dessas suas particularidades".

O direito à privacidade constitui, assim, uma expressão mais ampla, abrangendo todas as manifestações da esfera íntima do cidadão, incluindo a vida privada e a personalidade das pessoas, enquanto a intimidade "é a vida secreta ou exclusiva que alguém reserva para si, sem nenhuma repercussão social, nem mesmo junto à sua família, aos seus amigos e ao seu trabalho" (CUNHA JÚNIOR, 2018, p. 626-627).

O conceito de privacidade (vida privada), segundo Alexandre de Moraes (2002, p. 135), envolve todos os relacionamentos da pessoa, inclusive os objetivos, tais como relações comerciais e de trabalho, enquanto a intimidade refere-se às relações subjetivas mais profundas e de trato íntimo da pessoa humana, ligadas à família e aos amigos próximos.

Conforme esclarecem Nelson Nery Júnior e Georges Abboud (2017), os dados referentes ao cidadão precisam ser categorizados de forma a se considerar uma *graduação* no nível de proteção. Assim, por exemplo, "conhecer o endereço de uma pessoa não é a mesma coisa que lhe violar a intimidade do lar; conhecer o endereço eletrônico de uma pessoa não equivale a devassar-lhe as mensagens eletrônicas enviadas, recebidas e trocadas e nele armazenadas pelo usuário".

Mutatis mutandis, não se pode comparar o acesso a dados de geolocalização com violação do segredo de comunicação ou qualquer ofensa a direito de intimidade. Afinal, se um trabalhador sai do serviço a caminho de casa ou vai a qualquer outro lugar, isso pode ser visto por qualquer pessoa. Considerando que convém manter esses dados quando levados ao processo em sigilo, nenhum direito estará sendo ferido e, de outro lado, estará sendo respeitado o direito à ampla defesa.

Logo, não pode subsistir a alegação de que o uso das provas digitais viola o direito à intimidade, pois a obtenção de dados de geolocalização, de filmagens e de outros arquivos digitais não afetam a esfera mais reservada do indivíduo, pois são normalmente dados públicos e também estáticos (definição explorada adiante), sendo que o sigilo mantido nos autos preserva a privacidade dos envolvidos em qualquer questão a ser analisada em processo judicial cível, criminal ou trabalhista que diga respeito a conteúdo digital relacionado ao mundo fático.

2. Dos dados estáticos (estanques) e dados em trânsito e a legitimidade jurisdicional decorrente

2.1. Dados estáticos e dados em trânsito

Ainda nos dias de hoje, depois de já algum tempo do uso de dados e evidências digitais no Processo do Trabalho, podemos encontrar em peças jurídicas questionamentos acerca da legitimidade (ou a falta de, no caso) dos magistrados ou até da parte, em solicitar a provedores — de conexão ou de aplicação/conteúdo — dados armazenados para fins de subsídio probatório em processos em andamento, sobretudo com a alegação de que, em não se tratando de investigação criminal ou de processo penal, esses dados não poderiam ser trazidos aos autos na justiça especializada trabalhista. Mas sabemos que essa alegação é totalmente equivocada, sobretudo pelos conceitos e limitações tanto constitucionais, quanto legais.

A distinção entre dados estanques (ou estáticos) e dados em trânsito é fundamental para podermos, de forma correta e assertiva, enquadrarmos os dados buscados e sua respectiva correlação com os termos legais, fundamentando e demonstrando, desta forma, a legitimidade de sua exigência pelos respectivos órgãos jurisdicionais.

Portanto, de uma forma bem simples, quando falamos em dados estáticos, estamos nos referindo àqueles dados que já trafegaram pela internet e estão armazenados em algum lugar, podendo ser dispositivos eletrônicos, digitais, em nuvem, etc.; por outro lado, quando falamos em dados em trânsito, referimo-nos àqueles que ainda não trafegaram pela internet e serão capturados, assim, em tempo real, ou seja, no momento em que a comunicação está acontecendo, tal qual o famoso grampo telefônico (em termos técnicos, interceptação telefônica ou, ainda, escuta telefônica, modalidade distinta, mas que se enquadra nesse mesmo tipo), e que não se confunde, logo, com a gravação clandestina, que é tranquilamente aceita como prova (Tema n. 237/STF, já julgado, e de Repercussão Geral), enquanto os demais tipos mencionados, apenas cabível, apropriadamente, em processo penal e investigação criminal.

Interessante e esclarecedora a abordagem sobre este tema trazido por José Afonso da Silva:

> Na nossa concepção, a quebra do sigilo telefônico já abrangia a quebra do sigilo dos dados correspondentes. Como observamos acima também, uma interpretação mais compreensiva inclui o sigilo de dados na ressalva do inciso. Isso porque, como visto, o dispositivo contém dois blocos significativos: a) sigilo da correspondência e sigilo das comunicações telegráficas; b) sigilo de dados e sigilo das comunicações telefônicas (2006, p. 106-107).

Assim, quando o comando de exceção admite afastar o sigilo "no último caso", é legítimo entender que "último caso" diz respeito a todo o último bloco significativo, o que abrange o *sigilo de dados* e o *sigilo das comunicações telefônicas.*" Ainda prossegue no sentido de que:

> A Lei n. 9.296/1996 adotou uma interpretação estreita da cláusula de ressalva, quando regulando a parte final do inciso XII em comentário,

> dispõe apenas sobre a interceptação de comunicações telefônicas, o que estritamente considerando, se refere apenas à captação da comunicação no ato de sua realização. Mas ela também se aplica à interceptação do fluxo de comunicação em sistema de informática e telemática, o que nos parece encontrar fundamento no inciso em comentário nos termos já vistos (2006, p. 106-107).

Desse modo, são distintos os conceitos de quebra de sigilo e de interceptação, como também os conceitos de gravação clandestina (ou ambiental, termo que preferimos), de interceptação telefônica e escuta telefônica, sendo que já podemos acrescentar neste bloco, diríamos, a distinção entre interceptação telemática e infiltração virtual, esta última prevista na Lei de Drogas (art. 53, I, da Lei n. 11.343/2006) e mais recentemente na Lei n. 12.850/13, que trata das Organizações Criminosas.

Para relembrarmos os conceitos, temos que a **gravação clandestina** consiste em uma gravação ambiental, pessoal ou telefônica feita por um dos interlocutores sem o conhecimento dos demais — lícita como prova. Na **interceptação telefônica** temos dois interlocutores e o interceptador, não participante da conversa, que procede à gravação sem que os interlocutores saibam e, por sua vez, na **escuta telefônica,** temos dois interlocutores e um interceptador, mas um daqueles (interlocutores) tem conhecimento do fato.

Já a **interceptação telemática**, prevista no Pacote Anticrime (Lei n. 13.964/2019), consiste em uma captação de troca de mensagens, seja ela de texto ou áudio, através de aplicativos de mensagens instantâneas com a finalidade de tomar conhecimento de seu conteúdo, sem que os interlocutores tenham ciência de um terceiro observando a comunicação, enquanto a **infiltração virtual**, por sua vez, consiste na atuação do agente na rede de internet, onde as pessoas se relacionam virtualmente através de aparelhos comunicadores, a exemplo de acessos a contatos telefônicos, e-mail, trocas de mensagens em grupos e ligações no estilo voz (Voip) onde o interlocutor possa ser partícipe da ação, participando ativamente dela.

Para melhor explicar os enquadramentos supra e as respectivas correspondências constitucionais e legais, temos que: quando falamos de interceptação, ou seja, de extração de dados e conteúdo em tempo real, estaremos sujeitos à regra genérica de proteção à intimidade e à vida privada prevista no art. 5º, X[(4)] e XII[(5)], parte final, da Carta Magna, ao que voltaremos logo adiante.

A questão que se lança nestas linhas também nos remete aos termos expressos no Marco Civil da Internet, Lei n. 12.965, de 23 de abril de 2014 (norma que estabelece princípios, garantias, direitos e deveres para o uso da internet no Brasil), que em seu art. 22 assim prevê:

> A parte interessada poderá, com o propósito de formar conjunto probatório em processo judicial cível ou penal, em caráter incidental ou autônomo, requerer ao juiz que ordene ao responsável pela guarda o fornecimento de registros de conexão ou de registros de acesso a aplicações de internet.
>
> Parágrafo único. Sem prejuízo dos demais requisitos legais, o requerimento deverá conter, sob pena de inadmissibilidade:
>
> I – fundados indícios da ocorrência do ilícito;
>
> II – justificativa motivada da utilidade dos registros solicitados para fins de investigação ou instrução probatória; e
>
> III – período ao qual se referem os registros. Então, vejam, a lei retromencionada diz expressamente "... formar conjunto probatório em processo judicial cível ou penal...", não restringindo, em momento algum, sua incidência, ao processo penal ou investigação criminal. Esta restrição vem da parte final da redação do art. 5º, XII, da CF/88 mencionado, parte final: "... salvo, no último caso, por ordem judicial, nas hipóteses e na forma que a lei estabelecer para fins de investigação criminal ou instrução processual penal".

E neste mesmo sentido, por sua vez, tanto a **Lei da Informatização do Processo Judicial** (Lei n. 11.419/06), que em seu art. 13, assim dispõe: "O magistrado poderá determinar que sejam realizados por meio eletrônico a exibição e o envio de dados e de documentos necessários à instrução do processo. (...) § 2º O acesso de que trata este artigo dar-se-á por qualquer meio tecnológico disponível, preferentemente o de menor custo, considerada sua eficiência", quanto a própria **LGPD** (Lei Geral de Proteção de Dados, Lei n. 13.709/18), que em seu art. 7º,

---

(4) "X – são invioláveis a intimidade, a vida privada, a honra e a imagem das pessoas, assegurado o direito a indenização pelo dano material ou moral decorrente de sua violação." – Equação do binômio vida privada e busca da verdade real diante do Estado, exercendo sua soberania.

(5) "XII – e inviolável o sigilo da correspondência e das comunicações telegráficas, de dados e das comunicações telefônicas, salvo, no último caso, por ordem judicial, nas hipóteses e na forma que a lei estabelecer para fins de investigação criminal ou instrução processual penal;" (Vide Lei n. 9.296, de 1996 – Lei que regulamenta o inciso XII, parte final, do art. 5° da Constituição Federal: Art. 1º, p.u.: "O disposto nesta Lei aplica-se à interceptação do fluxo de comunicações em sistemas de informática e telemática."

> O SR. PRESIDENTE (Ulysses Guimarães): – Estão todos de acordo? (Pausa.) Aprovada.

Com isso, principiaram-se as dúvidas sobre uma previsão tão importante para os dias atuais como é a utilização de dados telemáticos e telefônicos, de conteúdos comunicativos ou não, para a investigação preliminar e a instrução processual. De qualquer forma, e segundo o entendimento majoritário, senão unânime, o inc. XII do art. 5º da CF/88 garante a inviolabilidade do sigilo da correspondência e das comunicações e somente admitindo a interceptação mediante prévia autorização judicial e desde que se destine à investigação criminal ou instrução processual penal, e sem abusos(9).

E sobre este tema, recentemente, uma decisão da 6ª Turma do Superior Tribunal de Justiça (STJ) trouxe um novo entendimento, reconhecendo a legalidade dessa técnica investigativa, no sentido de que a utilização do "espelhamento" de conversas no *WhatsApp* como prova em investigações criminais, e isso, quando outras formas de obtenção de prova não forem viáveis e quando sua necessidade é devidamente comprovada, tendo, nestas hipóteses, como referida medida de infiltração investigativa e alterando, assim, posicionamento anterior no sentido de que este espelhamento carecia de previsão normativa específica para sua utilização e não estabelecia uma cadeia de custódia adequada na coleta das provas.

Interessante trazermos para elucidar a relevância do domínio destes conceitos a aparente confusão tida em decisão da Justiça do Trabalho ao considerar "ilícitas gravações e *prints* de conversas por meio de aplicativo próprio de empresa", mas pelo argumento de que "a ex-empregada não participou das conversas gravadas, as quais foram atribuídas a dois outros empregados da empresa", e concluiu, assim, tratar-se, portanto, de interceptação telefônica, mas percebam: não pelo momento da captura dos dados, mas pela atribuição a terceiros alheios aos autos, institutos distintos e que não se confundem, quais sejam: momento e meio da captura e interlocutores.

Portanto, e conforme bem explicado por Demócrito Reinaldo Filho(10), enquanto a interceptação compreende a captação da conversa alheia, e ocorre no

---

(9) VIEIRA, Luiz. Sigilo de dados: a sessão que modificou o bem jurídico original. Revista *Jus Navigandi*, ISSN 1518-4862, Teresina, ano 25, n. 6.250, 11 ago. 2020. Disponível em: <https://jus.com.br/artigos/63973>. Acesso em: 6 mar. 2023.

(10) Disponível em: <https://jus.com.br/artigos/80222/limites-e-requisitos-da-ordem-judicial-para-quebra-de-sigilo-de-dados-armazenados-por-provedor-de-servicos-na-internet/>. Acesso em: 02 fev. 2023.

momento real e imediato em que se estabelece a comunicação, por intermédio de gravações ou escutas, a quebra do sigilo de dados corresponde à obtenção de registros informacionais existentes na empresa, sobre ligações já realizadas ou dados já coletados, e sobre estes não são aplicáveis por extensão ou analogia à quebra de sigilo de dados, as restrições formais e procedimentais elencadas na Lei n. 9.296/96 (e na Resolução CNJ n. 59/2008), sobretudo quando a ordem é dirigida a um provedor de serviço de conexão ou aplicações de Internet. Isso porque existe lei específica, disciplinando a requisição judicial de dados pessoais em poder dos provedores, para fins de instrução processual, como pontuado: a lei do Marco Civil da Internet, e a qual não elenca, dentre os requisitos que estabelece para a quebra do sigilo informacional, que a ordem judicial especifique previamente as pessoas objeto da investigação ou que a prova da infração (ou da autoria) possa ser realizada por outros meios. Muito pelo contrário... o parágrafo 1º. do art. 10 da Lei n. 12.965/14 estabelece que: o propósito primário da quebra do sigilo informacional pode ser justamente a descoberta da autoria de crimes (do usuário ou do terminal).

E a reforçar ainda mais esta relevante legitimidade em termos de competência jurisdicional pela distinção entre dados estáticos, temos a própria LGPD que assim dispõe em seu art. 7º:

> O acesso à internet é essencial ao exercício da cidadania, e ao usuário são assegurados os seguintes direitos:
>
> (...)
>
> II – inviolabilidade e sigilo do fluxo de suas comunicações pela internet, salvo por ordem judicial, na forma da lei;
>
> III – inviolabilidade e sigilo de suas comunicações privadas armazenadas, salvo por ordem judicial.

Logo, conforme as considerações supra, podemos tranquilamente classificar os dados e informações registrados nos provedores de conexão e aos provedores de conteúdo, a exemplo de IP de conexão, dados cadastrais, data e hora de postagens, detalhes de dado de localização, sem que com isso ocorra qualquer violação à restrição constitucional e legal acerca da legitimidade pela especificidade da matéria discutida judicialmente, uma vez que se tratam de dados e informações que não foram capturados em tempo real, ou seja, não houve qualquer forma de interceptação de comunicações.

3. Os poderes instrutórios do Juiz e a sociedade hiperconectada

Apesar de a controvérsia existente em torno de qual verdade(11) que se busca no processo, fato é que, sob a ótica do magistrado, todo procedimento probatório é orientado à busca da verdade. Ou, melhor dizendo, ao convencimento do magistrado sobre a veracidade da tese trazida ou na petição inicial ou na defesa.

O objetivo principal(12) da atividade probatória no processo é a apuração da verdade, como condição para que o Juiz possa impor consequências jurídicas aos sujeitos, satisfazendo de forma exitosa a função do direito de dirigir a conduta das pessoas.

Para tanto, o juiz não é livre na condução dos processos e precisa seguir um rito, regido por balizas constitucionais e infraconstitucionais. Seus poderes instrutórios não são ilimitados, exigindo-se do magistrado que toda decisão seja fundamentada, como uma forma de controle e prestação de contas de sua atividade a toda sociedade.

As regras que orientam o procedimento probatório estão previstas nos arts. 818 a 830 da CLT e, havendo omissão, socorrem-se do Código de Processo Civil, conforme art. 769 da CLT.

A novidade é o fato de que, com a massificação da internet e a digitalização dos atos cotidianos, cada vez mais os meios eletrônicos têm sido utilizados pelas pessoas, gerando uma avalanche de dados e metadados que, em algum momento, podem ser úteis nos processos judiciais.

Além da correspondência eletrônica, agora prioritária de acordo com a nova redação(13) do art. 246 do CPC, contratos eletrônicos, aplicativos de mensagens e até mesmo postagens em redes sociais fazem parte dos novos hábitos da sociedade, consolidando a interação existente entre o ambiente físico e virtual(14).

---

(11) A maioria dos autores defendem que não é possível conhecer a verdade real, mas apenas a verdade por correspondência (Ferrer-Beltrán), verdade relativa (Taruffo), verdade das alegações (Dinamarco) ou a verdade possível (Oliveira).

(12) Segundo Jordi Ferrer-Beltrán (2023), enquanto o processo pode ter vários objetivos, o procedimento probatório é a descoberta da verdade.

(13) A Lei n. 14.195/2021 alterou o art. 246 do CPC.

(14) Para Klaus Schwab, o que torna a quarta revolução industrial diferente das demais não são apenas as novidades tecnológicas, como a inteligência artificial, a internet das coisas, veículos autômatos e etc., mas sim a interação entre os domínios físicos, digitais e biológicos e o tamanho, a profundidade, a velocidade e o impacto sistêmico das mudanças.

De acordo com autores argentinos Bielli, Ordoñez e Quadri (2021):

> toda essa realidade é uma mina de ouro ou um tesouro escondido, cheio de pedras preciosas, cujo descobrimento ou revelação, com a devida forma, podem ser muito relevantes no âmbito judicial pois podem ser muito úteis para formar a convicção do juiz.

Por outro lado, é inegável que para os nascidos no século passado, há uma certa dificuldade em incorporar as novas tecnologias de informação e comunicação na prática jurídica. Tais pessoas estão vivenciando uma fase de transição, que as coloca numa espécie de mundo híbrido, permeado entre sua formação analógica, mas vivendo na era digital.

Do mesmo modo, a legislação vigente foi pensada para uma realidade que sofreu muitas alterações, sendo nítida a dificuldade do legislador em acompanhar as mudanças tecnológicas e suas repercussões sociais e vice-versa. Exemplo disso é a Seção X da CLT, destinada à matéria probatória, presente nesta Consolidação desde a década de 1940, mas que, mesmo com as alterações que lhe foram promovidas, em 2017, nada dispõe a respeito das provas digitais (ou eletrônicas) em pleno ano de 2023.

Aliás, o legislador perdeu uma grande oportunidade de especificar meios de provas eletrônicas, a forma de obtenção e incorporações de dados e metadados ao processo, além das questões relacionadas ao momento da apresentação da prova, a prevalência ou não de um meio de prova sobre o outro e à valoração das provas eletrônicas.

Sendo assim, por mais que o legislador tente acompanhar as mudanças sociais, promulgando leis como o Marco Civil da Internet e Lei Geral de Proteção de Dados, diante das lacunas existentes, os sujeitos processuais se socorrem das regras antigas. Estas, ao serem aplicadas para uma nova realidade, levam a interpretações divergentes.

Por exemplo, em recente decisão do Tribunal Regional do Trabalho da 8ª Região, concluiu-se que deve ser afastada a produção de prova digital "principalmente pelo fato de haver outros meios de prova pré-constituída, como cartões de ponto e provas testemunhais aptos a elucidarem as questões controvertidas a respeito do horário de trabalho da reclamante".

Já a decisão proferida pelo Tribunal Regional do Trabalho da 15ª Região entendeu que "a obtenção de dados de geolocalização, especialmente em relação às operadoras de telefonia, é permitida no processo do trabalho". No entanto, se for possível utilizar outro meio para a produção da prova, não será necessária a obtenção de dados de geolocalização".

De outro giro, o Tribunal Regional do Trabalho da 6ª Região concluiu[15] que é possível obter dados de geolocalização para apuração da jornada, pois o juiz tem ampla liberdade na direção do processo e, nos termos dos arts. 765 da CLT e 369 e 370 do CPC, pode determinar qualquer diligência necessária ao esclarecimento da causa.

Não desconhecemos o fato de que não raro acontecerá de o Direito Constitucional à prova entrar em choque com outros direitos fundamentais, como o direito à privacidade e a proteção de dados, por exemplo. No entanto, chamamos a atenção para o fato de que, em determinadas situações, negar o direito à prova, por ser uma prova digital, será o mesmo que negar o acesso a um direito material. Tal proceder poderá obstar o acesso do jurisdicionado a uma decisão justa.

Assim, por óbvio que os requisitos da necessidade e pertinência deverão influenciar na decisão do magistrado quanto à admissão ou não de determinada prova, no entanto, não há nenhum dispositivo legal que determine a existência de hierarquia entre provas ou que exija que uma parte se contente com determinado meio de prova, se há outro mais assertivo e apto a demonstrar suas alegações. A exceção se faz apenas quando há previsão de um meio de prova específico, como é o caso do art. 406 do CPC que exige o instrumento público em situações determinadas.

É importante lembrar que o surgimento de novas possibilidades probatórias já é uma realidade incorporada aos processos judiciais. Exemplo disso é o caso da instrução probatória referente às horas *in itinere*, pois, enquanto antes o magistrado gastava horas inquirindo qual a distância estimada entre um ponto e outro, se todo o percurso era asfaltado ou não e qual era o tempo gasto em cada trecho, agora, as próprias partes juntam aos autos um *"print"* extraído do *Google Maps*, no qual consta distância e tempo gasto e, é comum a concordância com o conteúdo

(15) A decisão se baseou também no art. 7º, VI da LGPD e não vislumbrou lesão ao direito líquido e certo da demandante, negando a segurança. (Processo: AgRT – 0000876-93.2022.5.06.0000, redator: Larry da Silva Oliveira Filho, Data de julgamento: 06.02.2023, 1ª Seção Especializada, Data da assinatura: 11.02.2023).

dessa prova, tornando-se desnecessária a oitiva de testemunha para elucidar tal ponto.

Do mesmo modo, dentro da Plataforma Digital do Poder Judiciário, existem ferramentas como a PrevJud que permitem que o magistrado busque o extrato previdenciário de uma pessoa ou mesmo os registros dos contratos de trabalho que a pessoa já teve, fornecendo informações precisas sobre questões que podem interferir de forma decisiva para o desfecho da lide.

Mas e se as partes não fizerem requerimento para a juntada de uma prova digital, extraída da internet, seja de fontes abertas como é o caso do *Google Maps*, seja de fontes restritas, como a PrevJud, o magistrado poderia, por iniciativa própria, consultar tais dados? Poderia determinar a juntada dessa prova aos autos, indeferindo a oitiva de testemunhas em relação aos mesmos fatos?

Entendemos que sim, pois foi exatamente com o objetivo de dar condições ao magistrado para bem fundamentar a sua decisão que o legislador lhe confiou poderes para conduzir o processo com ampla liberdade. Assim, ele pode determinar qualquer diligência necessária ao esclarecimento das causas, nos termos do art. 765 da CLT.

Com isso, não estamos a dizer que os poderes instrutórios do Juiz são ilimitados. Pelo contrário, são pautados pelos princípios do contraditório e da ampla defesa, mas não se pode negar que, inexistindo um *standard* probatório que especifique qual o grau de certeza que cada prova possui, quanto mais assertivo for o meio de prova, menor será a probabilidade de o juiz firmar conclusões equivocadas.

É interesse do Estado e de toda sociedade que as decisões sejam lastreadas por provas consistentes. "O Estado não pode colocar o selo de sua autoridade em uma decisão que foi obtida com uma averiguação falha dos fatos" e por isso existe a preocupação em "maximizar a acuidade da determinação dos fatos" (RAMOS, 2022).

E como nem sempre o interesse das partes coincidirá com a revelação da verdade, o juiz é o único a quem interessa concluir o processo com uma decisão verdadeira (TARUFFO, 2022). Assim, o magistrado não só pode, como deve determinar diligências que estiverem ao seu alcance para esclarecer os pontos controvertidos. O seu convencimento deve ser formado da forma mais segura que for possível.

Esse olhar atento do magistrado aos novos meios de prova, no entanto, não significa que provas digitais, tais como os dados de geolocalização, informações advindas de aplicativos de mensageria e outros documentos eletrônicos sejam a melhor solução para todo e qualquer caso. Também não defendemos que, doravante, a prova testemunhal seja sepultada ou esquecida.

O que defendemos é que os sujeitos processuais não podem ignorar o potencial probatório oriundo dos dados e metadados gerados pelo nosso modelo de sociedade atual, que não mais se contenta com decisões baseadas em uma prova frágil, quando existem outras mais assertivas.

Outros dois aspectos que merecem ser comentados são, primeiro, o fato de que nenhuma prova será analisada isoladamente, pois a sua valoração se faz a partir do conjunto probatório, observando-se o princípio da unidade, que norteia o direito probatório. E, segundo, e talvez mais importante, é que quando se pensa em uma prova digital, se houver dúvida sobre sua autenticidade ou integridade, a primeira coisa a se fazer é analisar se houve a impugnação e qual foi o seu teor, pois é exatamente a partir daí que se estabelecerá o ponto controvertido.

Para exemplificar, no caso de um *print* de conversa de *WhatsApp*, por exemplo, a parte contrária pode alegar que "nunca houve aquela conversa", "que houve a conversa, mas que não foi ela a remetente", "que houve a conversa, mas que está incompleta". Tal proceder ocorre há 80 anos, desde a criação da Justiça do Trabalho, quando o magistrado trabalhista se depara com situações em que a parte nega que tenha assinado um recibo ou reconhece que assinou, mas nega que tenha recebido o valor que nele consta.

Não podemos esquecer que direito é movimento e acompanha as mudanças sociais. Foram essas mudanças que expungiram as ordálias do sistema probatório, pois já não eram compatíveis com os anseios da sociedade da época.

Hoje, em 2023, é indefensável limitar os meios probatórios àqueles criados no século passado. É difícil, mas é necessário se atualizar e acompanhar os anseios da sociedade atual que, queiramos ou não, é uma sociedade hiperconectada, cujos hábitos de vida não podem ser desprezados.

Conclusões

O artigo buscou demonstrar que a prova digital, em geral, quando bem utilizada, e observando-se os seus requisitos de validade, não viola a privacidade do indivíduo, desfazendo uma incompreensão acerca de seu alcance. Em relação à geolocalização, por exemplo, de forma equivocada, há quem já defendeu que a revelação de seus dados poderia mostrar questões íntimas do envolvido, como orientação sexual, inclinação política ou pensamento religioso. Todavia, o que se tem nos relatórios referentes a tais dados são informações das antenas do celular conectado, o que não revela a exata posição de ninguém. Ademais, longe está a geolocalização de ser considerada uma comunicação telefônica, pois não há qualquer demonstração do conteúdo de conversa entre pessoas.

Conforme restou ainda demonstrado, as atividades restritas ao juízo criminal relativas às interceptações telefônicas não alcançam dados estatísticos, ou seja, qualquer registro de provedor de conexão ou conteúdo, que possa ser considerado estritamente vedado a outros ramos do judiciário, sendo perfeitamente possível o acesso a informações de IP de usuário ou geolocalização por magistrado da área cível ou trabalhista, tudo de acordo com o Marco Civil da Internet e a LGPD.

Enfim, com vistas à verdade possível dentro do processo, procuramos deixar claro no texto supra que o acesso à prova digital constitui forma de se assegurar inclusive o próprio direito material das partes envolvidas, contribuindo para se chegar a uma decisão mais justa e equânime, além de colaborar para uma maior credibilidade do Judiciário Trabalhista perante a sociedade brasileira.

Referências

BARROS, Alice Monteiro de. *Proteção à intimidade do empregado*. São Paulo: LTr, 1997.

BIELLI, Gastón E.; ORDOÑEZ, Carlos Jonathan.; QUADRI, Gabriel Hernán. *Tratado de la Prueba Electrónica*. Tomo I. Buenos Aires: La Ley, 2021.

CORRÊA, Samantha. O direito fundamental à privacidade e à intimidade no cenário brasileiro. In: *Revista Bonijuris*, ano XXIII, maio 2011.

CUNHA JÚNIOR, Dirley da. *Curso de direito constitucional*. 12. ed., rev., ampl. e atual. Salvador: JusPodivm, 2018.

DINAMARCO, Cândido Rangel. *Instituições de Direito Processual Civil*. vol. III. São Paulo: Malheiros, 2001.

FERRER-BELTRÁN, Jordi. São Paulo: JusPodivm, 2023.

NERY JUNIOR, Nelson; ABBOUD, Georges. *Direito constitucional brasileiro:* curso completo. São Paulo: Revista dos Tribunais, 2017.

OLIVEIRA, Carlos Alberto Alvaro de. *Do formalismo no processo civil*. São Paulo: Saraiva, 1997.

RAMOS, Vitor de Paula. *O Ônus da Prova no Processo Civil:* do ônus ao dever de provar. São Paulo: JusPodivm, 2022.

SAMPAIO, José Adércio Leite. Comentários ao art. 5º da Constituição Federal de 1988. In: SARLET, Ingo Wolfgang, STRECK, Lenio Luiz; MENDES, Gilmar Ferreira (Coords.). *Comentários à Constituição do Brasil.* 2. ed. São Paulo: Saraiva Educação, 2018.

SILVA, José Afonso da. *Comentário Contextual à Constituição.* São Paulo: Malheiros, 2006.

TARUFFO, Michele. *Simplesmente la verdade:* el juez y la Construcción de los hechos. Madri: Marcial Pons, 2022.

VIEIRA, Luiz. Sigilo de dados: a sessão que modificou o bem jurídico original. Revista *Jus Navigandi*, Teresina, ano 25, n. 6.250, 11 ago. 2020.

Provas Digitais e Direito à Intimidade, à Luz da Lei Geral de Proteção de Dados

Xerxes Gusmão[1]

Introdução

A Lei Geral de Proteção de Dados Pessoais, Lei n. 13.709, de 14.08.2018, conhecida sob sua sigla LGPD, impactou uma série de elementos das relações sociais no Brasil, desde o início da sua vigência.

Como não poderia deixar de ser, a Justiça do Trabalho foi igualmente afetada, dado seu papel essencial na sociedade brasileira e o tratamento de quantidade considerável de dados pessoais dos envolvidos nas ações trabalhistas.

Para melhor compreensão destes impactos na seara juslaboral, convém examinar, inicialmente, os fundamentos jurídicos da LGPD, que expõem claramente suas linhas diretoras e consequentes efeitos na área trabalhista.

Posteriormente, passar-se-á à análise detida das provas digitais, buscando obter uma visão da natureza e dos efeitos desta nova modalidade de produção probatória do Direito brasileiro.

Por derradeiro, serão estudados os efeitos da LGPD na Justiça do Trabalho, seja no que concerne à delicada relação entre a publicidade dos atos judiciais e os cuidados necessários no tratamento de dados pessoais, seja no tocante à atual e intrincada questão das provas digitais, à luz dos parâmetros da LGPD.

---

(1) Mestre e Doutor em Direito do Trabalho e Direito Previdenciário, pela Universidade de Paris 1 – Panthéon-Sorbonne. Professor universitário, colaborando com programas de Pós-graduação, Escolas Judiciais e Escolas de Advocacia do país. Coordenador da pós-graduação em Direito do Trabalho da ESA/ES. Autor de livros e artigos científicos. Juiz do Trabalho do TRT da 17ª Região.

1. Fundamentos jurídicos da LGPD

A Lei Geral de Proteção de Dados Pessoais, com início de vigência do seu bloco principal de medidas em 18 de setembro de 2020, é uma lei dotada de fundamentos jurídicos expressamente previstos nos seus artigos iniciais.

Convém, assim, iniciar o presente estudo pelo exame dos principais dentre estes fundamentos jurídicos, para, em seguida, examinar as provas digitais e, afinal, passar propriamente aos impactos da LGPD na Justiça do Trabalho e na produção das provas digitais.

1.1. Objeto

O objeto da LGPD é expressamente previsto pelo seu art. 1º, nos seguintes termos:

> Art. 1º Esta Lei dispõe sobre o tratamento de dados pessoais, inclusive nos meios digitais, por pessoa natural ou por pessoa jurídica de direito público ou privado, com o objetivo de proteger os direitos fundamentais de liberdade e de privacidade e o livre desenvolvimento da personalidade da pessoa natural.

Trata-se, por conseguinte, de lei que se destina a um campo vasto de atuação, pois abrange qualquer operação de tratamento de dados pessoais, não somente aquelas realizadas em meios digitais, desde que realizadas no território nacional (conforme previsão do art. 3º da LGPD).

Há, contudo, exclusão de algumas operações referentes a dados pessoais, que não são passíveis da proteção da LGPD, na forma do seu art. 4º. Nesse sentido, a LGPD não se aplica a operações de tratamento de dados pessoais realizadas por pessoa natural para fins exclusivamente particulares e não econômicos.

No mesmo diapasão, é excluído dos efeitos da LGPD o tratamento de dados pessoais realizado para fins exclusivamente jornalísticos e artísticos ou acadêmicos, ou, ainda, para segurança pública, defesa nacional, segurança do Estado ou atividades de investigação e repressão de infrações penais.

Por fim, as operações de tratamento de dados provenientes de fora do território nacional e que não sejam objeto de comunicação, uso compartilhado de dados com agentes de tratamento brasileiros ou objeto de transferência internacional de dados com outro país que não o de proveniência, são igualmente excluídas da LGPD, desde que o país de proveniência proporcione grau de proteção de dados pessoais adequado ao previsto nesta Lei.

1.2. Princípios

A LGPD se reveste de inegável relevância, dada a importância dos dados pessoais na sociedade atual, em que se tornou simples e comum compartilhar, muitas vezes sem a ciência ou a anuência do titular, os seus dados pessoais.

Seu objetivo principal é, portanto, o de salvaguardar estes dados pessoais, visando proteger direitos fundamentais do seu titular, por meio de fundamentos e princípios específicos.

Nesse sentido, o art. 2º da LGPD prevê como seus fundamentos:

> Art. 2º A disciplina da proteção de dados pessoais tem como fundamentos:
>
> I – o respeito à privacidade;
>
> II – a autodeterminação informativa;
>
> III – a liberdade de expressão, de informação, de comunicação e de opinião;
>
> IV – a inviolabilidade da intimidade, da honra e da imagem;
>
> V – o desenvolvimento econômico e tecnológico e a inovação;
>
> VI – a livre iniciativa, a livre concorrência e a defesa do consumidor;
>
> VII – os direitos humanos, o livre desenvolvimento da personalidade, a dignidade e o exercício da cidadania pelas pessoas naturais.

Do mesmo modo, os princípios da LGPD são expressamente previstos no rol contido no seu art. 6º.

São, assim, considerados como princípios da LGPD:

> I – Finalidade: realização do tratamento para propósitos legítimos, específicos, explícitos e informados ao titular, sem possibilidade de tratamento posterior de forma incompatível com essas finalidades;
>
> II – Adequação: compatibilidade do tratamento com as finalidades informadas ao titular, de acordo com o contexto do tratamento;
>
> III – Necessidade: limitação do tratamento ao mínimo necessário para a realização de suas finalidades, com abrangência dos dados pertinentes, proporcionais e não excessivos em relação às finalidades do tratamento de dados;
>
> IV – Livre acesso: garantia, aos titulares, de consulta facilitada e gratuita sobre a forma e a duração do tratamento, bem como sobre a integralidade de seus dados pessoais;

V – Qualidade de dados: garantia, aos titulares, de exatidão, clareza, relevância e atualização dos dados, de acordo com a necessidade e para o cumprimento da finalidade de seu tratamento;

VI – Transparência: garantia, aos titulares, de informações claras, precisas e facilmente acessíveis sobre a realização do tratamento e os respectivos agentes de tratamento, observados os segredos comercial e industrial;

VII – Segurança: utilização de medidas técnicas e administrativas aptas a proteger os dados pessoais de acessos não autorizados e de situações acidentais ou ilícitas de destruição, perda, alteração, comunicação ou difusão;

VIII – Prevenção: adoção de medidas para prevenir a ocorrência de danos em virtude do tratamento de dados pessoais;

IX – Não discriminação: impossibilidade de realização do tratamento para fins discriminatórios ilícitos ou abusivos;

X – Responsabilização e prestação de contas: demonstração, pelo agente, da adoção de medidas eficazes e capazes de comprovar a observância e o cumprimento das normas de proteção de dados pessoais e, inclusive, da eficácia dessas medidas.

Existe, portanto, um robusto arcabouço principiológico, dotado de eficácia normativa — como qualquer princípio do nosso ordenamento jurídico, eis que superada a antiga visão atribuindo aos princípios função de mera fonte de inspiração interpretativa —, a ser considerado quando do tratamento de dados pessoais no Brasil.

1.3. Formas de tratamento

O tratamento de dados possui suas formas igualmente previstas pela LGPD, no seu art. 7º, que enumera as respectivas hipóteses.

Desse modo, o fornecimento de consentimento pelo titular é a primeira modalidade prevista, sendo a preferencial.

Deve-se notar que o consentimento concedido para determinada hipótese de tratamento não se estende a outras hipóteses, mesmo aquelas mediante compartilhamento, para as quais novos consentimentos são necessários.

No caso de dados pessoais cujo acesso é público, seu tratamento deve considerar a finalidade, a boa-fé e o interesse público que justificaram sua disponibilização, sendo dispensada, todavia, a exigência do consentimento do titular para dados tornados públicos por ele.

Ademais, a eventual dispensa da exigência do consentimento não desobriga os agentes de tratamento das demais obrigações previstas nesta Lei, especialmente da observância dos princípios gerais e da garantia dos direitos do titular.

Independe de consentimento, outrossim, o tratamento de dados em algumas hipóteses legais, especialmente: para o cumprimento de obrigação legal ou regulatória pelo controlador; quando necessário para a execução de contrato ou de procedimentos preliminares relacionados a contrato do qual seja parte o titular, a pedido do titular dos dados; para o exercício regular de direitos em processo judicial, administrativo ou arbitral.

Uma vez estabelecidos os fundamentos jurídicos gerais da LGPD, convém passar ao exame específico das provas digitais.

2. Provas digitais

A produção das provas digitais demanda extrema cautela por parte do Judiciário brasileiro, incluindo, evidentemente, a Justiça do Trabalho, dado o seu elevadíssimo potencial de obtenção de dados pessoais dos envolvidos no processo judicial.

Todavia, a contribuição que elas podem dar para o esclarecimento dos fatos controvertidos e a descoberta da verdade real, objetivo notório da atividade jurisdicional brasileira, é inegável.

Justifica-se, portanto, de modo indene de dúvidas, a sua utilização como uma das ferramentas para tal fim, de instrução processual eficaz.

2.1. Natureza das provas digitais

As provas digitais nada mais representam do que uma modalidade de prova, adaptada às novas tecnologias digitais.

Assim, submetem-se, como as demais modalidades de provas, aos requisitos e formalidades para a sua produção, especialmente a necessidade de harmonização com os direitos fundamentais das partes e demais envolvidos na relação processual.

Nesse sentido, as provas digitais podem ser definidas como o instrumento jurídico destinado a demonstrar a ocorrência ou não de determinado fato, além das suas circunstâncias.

Pertinente salientar que não necessariamente os fatos a serem comprovados devem ter ocorrido em meios digitais. Basta que tenham ocorrido de modo parcial nestes meios, desde que as provas digitais se destinem a comprovar os fatos sob exame, sejam fatos oriundos dos meios digitais ou de fora deles.

Dito de outro modo, pode-se apontar que a prova digital é o meio de demonstrar a ocorrência de um fato ocorrido em meio digital, ou que tem no meio digital um instrumento de demonstração do conteúdo de determinado fato.

Trata-se, por conseguinte, de modalidade de prova com alcance potencialmente bastante significativo, dada a sua modernidade e adaptação aos meios atuais de comunicação entre as pessoas e instituições.

2.2. Espécies de provas digitais

As provas digitais podem ser originadas de fontes abertas ou fechadas.

O conteúdo disponível em fontes abertas não exige nenhuma espécie de restrição de acesso.

Por sua vez, nas fontes fechadas há a necessidade de acesso restrito, normalmente por meio de login e senha.

Os dados ou informações de acesso livre podem ser encontrados nos mais variados meios, especialmente na *internet*.

Independente da fonte — fechada ou aberta —, fato é que elas fornecem elementos que podem auxiliar significativamente na produção probatória do Processo do Trabalho.

Há, ainda, uma distinção relevante a se estabelecer, no tocante às provas digitais, conectada com a questão das fontes.

Elas podem, por um lado, ser consideradas como evasivas, quando oriundas da disponibilização espontânea de questões íntimas, pelo próprio titular, situação na qual elas podem ser utilizadas como provas.

Todavia, há as provas invasivas, decorrentes da invasão da privacidade alheia — à guisa de exemplo, pelo hackeamento de uma rede social do titular dos dados —, representando, obviamente, meio de prova ilícito.

Relevante destacar, nesse ponto, a proteção à intimidade e à privacidade, prevista tanto no texto constitucional (art. 5º, X da CF/88) quanto no Marco Civil da Internet (art. 3º, II da Lei n. 12.965/14).

Outrossim, não se poderia olvidar a vedação às provas ilícitas, igualmente com esteio constitucional (art. 5º, LVI da CF/88) e legal (art. 369 do CPC).

2.3. Eficácia probante das provas digitais

A eficácia probante específica das provas digitais pode ser examinada à luz de alguns dispositivos legais bastante elucidativos, a saber:

> Art. 408 CPC. As declarações constantes do documento particular escrito e assinado ou somente assinado presumem-se verdadeiras em relação ao signatário.
>
> Art. 384 CPC. A existência e o modo de existir de algum fato podem ser atestados ou documentados, a requerimento do interessado, mediante ata lavrada por tabelião". Inclusive, poderão constar em ata "dados representados por imagem ou som gravados em arquivos eletrônicos.
>
> Art. 439 CPC. A utilização de documentos eletrônicos no processo convencional dependerá de sua conversão à forma impressa e da verificação de sua autenticidade, na forma da lei.
>
> Art. 440 CPC. O juiz apreciará o valor probante do documento eletrônico não convertido, assegurado às partes o acesso ao seu teor.
>
> Art. 441 CPC. Serão admitidos documentos eletrônicos produzidos e conservados com a observância da legislação específica.

No que tange às informações oriundas de provedores de *internet*, vale destacar alguns dispositivos do Marco Civil da Internet:

> Art. 13. Na provisão de conexão à internet, cabe ao administrador de sistema autônomo respectivo o dever de manter os registros de conexão, sob sigilo, em ambiente controlado e de segurança, pelo prazo de 1 (um) ano, nos termos do regulamento.
>
> Art. 15. O provedor de aplicações de internet constituído na forma de pessoa jurídica e que exerça essa atividade de forma organizada, profissionalmente e com fins econômicos deverá manter os respectivos registros de acesso a aplicações de internet, sob sigilo, em ambiente controlado e de segurança, pelo prazo de 6 (seis) meses, nos termos do regulamento.

Trata-se, assim, de robusto arcabouço normativo que fundamenta, de forma irrefutável, a eficácia probante das provas digitais, desde que colhidas de forma legal e com cautela devida para salvaguardar a sua fidedignidade.

2.4. Validade das provas digitais

O uso das provas digitais, como salientado anteriormente, vem sendo generalizado no Judiciário brasileiro, incluindo a Justiça do Trabalho.

Synomar de Souza destaca este uso das provas digitais pela Especializada trabalhista de maneira bastante elucidativa, a saber:

> As provas "digitais" e as suas aplicações nos processos judiciais, atualmente, passam por uma fase de amadurecimento. Essas provas são aquelas obtidas através das mídias eletrônicas, incluindo os programas e aplicativos de comunicação, bem como as redes sociais. Esta consolidação é especialmente verificada na Justiça do Trabalho, notadamente dada a relevância das provas na resolução dos conflitos lá julgados. Hoje em dia é comum os empregadores e empregados embasarem as suas teses em *e-mails*, posts no *Facebook*, conversas e até áudios enviados por *WhatsApp*, dentre outros meios que podem ser levados ao processo (SOUZA, 2019).

A Justiça do Trabalho pode, nesse sentido, requisitar provas digitais a empresas privadas, como as operadoras de redes sociais ou de serviços de telefonia celular, conforme previsão da LGPD:

> Art. 7º O tratamento de dados pessoais somente poderá ser realizado nas seguintes hipóteses:
>
> VI – para o exercício regular de direitos em processo judicial, administrativo ou arbitral, esse último nos termos da Lei n. 9.307/1996.

Estes dados pessoais, obtidos das operadoras de redes sociais ou de serviços de telefonia móvel servem, portanto, como provas para o Processo do Trabalho, por conterem informações muitas vezes bastante relevantes do quotidiano do titular destes dados.

À guisa de exemplo, um relatório de geolocalização do trabalhador, obtido junto à sua operadora de telefonia móvel, em não raros casos é fundamental para se deslindar uma intrincada situação de provas divididas, como depoimentos de testemunhas completamente opostos em termos de jornada do autor da ação trabalhista.

Nesse sentido, o relatório citado será capaz de indicar, com significativa precisão, a geolocalização do trabalhador, permitindo ao Judiciário trabalhista desvendar se a jornada apontada na inicial ou na contestação mais se aproxima da sua real localização nos momentos de início e término do labor.

Questão adicional, que suscita acalorada cizânia doutrinária e jurisprudencial, diz respeito aos dados telefônicos.

Relevante apontar, inicialmente, que, por um lado, há a interceptação telefônica, que ocorre no momento real e imediato da ligação, estando restrito à investigação criminal ou à instrução processual penal (art. 5º, XII da CF/88).

Distinta, contudo, é a situação da obtenção dos dados telefônicos estanques, como extrato de ligações ou de conversas do *WhatsApp*, cujos registros são passíveis de obtenção por ordem de qualquer juízo, inclusive o trabalhista.

Os *prints* de tela do telefone, todavia, ensejam maior cautela quanto à sua aceitação como meio de prova: parcela da jurisprudência sequer os admite, essencialmente pela extrema facilidade com que podem ser fraudados; outra parcela, contudo, os aceita, desde que não impugnados pela parte adversa à que os juntou aos autos, considerando, especialmente, a frequência com a qual as pessoas, atualmente, se comunicam por meio das conversas de *WhatsApp*.

Vale ressaltar, sobre o tema, ser igualmente possível a realização de perícia, a exportação de dados ou a obtenção dos registros do provedor, visando aferir a autenticidade destas conversas de *WhatsApp*, do aparelho celular do titular de onde foram realizadas.

A validade das provas digitais depende, por conseguinte, do que se denomina como preservação da cadeia de custódia, ou da possibilidade de se ter acesso aos metadados daquele meio de prova (quando, como e por quem foi coletado).

Existe, evidentemente, a possibilidade de a parte adversa questionar a prova digital produzida.

Para tanto, pode se valer de outros meios de prova, o próprio juízo podendo, ademais, conduzir a instrução para sanar a dúvida.

Diretrizes gerais desta questão são fixadas pelo art. 422 do CPC, nos seguintes termos:

> Art. 422. Qualquer reprodução mecânica, como a fotográfica, a cinematográfica, a fonográfica ou de outra espécie, tem aptidão para fazer prova dos fatos ou das coisas

representadas, se a sua conformidade com o documento original não for impugnada por aquele contra quem foi produzida.

§ 1º As fotografias digitais e as extraídas da rede mundial de computadores fazem prova das imagens que reproduzem, devendo, se impugnadas, ser apresentada a respectiva autenticação eletrônica ou, não sendo possível, realizada perícia

Há empresas que oferecem, inclusive, ferramentas de verificação da autenticidade das provas digitais (redes sociais, serviços de comunicação escrita, dentre outros).

Elas normalmente utilizam uma tecnologia denominada como *Blockchain*, que visa salvaguardar a autenticidade de documentos digitais.

Ademais, existe a possibilidade de validação destas provas por meio da ata notarial, emitida em cartório de notas que corrobore a sua autenticidade.

Conclui-se, assim, pela perfeita possibilidade de utilização das provas digitais como meios de prova no Processo do Trabalho, desde que com a cautela devida para se assegurar a fidedignidade destes meios de prova.

3. LGPD e provas digitais

A LGPD, voltada à salvaguarda de dados pessoais, não poderia deixar de influenciar o processo judicial, incluindo aquele tramitando na Justiça do Trabalho.

Isto porque, ao veicular uma quantidade considerável de dados pessoais, das partes e eventualmente de terceiros (como paradigmas de pleito de equiparação salarial, testemunhas, dentre outros), o processo trabalhista demanda um cuidado especial por parte dos envolvidos.

Nesse sentido, convém examinar os principais efeitos da LGPD na Justiça do Trabalho, incluindo as provas digitais, como se fará a seguir.

3.1. LGPD e publicidade

A publicidade é um princípio fundamental do processo no Brasil, nos termos dos arts. 5º, LX e 93, IX da CF/88, que a impõem a todos os atos e julgamentos dos órgãos do Poder Judiciário, salvo nos casos nos quais a preservação do direito à intimidade do interessado no sigilo ou o interesse social o justifiquem, e não prejudiquem o interesse público à informação.

Nota-se, assim, que a LGPD, como lei ordinária, deveria naturalmente se adequar aos preceitos constitucionais, dentre os quais o princípio da publicidade.

Entretanto, a proteção aos dados pessoais passou a ser, a partir do advento da Emenda Constitucional n. 115, de 2022, direito igualmente constitucional e fundamental, pois previsto pelo novo inciso LXXIX do art. 5º da Constituição Federal de 1988.

A solução deste complexo conflito entre dois direitos fundamentais passa pela sua ponderação, de acordo com a técnica já conhecida, como salienta Dânton Zanetti em artigo sobre a questão:

> Não se pode perder de vista que a LGPD tem por objetivo, na forma de seu art. 1º, a proteção dos direitos fundamentais de liberdade e de privacidade, assim como o livre desenvolvimento da personalidade da pessoa natural, motivo pelo qual entendemos que tal ponderação deve ser feita por meio de uma análise casuística pelo magistrado, que deverá emitir seu juízo de valor a respeito dos riscos quanto à violação de direitos fundamentais do titular, suficientes para sobrepor os interesses da coletividade, que justificam a publicidade dos atos do processo.
>
> Apenas após a ponderação entre estes direitos — direito difuso à publicidade e direito individual à proteção de dados pessoais — será possível identificar qual deles deverá prevalecer no caso concreto.
>
> Portanto, deve-se vislumbrar riscos concretos ao indivíduo que, por meio da exposição de seus dados no processo efetivamente culminem em prejuízos à sua esfera íntima. Certamente, não é qualquer caso em que riscos acentuados desta natureza estarão configurados. Ademais, inexiste óbice para que, caso reste comprovado o receio iminente ou a ocorrência de violação do direito à intimidade, a necessidade de sigilo dos atos processuais não venha a ser revista a qualquer tempo ou grau de jurisdição (ZANETTI, 2021).

Nesse sentido, a regra geral da publicidade do processo, que remanesce intacta, deve ser examinada, após o advento da LGPD, à luz do reforço da contradição apontada no final do dispositivo transcrito: o direito ao sigilo dos intervenientes processuais deve ser resguardado com estrito rigor, sempre que justificado.

Desse modo, dados pessoais dos intervenientes podem ser disponibilizados, em respeito à publicidade, mas somente nos estritos limites da necessidade, adequação e finalidade.

Essa cautela envolve todos os responsáveis pelo tratamento dos dados desses intervenientes, a saber: juízes, advogados, servidores, peritos, dentre outros.

Não se trata, portanto, de ocultar indiscriminadamente nomes e dados dos intervenientes, medida extrema e que menoscabaria, inefavelmente, o princípio constitucional da publicidade.

Em vez disso, o uso desses dados deve atender a finalidades específicas, sem exposição desprovida de interesse efetivo, em especial por um excesso de zelo em juntar e expor documentos e atos desnecessários para o deslinde do feito.

Outrossim, eventuais dados imprescindíveis à instrução do feito, mas contendo informações sensíveis dos seus titulares, devem ser acautelados sob sigilo no processo.

Harmoniza-se, assim, os dois direitos fundamentais em conflito, da melhor maneira possível, a saber: sem menoscabar nenhum deles, mas sempre garantindo a prevalência do mais relevante, em cada caso concreto.

3.2. LGPD e provas digitais

As provas digitais seguramente integrarão o futuro da dilação probatória no Brasil, ao lado das provas já utilizadas atualmente.

As novas tecnologias permitem um alcance imenso das suas novas ferramentas, em especial as de geolocalização ou as de captura de áudio e vídeo.

Nos demais ramos do Judiciário, em especial na seara criminal, o uso de provas digitais já vem se tornando habitual.

Na seara laboral, ainda que incipiente, o seu uso tende a se generalizar rapidamente, dada a eficácia desses novos meios de prova.

É fundamental, por conseguinte, buscar a harmonização entre esse futuro uso abundante das provas digitais e os preceitos da LGPD.

Isso porque, por meio das novas ferramentas digitais, é possível se obter a geolocalização de partes e terceiros, como testemunhas, a qualquer tempo — do presente ou do passado —, podendo tal busca levar à publicização de situações constrangedoras, em determinadas hipóteses.

Desse modo, para se assegurar o respeito à LGPD, deve-se utilizar essas provas digitais com cautela, com respeito aos princípios legais já mencionados da finalidade, adequação e necessidade, além dos princípios constitucionais da intimidade, da vida privada e do contraditório e ampla defesa.

Em casos extremos, de provas digitais que capturem situações constrangedoras dos envolvidos — como no caso de assédio moral ou sexual —, esses dados devem ser juntados aos autos com todo o cuidado possível, de preferência com acautelamento sob sigilo.

Ademais, todos os dados tratados por meio das provas digitais, sejam eles ordinários ou sensíveis, demandam o necessário equilíbrio entre a necessidade de instrução processual, eventualmente invasiva nas searas privadas de partes e terceiros, com a guarda responsável dessas informações coletadas, especialmente pelo alcance quase ilimitado das provas digitais.

Seguindo estas diretrizes, não há razão que justifique limitação à produção das provas digitais, como salientam, de maneira bastante incisiva, mas pertinente, André Damiani e Flavia Bortolini, em recente artigo publicado sobre o tema, conforme trecho a seguir transcrito:

> Nessa jornada, contudo, merecem igual destaque os limites legais da utilização de provas digitais em face da vigente Lei Geral de Proteção de Dados, que regula o acesso, coleta, armazenagem e tratamento de dados de pessoas físicas no âmbito público e privado. E, partindo disso, que tipo de prova digital pode ser regularmente utilizada? Todas. Desde que, claro, sejam legítimas, coletadas e armazenadas dentro dos ditames da legislação e permitam a demonstração concreta de sua originalidade.
>
> Isso porque a própria lei justifica a coleta de dados em casos de cumprimento de obrigação legal ou regulatória, execução de contrato e exercício regular de direitos em processos judiciais. No último caso, significa dizer que não cabe oposição ao tratamento de dados pessoais no contexto dos processos judiciais (DAMIANI; BORTOLINI, 2021).

Consistem, desse modo, as provas digitais, em relevante ferramenta de modernização da Justiça do Trabalho, visando adequá-la às novas demandas da sociedade brasileira fortemente digitalizada, oriunda da quarta revolução industrial, que incluem a adaptação às novas diretrizes da LGPD.

Exatamente como concluem os citados autores acerca do tema, *verbis*:

> Certo é que, ao celebrar 80 anos, a Justiça de Trabalho desencadeou mudanças significativas e irreversíveis. Bem por isso, investir em ferramentas legítimas e na adequação à LGPD significa, quando menos, a mitigação de prejuízos potencialmente oriundos de lides trabalhistas (DAMIANI; BORTOLINI, 2021).

Trata-se, portanto, de uma equação dupla: atualizar a Justiça do Trabalho por meio da adequação à LGPD, englobando a nova modalidade de produção de provas, que representam as provas digitais.

Considerações finais

O estudo realizado no presente artigo demonstrou a relevância dos efeitos da LGPD na Justiça do Trabalho, especialmente na produção das provas digitais.

Por se tratar de lei muito recente, o alcance destes efeitos ainda está longe de se estabelecer de forma nítida, somente a sedimentação jurisprudencial futura sendo capaz de fixar, de maneira clara, todos os impactos que a Justiça do Trabalho sofrerá da nova lei de proteção de dados.

Todavia, o que já é possível afirmar é a necessidade de uma mudança de cultura, na era digital em que se vive no século XXI: a invasão da privacidade, com publicização e comercialização dos dados pessoais de terceiros, sem o consentimento ou sequer a ciência delas, tornou-se prática generalizada neste mundo virtual.

É fundamental, por conseguinte, valer-se dos princípios e diretrizes da LGPD para se impor, na seara laboral, objeto do presente estudo, limites a esta possível invasão de dados pessoais de todos os envolvidos em uma ação trabalhista, o que seguramente demandará uma lenta, mas necessária, adaptação da Justiça do Trabalho brasileira.

Referências

BARRETO, Alessandro Gonçalves; WENDT, Emerson; CASELLI, Guilherme. *Investigação digital em fontes abertas*. São Paulo: Brasport, 2017.

BRASIL. [Constituição (1988)]. *Constituição da República Federativa do Brasil de 1988*. Brasília, DF: Presidência da República, [2021]. Disponível em: <http://www.planalto.gov.br/ccivil_03/constituicao/constituicao.htm>. Acesso em: 05 abr. 2021.

______. *Decreto-lei n. 5.452, de 1º de maio de 1943.* Aprova a Consolidação das Leis do Trabalho. Rio de Janeiro: Presidência da República, [2021]. Disponível em: <http://www.planalto.gov.br/ccivil_03/decreto-lei/del5452.htm>. Acesso em: 05 abr. 2021.

______. *Lei n. 12.965, de 23 de abril de 2014.* Estabelece princípios, garantias, direitos e deveres para o uso da internet no Brasil. Brasília, DF: Presidência da República, [2022]. Disponível em: <http://www.planalto.gov.br/ccivil_03/_ato2011-2014/2014/lei/l12965.htm>. Acesso em: 05 abr. 2021.

______. *Lei n. 13.709, de 14 de agosto de 2018.* Lei Geral de Proteção de Dados Pessoais (LGPD). Brasília, DF: Presidência da República, [2021]. Disponível em: <http://www.planalto.gov.br/ccivil_03/_ato2015-2018/2018/lei/l13709.htm>. Acesso em: 05 abr. 2021.

CARLOTO, Selma. *Lei Geral de Proteção de Dados:* enfoque nas relações de trabalho. 2. ed. São Paulo: LTr, 2021.

DAMIANI, André; BORTOLINI, Flávia. As provas digitais na Justiça do Trabalho e a necessidade de adequação à LGPD. *Consultor Jurídico*, 7 maio 2021. Disponível em: <https://www.conjur.com.br/2021-mai-07/opiniao-provas-digitais-justica-trabalho-lgpd>. Acesso em: 19 maio 2021.

GARRIDO, Patricia Peck. *Direito digital.* 7. ed. São Paulo: Saraiva Jur, 2021.

GUSMÃO, Xerxes. Adaptações necessárias das relações de trabalho resultantes da Lei Geral de Proteção de Dados. In: BARZOTTO, Luciane C.; COSTA, Ricardo H. A. M. (Orgs.). *Estudos sobre LGPD* — Lei Geral de Proteção de Dados — Lei n. 13.709/2018. Doutrina e aplicabilidade no âmbito laboral. Porto Alegre: Diadorim Editora, 2022. p. 152-167.

HOFFMANN-RIEM, Wolfgang. *Teoria geral do Direito digital.* São Paulo: GEN/Forense, 2020.

LEONARDI, Marcel. *Fundamentos de Direito digital.* São Paulo: Revista dos Tribunais, 2019.

MARTINS, Guilherme Magalhães; LONGHI, João Victor Rozatti (Cords.). *Direito digital:* Direito privado e internet. 4. ed. Indaiatuba: Foco, 2021.

NEMER NETO, Alberto *et al.* (Coords.). *Direito Digital e LGPD.* Vol. 1. São Paulo: Lex Editora, 2021.

PAMPLONA FILHO, Rodolfo; CONI JUNIOR, Vicente Vasconcelos. A Lei Geral de Proteção de Dados Pessoais e seus impactos no Direito do Trabalho. *Revista de Direito Unifacs*, n. 239, jun. 2020. Disponível em: <https://revistas.unifacs.br/index.php/redu/article/view/6744>. Acesso em: 12 abr. 2021.

PINHEIRO, Iuri; BOMFIM, Vólia. A Lei Geral de Proteção de Dados e seus impactos nas relações de trabalho. *Trabalho em Debate*, 1º out 2020. Disponível em: <http://

trabalhoemdebate.com.br/artigo/detalhe/a-lei-geral-de-protecao-de-dados-e-seus-impactos-nas-relacoes-de-trabalho>. Acesso em: 15 abr. 2021.

SILVA, Fabrício Lima. LGPD nas relações de trabalho: riscos do consentimento para o tratamento de dados. *Consultor Jurídico*, 10 abr. 2021. Disponível em: <https://www.conjur.com.br/2021-abr-10/fabricio-silva-lgpd-relacoes-trabalho>. Acesso em: 21 abr. 2021.

SOUZA, Synomar Oliveira. Prova digital na Justiça do Trabalho. *Migalhas*, 19 dez. 2019. Disponível em: <https://www.migalhas.com.br/depeso/317084/prova-digital-na-justica-do-trabalho>. Acesso em: 19 mai. 2021.

TEIXEIRA, Tarcísio. *Direito digital e processo eletrônico*. São Paulo: Saraiva Jur, 2020.

THAMAY, Mauricio Tamer Rennan. *Provas no Direito digital:* conceito da prova digital, procedimentos e provas digitais em espécie. São Paulo: Revista dos Tribunais, 2020.

WOLKART, Erik Navarro *et al. Direito, processo e tecnologia*. São Paulo: Revista dos Tribunais, 2020.

ZANETTI, Dânton. Proteção de dados pessoais e publicidade processual: um contrassenso? *Migalhas*, 15 abr. 2021. Disponível em: <https://www.migalhas.com.br/depeso/343796/protecao-de-dados-pessoais-e-publicidade-processual-um-contrassenso>. Acesso em: 30 set. 2022.

A Prova Digital e o *Compliance* em Proteção de Dados nas Empresas

Larissa Matos[1]

Introdução

Cada dia estamos mais imersos em tecnologias para realizar simples atos da vida, a exemplo da coleta de digital exigida em inúmeros edifícios comerciais e residenciais.

O celular virou o nosso amigo de toda hora e, a partir dele, vamos deixando rastros ao compartilhamos conversas e documentos por *WhatsApp*, utilizarmos serviços de entrega de comida, chamarmos automóveis por aplicativos, fazermos programação na agenda eletrônica etc.

Nesse cenário, as novas tecnologias vão modificando as dinâmicas da vida em diversas searas, inclusive na área jurídica, com repercussões no direito material e processual, pois são inúmeros os dados coletados e, portanto, rastros digitais produzidos, que podem servir como provas para a comprovação de determinado fato.

No âmbito da empresa, isso toma uma proporção considerável, pois há tratamento de dados em diversos momentos, desde o ingresso até a saída do trabalhador

(1) Advogada do Sales Matos Advocacia. Doutora em Direito do Trabalho pela Universidade de São Paulo (USP), aprovada com láurea (*cum laude*). Doutorado sanduíche (Programa CAPES-PRINT) na Universitat de Barcelona (UB). Mestre em Direito do Trabalho pela Universidad de Palermo. Integrante do corpo docente da ABRAT. Professora de pós-graduação. Pesquisadora do núcleo de pesquisa "O Direito do Trabalho além do trabalho" (USP), coordenado pelo Professor Guilherme Guimarães Feliciano. Pesquisadora do grupo de pesquisa "Proteção do Trabalho e Promoção das Relações de Trabalho" (USP), coordenado pelo Professor Otávio Pinto e Silva. Autora de diversos artigos jurídicos envolvendo a temática da proteção de dados e meio ambiente do trabalho. Coautora do livro Discurso religioso como projeto político.

do estabelecimento, ou mesmo fora dele, como ocorre com os motoristas que são monitorados ao longo do seu trajeto de trabalho. E, em alguns casos, isso se estende a seara privada do indivíduo.

Esses rastros digitais podem ser encontrados por meio do sistema de câmeras, biometrias (facial, digital, de voz, movimento etc.), equipamentos de telefonia móvel, sistemas de geolocalização, aplicativos de celular, *software* entre outros mecanismos tecnológicos.

Contudo, em que pese as inúmeras facilidades para se tratar dados, físicos e digitais, as empresas não podem fazer isso de qualquer modo, pois o ordenamento jurídico, em especial a Lei Geral de Proteção de Dados (LGPD, Lei n. 13.709/2018), impõe limites em face dos direitos fundamentais, notadamente o direito fundamental à proteção de dados (art. 5º, LXXIX, CF/88)[(2)].

Nesse aspecto, quando inobservada alguma norma, a prova pode ser considerada ilegítima ou ilícita, entendida a primeira como obtida a partir da violação do direito processual, e a segunda como aquela coletada a partir do desrespeito às normas de direito material.

Para evitar a nulidade da prova, é preciso que ela seja produzida de acordo com o ordenamento jurídico, o que impõe às empresas estar em conformidade com as normas jurídicas.

Nesse sentido, o *compliance* em proteção de dados aparece como um instrumento essencial à adequação da empresa à LGPD e demais normas do sistema jurídico brasileiro relacionadas à proteção de dados.

E é justamente sobre isso que trataremos neste artigo, a partir da abordagem dos seguintes tópicos: 1) o tratamento de dados nas empresas; 2) as provas e nulidades; e 3) o *compliance* em proteção de dados.

A ideia é abordar a base normativa e principiológica concernente ao tratamento de dados, a relação entre as provas produzidas e possíveis nulidades pela inobservância do sistema jurídico e como o *compliance* pode ser um instrumento efetivo para a produção de provas válidas, que pode consubstanciar argumentos favoráveis à empresa em eventual demanda judicial ou extrajudicial.

---

(2) Art. 5º, LXXIX, CF/88 – é assegurado, nos termos da lei, o direito à proteção dos dados pessoais, inclusive nos meios digitais.

1. O tratamento de dados nas empresas

O empregador trata dados no estabelecimento empresarial em diversos momentos, seja em relação à clientes, seja em relação a parceiros, empregados ou terceirizados.

No caso da relação de emprego, o tratamento de dados ocorre desde o pré-contrato de trabalho, se estende ao longo dele e pode ultrapassar a sua extinção, em situações específicas, a exemplo de documentos que precisam ser armazenados por alguma obrigação legal.

Além disso, dentro do estabelecimento empresarial existem inúmeros mecanismos tecnológicos que podem ser utilizados para a produção de provas, a exemplo das câmeras, sistemas de biometrias, controles de *login* e *logout* etc.

Contudo, para que as provas produzidas sejam válidas, a empresa tem que fazer uso desses sistemas em conformidade com as normas jurídicas, em especial à LGPD.

Portanto, cabe a empresa estar adequada à LGPD, a fim de observar e cumprir os ditames legais, evitando multas, riscos à imagem, condenações indenizatórias ou mesmo nulidades de provas produzidas.

Nesse sentido, é importante lembrar que a LGPD impõe que o tratamento de dados seja feito de acordo com as bases legais (arts. 7º e 11) e em conformidade com os princípios nela estabelecidos.

Sobre as bases legais de tratamento, o sistema é bipartido em dois artigos, abaixo transcritos, que trazem bases legais para tratamento de dados gerais (art.7º, LGPD) e bases legais para tratamento de dados sensíveis[3] (art.11, LGPD):

> Art. 7º O tratamento de dados pessoais somente poderá ser realizado nas seguintes hipóteses:
>
> I – mediante o fornecimento de consentimento pelo titular;
>
> II – para o cumprimento de obrigação legal ou regulatória pelo controlador;

(3) O dado pessoal sensível é definido no art. 5º, II, da LGPD como "[...] dado pessoal sobre origem racial ou étnica, convicção religiosa, opinião política, filiação a sindicato ou a organização de caráter religioso, filosófico ou político, dado referente à saúde ou à vida sexual, dado genético ou biométrico, quando vinculado a uma pessoa natural".

III - pela administração pública, para o tratamento e uso compartilhado de dados necessários à execução de políticas públicas previstas em leis e regulamentos ou respaldadas em contratos, convênios ou instrumentos congêneres, observadas as disposições do Capítulo IV desta Lei;

IV - para a realização de estudos por órgão de pesquisa, garantida, sempre que possível, a anonimização dos dados pessoais;

V - quando necessário para a execução de contrato ou de procedimentos preliminares relacionados a contrato do qual seja parte o titular, a pedido do titular dos dados;

VI - para o exercício regular de direitos em processo judicial, administrativo ou arbitral, esse último nos termos da Lei n. 9.307, de 23 de setembro de 1996 (Lei de Arbitragem);

VII - para a proteção da vida ou da incolumidade física do titular ou de terceiro; VIII - para a tutela da saúde, exclusivamente, em procedimento realizado por profissionais de saúde, serviços de saúde ou autoridade sanitária;

IX - quando necessário para atender aos interesses legítimos do controlador ou de terceiro, exceto no caso de prevalecerem direitos e liberdades fundamentais do titular que exijam a proteção dos dados pessoais;

X - para a proteção do crédito, inclusive quanto ao disposto na legislação pertinente.

Art. 11. O tratamento de dados pessoais sensíveis somente poderá ocorrer nas seguintes hipóteses:

I - quando o titular ou seu responsável legal consentir, de forma específica e destacada, para finalidades específicas;

II - sem fornecimento de consentimento do titular, nas hipóteses em que for indispensável para:

a) cumprimento de obrigação legal ou regulatória pelo controlador;

b) tratamento compartilhado de dados necessários à execução, pela administração pública, de políticas públicas previstas em leis ou regulamentos;

c) realização de estudos por órgão de pesquisa, garantida, sempre que possível, a anonimização dos dados pessoais sensíveis;

d) exercício regular de direitos, inclusive em contrato e em processo judicial, administrativo e arbitral, este último nos termos da Lei n. 9.307, de 23 de setembro de 1996 (Lei de Arbitragem);

e) proteção da vida ou da incolumidade física do titular ou de terceiro;

f) tutela da saúde, exclusivamente, em procedimento realizado por profissionais de saúde, serviços de saúde ou autoridade sanitária;

> *g)* garantia da prevenção à fraude e à segurança do titular, nos processos de identificação e autenticação de cadastro em sistemas eletrônicos, resguardados os direitos mencionados no art. 9º desta Lei e exceto no caso de prevalecerem direitos e liberdades fundamentais do titular que exijam a proteção dos dados pessoais.

Isso significa que o tratamento de dados deve observar as bases legais expostas. Caso seja feito em discordância com essas normas, o tratamento não poderá ser reputado válido.

Ademais, a LGPD é norteada por princípios que orientam a interpretação das normas relacionadas à proteção de dados e, também, norteiam o próprio tratamento de dados. Assim, cabe à empresa observá-los.

Em relação aos princípios, o art. 6º determina que:

> As atividades de tratamento de dados pessoais deverão observar a boa-fé e os seguintes princípios:
>
> I – finalidade: realização do tratamento para propósitos legítimos, específicos, explícitos e informados ao titular, sem possibilidade de tratamento posterior de forma incompatível com essas finalidades;
>
> II – adequação: compatibilidade do tratamento com as finalidades informadas ao titular, de acordo com o contexto do tratamento;
>
> III – necessidade: limitação do tratamento ao mínimo necessário para a realização de suas finalidades, com abrangência dos dados pertinentes, proporcionais e não excessivos em relação às finalidades do tratamento de dados;
>
> IV – livre acesso: garantia, aos titulares, de consulta facilitada e gratuita sobre a forma e a duração do tratamento, bem como sobre a integralidade de seus dados pessoais;
>
> V – qualidade dos dados: garantia, aos titulares, de exatidão, clareza, relevância e atualização dos dados, de acordo com a necessidade e para o cumprimento da finalidade de seu tratamento;
>
> VI – transparência: garantia, aos titulares, de informações claras, precisas e facilmente acessíveis sobre a realização do tratamento e os respectivos agentes de tratamento, observados os segredos comercial e industrial;
>
> VII – segurança: utilização de medidas técnicas e administrativas aptas a proteger os dados pessoais de acessos não autorizados e de situações acidentais ou ilícitas de destruição, perda, alteração, comunicação ou difusão;
>
> VIII – prevenção: adoção de medidas para prevenir a ocorrência de danos em virtude do tratamento de dados pessoais;

IX – não discriminação: impossibilidade de realização do tratamento para fins discriminatórios ilícitos ou abusivos;

X – responsabilização e prestação de contas: demonstração, pelo agente, da adoção de medidas eficazes e capazes de comprovar a observância e o cumprimento das normas de proteção de dados pessoais e, inclusive, da eficácia dessas medidas.

Sobre o princípio da finalidade, temos que se trata de "[...] um limitador, exigindo a coleta de dados para intuitos e efeitos específicos e legítimos, devendo estar claro o que será feito com os dados processados e o tempo em que ficarão armazenados [...]" (MATOS, 2020, p. 21).

O que impõe ao controlador[4] a obrigação de ser transparente (art. 6º, VI, LGPD) e claro em relação ao tratamento de dados do empregado, que deve ter ciência do que se passa com os seus dados e como se dá o ciclo da vida desse dado. Assim, trata-se de um princípio que se relaciona com o princípio da adequação.

A adequação é um "[...] princípio que limita a qualidade e o manuseio da informação, exigindo a sua vinculação ao escopo específico da atividade de tratamento de dados pessoais, em respeito ao art. 5º, X, da CF/88" (MATOS, 2020, p. 21).

Logo, para haver tratamento de dados, o titular deverá ser informado e haverá vinculação à informação prestada, respeitado, ainda o princípio da necessidade.

Sobre ele, temos que se trata de um princípio que "[...] requer a estrita coleta possível para se atingir a finalidade, não podendo exceder os limites essenciais à consecução pretendida." (MATOS, 2020, p.22).

A partir desses princípios e considerando as bases legais dispostas na LGPD, as dinâmicas dentro da empresa em relação ao tratamento de dados pessoais passa a ser outra.

Assim, as atividades de tratamento existentes até então deverão ser reavaliadas para adequar-se às normativas em torno do direito fundamental à proteção de dados, o que inclui a produção de provas extraídas a partir dessas atividades de tratamento de dados.

---

(4) "[...] pessoa natural ou jurídica, de direito público ou privado, a quem competem as decisões referentes ao tratamento de dados pessoais;" (art.5º, VI, LGPD)

2. As provas e nulidades

A prova analógica ou digital, que deve ser produzida considerando os princípios do contraditório, ampla defesa e acesso à justiça (art. 5º, LIV, LV e XXXV, CF/88), é essencial para demonstrar a existência de fatos (THEODORO JÚNIOR, 2015).

Especialmente sobre a prova digital, o Projeto de Lei n. 4.939/20, de autoria do Deputado Hugo Leal, conceitua a prova digital como "[...] toda informação armazenada ou transmitida em meio eletrônico que tenha valor probatório" (art. 4º).

Contudo, a sua admissão no processo está condicionada à produção e coleta em conformidade com os direitos fundamentais e a sua utilização dependerá dos elementos da identidade, autenticidade e integridade, além da observância das normas processuais, nos termos do CPC, aplicável ao processo do trabalho nesse tema (art. 769, CLT e art. 15, CPC).

Nesse sentido, destaca-se que a lei processual impõe que a utilização de documentos eletrônicos depende da verificação de sua autenticidade (art. 439, CPC) e o juiz apreciará o valor probante do referido documento (art. 440, CPC), com admissão de documentos produzidos de acordo com o ordenamento jurídico (art. 441, CPC).

Ainda, não podemos olvidar que as provas, analógicas ou digitais, têm relação com o tratamento[(5)] de dados pessoais, pois geralmente são colhidas a partir de biometrias, imagens, geolocalizações etc.

Nessa linha de raciocínio, como dito, a Lei Geral de Proteção de dados (Lei n. 13.709/18)[(6)] determina que o tratamento de dados seja feito com observância de seus princípios e normas, especialmente de acordo com as bases legais dispostas nos arts. 7º e 11. E isso claramente se aplica às provas colhidas no ambiente de trabalho.

---

(5) "[...] toda operação realizada com dados pessoais, como as que se referem a coleta, produção, recepção, classificação, utilização, acesso, reprodução, transmissão, distribuição, processamento, arquivamento, armazenamento, eliminação, avaliação ou controle da informação, modificação, comunicação, transferência, difusão ou extração;" (art. 5º, X, LGPD).

(6) Esta Lei dispõe sobre o tratamento de dados pessoais, inclusive nos meios digitais, por pessoa natural ou por pessoa jurídica de direito público ou privado, com o objetivo de proteger os direitos fundamentais de liberdade e de privacidade e o livre desenvolvimento da personalidade da pessoa natural (art. 1º).

Se não há a observância das normas jurídicas, a prova colhida pode ser nula. Inclusive, o art. 5.º, LVI, da CF prevê a inadmissibilidade no processo de provas obtidas ilicitamente.

Segundo Neves (2016, p. 1251),

> [...] prova ilegal é toda prova produzida com ofensa à norma legal, podendo ser dividida em: (a) prova ilegítima, quando violar norma de direito processual, verificável no momento da produção da prova no processo; (b) prova ilícita, quando violar norma de direito substancial, verificável no momento da colheita da prova.
>
> [...]
>
> A ilegitimidade, assim, diz respeito ao modo pelo qual a prova foi obtida, em situação na qual o meio de prova em si é jurídico e permitido pela lei, mas a forma de produção da prova é viciada, como a colheita de prova testemunhal mediante a ameaça de morte ou qualquer outra espécie de coação, bem como a assinatura de contrato sob tortura. A ilicitude se daria quando o próprio meio de produção da prova é injurídico ou imoral, como as gravações clandestinas de conversas telefônicas ou filmagens também clandestinas sem a devida autorização judicial.

Portanto, a forma como os dados são tratados na empresa pode gerar nulidade das provas, o que toma especial proporção em relação às provas digitais, pois são comuns a produção no meio ambiente de trabalho, em razão dos inúmeros mecanismos tecnológicos utilizados no dia a dia.

Por exemplo, se a empresa instala sistema de monitoramento no ambiente de trabalho e não o faz de modo a atender as premissas da LGPD, a prova colhida, por esse meio e utilizada para eventual dispensa por justa causa de um trabalhador, pode ser invalidada, por ofensa ao direito fundamental à proteção de dados.

Logo, a adequação à LGPD vai muito além do que alguns imaginam, podendo afetar, por exemplo, ações da empresa como uma simples dispensa por justa causa.

Assim, para uma maior segurança jurídica e dentro da ideia de que é melhor prevenir(7) do que ser sancionado, é essencial que a pessoa jurídica tenha um *compliance* em proteção de dados.

Isso demonstra, inclusive, que a empresa está de boa-fé(8), um dos princípios da LGPD comentados acima.

3. O *compliance* em proteção de dados

O programa de *compliance* em proteção de dados é essencial para a adequação da empresa ao sistema normativo relacionado ao direito fundamental à proteção de dados.

Trata-se de um programa que se pela boa-fé, transparência e efetividade, de modo a atender as premissas da LGPD e ter resultados concretos positivos.

Além disso, deve observar a confidencialidade das informações, a integridade dessas informações e a autenticidade – três elementos importantes para garantir a segurança e viabilidade do tratamento de dados.

De forma geral, o programa de *compliance* em proteção de dados envolve treinamentos iniciais para conscientização, de gestores e trabalhadores, em relação ao direito fundamental à proteção de dados, o que inclui entender os pontos básicos da lei e ter um olhar clínico para a identificação de problemas e soluções.

Após essa etapa, é preciso inventariar os dados, físicos e digitais. Ou seja, é necessário conhecer todo o ciclo da vida dos dados que tramitam na organização empresarial, por meio de um mapeamento desses dados.

---

(7) A prevenção é um dos princípios da LGPD. Segundo a lei, trata-se da "[...] adoção de medidas para prevenir a ocorrência de danos em virtude do tratamento de dados pessoais;" (art. 6º, VIII, LGPD).

(8) "O art. 6º, *caput*, da LGPD, expressamente impõe a observância da boa-fé nas atividades de tratamento de dados — boa-fé já conhecida no nosso ordenamento jurídico, tal como se verifica nos arts. 113 e 422 do CC, código esse parametrizado pelo princípio da eticidade. As atividades de tratamento de dados pessoais envolvem relações. Como qualquer relação, deve pautar-se no princípio da boa-fé, que gera deveres anexos, como o dever de informação, o dever de cooperação e o dever de assistência, além de ser um critério de orientação para a interpretação e integração dos contratos. A boa-fé limita o exercício dos direitos subjetivos em contraposição ao princípio da autonomia das partes. Com base nisso, pode-se constatar que a boa-fé objetiva se distingue da chamada boa-fé subjetiva, sendo esta o contraposto da má-fé e caracterizada como o estado psicológico de um sujeito; enquanto aquela é uma regra de conduta, compreendida como norma de correção. Além de estar presente no Código Civil, o princípio da boa-fé também tem previsão no art. 4º, III, do CDC, impondo às partes uma atuação pautada nos deveres de honestidade, lealdade e informação, para que uma não lese as legítimas expectativas da outra parte — ideia que claramente se aplica à LGPD (art. 6º, *caput*)" (MATOS, 2020, p. 19).

A partir desse mapeamento, será possível identificar problemas e dar remédios jurídicos e tecnológicos para que a empresa possa se dizer adequada à LGPD, o que envolve a revisão de documentos existentes, a elaboração de documentos jurídicos específicos e a revisão de instrumentos de segurança da informação, por meio de dinâmicas voltadas às respostas para incidentes e estabelecimento de políticas de salvaguarda aos dados das pessoas. A ideia é, além de prevenir riscos administrativos (art. 52, LGPD) e judiciais (art. 42, LGPD), promover uma cultura de proteção de dados.

A partir de um programa de conformidade, é possível produzir e coletar provas em consonância com o ordenamento jurídico, que podem ser utilizadas em processos judiciais, ou fora do Judiciário, de modo lícito e legítimo.

Portanto, é um programa que, além de evitar sanções estabelecidas na LGPD, indenizações e responsabilidades administrativas e judiciais, melhora a imagem da empresa perante clientes, fornecedores e empregados, e opera como sistema para validar provas produzidas no ambiente de trabalho.

Conclusão

O mundo digital é uma realidade que demanda da empresa um outro olhar: mais clínico, mais cauteloso e mais prudente, diante dos inúmeros tratamentos de dados realizados no estabelecimento, que geram responsabilidades e obrigações.

A não adequação às exigências da LGPD sujeita a empresa a riscos administrativos, judiciais e reputacionais, além de invalidar provas que podem consubstanciar argumentos da empresa.

Quanto à produção de provas, os Tribunais estão atentos e serão cada vez mais exigentes. Além disso, a própria advocacia está se munindo de argumentos para tratar as provas digitais com mais rigor e tecnicidade.

Dessa forma, por diversos ângulos que se olhe, é essencial que empresas busquem se adequar e, portanto, percebam o programa de *compliance* em proteção de dados como uma ferramenta necessária ao bom desenvolvimento dos seus negócios.

Referências

ÁLVAREZ, Armando Valencia. *Las pruebas digitales o electrónicas y sus desafíos jurídicos actuales.* Disponível em: <https://desafiosjuridicos.uanl.mx/index.php/ds/article/view/7/11>. Acesso em: 20 abr. 2022.

CÂMARA DOS DEPUTADOS. *Projeto de Lei n. 4939, de 2020.* Disponível em: <https://www.camara.leg.br/proposicoesWeb/prop_mostrarintegra;jsessionid=node01az35vstqkqn-t1wlis6m7g1yul7302931.node0?codteor=1936366&filename=PL+4939/2020>. Acesso em: 16 abr. 2022.

CNJ. *Portaria n. 204, de 30 de agosto de 2021.* Disponível em: <https://atos.cnj.jus.br/atos/detalhar/4085>. Acesso em: 16 abr. 2022.

MATOS, Larissa. Princípios da lei geral de proteção de dados. In: MIZIARA, Raphael; PESSOA, André Pessoa; MOLLICONE, Bianca. *Reflexos da LGPD no direito e no processo do trabalho.* 1. ed. São Paulo: Thomson Reuters Brasil, 2020.

NEVES, Daniel Amorim Assumpção. *Manual de direito processual civil.* Volume único. 8. ed. Salvador: JusPodivm, 2016.

QUISPE AGIPE, Roy Alexys. Los medios de prueba tecnológicos en el proceso laboral peruano. *Revista de Derecho Procesal del Trabajo*, vol. 3, n. 3, 2021, p. 145-166.

RODRÍGUEZ, Pedro De La Torre. *La prueba digital en el proceso judicial.* Disponível em: <https://indalics.com/blog-peritaje-informatico/prueba-digital-proceso-judicial>. Acesso em: 20 abr. 2022.

SANTOS, Enoque Ribeiro dos; HAJEL FILHO, Ricardo Antonio Bittar. *Curso de direito processual do trabalho.* 4. ed. São Paulo: Atlas, 2020.

THAMAY, Rennan; TAMER, Maurício. *Provas no direito digital:* conceito da prova digital, procedimentos e provas digitais em espécie. São Paulo: Thomson Reuters Brasil, 2020.

THEODORO JÚNIOR, Humberto. *Curso de Direito Processual Civil.* Teoria geral do direito processual civil, processo de conhecimento e procedimento comum. Vol. I. 56. ed. rev., atual. e ampl. Rio de Janeiro: Forense, 2015.

VALLE MUÑOZ, Francisco Andrés. Las cámaras de videovigilancia en la empresa como medio de prueba en el proceso laboral. *IUSLabor* — Revista d'anàlisi de Dret del Treball, n. 3, 2021, p. 31-59, p. 50.

VALLE MUÑOZ, Francisco Andrés. Los dispositivos de geolocalización del trabajador como medio de prueba en el proceso laboral. *AIS: Ars Iuris Salmanticensis*, v. 9, n. 2, p. 29–55, 2022. Disponível em: <https://revistas.usal.es/index.php/ais/article/view/28108>. Acesso em: 18 abr. 2022.

The Wayback Machine: A Máquina do Tempo das Provas Digitais e o seu Valor Jurídico

Luciano Martinez[1]

Introdução

As provas digitais têm assumido considerável importância no contexto processual e assim se destacaram por conta das exigências de uma sociedade que se afeiçoou aos encantos da Indústria 4.0 e às suas inovações tecnológicas. Essa nova sociedade acabou por sofrer profundas alterações na sua forma de ver o mundo e na maneira de lidar com as suas próprias expectativas em torno dos institutos da atualidade. As empresas físicas passaram a sofrer as exigências da virtualização e, na busca pela oferta de experiências quase-reais para os consumidores, passaram a ser amiúde encontráveis em *sites*, *home pages* e *blogs*, nos quais passaram a registrar os seus propósitos, compromissos e promessas. Muitas dessas empresas, na busca da demonstração de suas fortalezas, explicitaram quem eram as outras empresas que a ela estavam associadas. Tudo passou a estar escancarado em páginas eletrônicas, facilmente acessíveis a quem quisesse ver.

---

(1) Pós-doutor em Direito do Trabalho pela Pontifícia Universidade Católica do Rio Grande do Sul (PUCRS) (2020). Doutor em Direito do Trabalho e da Seguridade Social pela Universidade de São Paulo (USP) (2012). Mestre em Direito Social pela Universidad de Castilla La Mancha, Espanha (UCLM – Título reconhecido pela USP) (2006). Mestre em Direito Privado e Econômico pela Universidade Federal da Bahia (UFBA) (2002). Professor Associado II de Direito do Trabalho e da Seguridade Social da UFBA desde 2010 (atuando na graduação, mestrado e doutorado) é Juiz do Trabalho do TRT5 desde 1995. Titular da Cadeira 52 da Academia Brasileira de Direito do Trabalho. Titular da Cadeira 26 da Academia de Letras Jurídicas da Bahia. Autor de diversas obras jurídicas, especialmente no âmbito do direito do trabalho e do direito previdenciário.

Os usuários desse universo digital sempre imaginaram que, como num território supostamente sem lei, o que registrassem na *internet* poderia ser apagado na primeira situação em que precisassem se ocultar e que tudo seria fulminado sem deixar vestígios. Essas anotações de propósitos, compromissos e promessas, entretanto, ao contrário do que muitos podiam crer, foram cuidadosamente guardadas, tal qual livros em uma biblioteca. A *Internet Archive*, uma organização sem fins lucrativos, assim agiu mediante a sua máquina do tempo, a *Wayback Machine*. Assim, se o site era público e irrestrito, ele foi registrado e catalogado. Transformou-se, assim, em uma possível prova digital.

Mas qual seria o valor jurídico desses arquivos da *Wayback Machine*? Eles têm sido admitidos como provas digitais pelos tribunais? Há como invocar o direito ao esquecimento daquilo que se anotou publicamente na *internet*? Para responder a essas problemáticas, partiu-se do pressuposto hipotético de que os arquivos da *Wayback Machine* são sim provas demonstrativas daquilo que se publicou, mas não necessariamente da verdade daquilo que foi publicado e que, em relação ao que se postou sem sigilo não haveria como invocar suposto direito ao esquecimento. As hipóteses, enquanto respostas provisórias, foram, como se verá, confirmadas na conclusão.

O presente artigo analisará, então, num primeiro capítulo, a origem da *Wayback Machine*, enquanto banco de dados digital capaz de reproduzir as telas de sites e de homes pages em diferentes momentos da sua história. Em seguida, num segundo capítulo, apreciará o uso da "máquina do tempo" no âmbito judiciário estrangeiro e brasileiro diante dos cada vez mais frequentes negócios realizados pela internet e em face do valor jurídico dos arquivos da *Wayback Machine* como provas digitais. O terceiro capítulo cuidará do valor jurídico dos arquivos da *Wayback Machine* enquanto provas digitais com indicação de precedentes persuasivos e o quarto capítulo encerrará as discussões mediante a análise do suposto direito de as partes invocar o esquecimento relacionado aos registros lançados na internet e dela retirados.

É importante anotar, sob o ponto de vista metodológico, que a pesquisa realizada observou o modelo teórico-aplicado, mediante o qual não se visou unicamente à investigação da teoria, leis e modelos de explicação dos fatos jurídicos e sociais, mas também à solução de problemas de ordem prática. Foram utilizados, para tanto, métodos dedutivos com o objetivo de demonstrar e justificar os fatos correlatos ao problema mediante a aplicação de recursos lógico-discursivos calcados nos critérios de verdade: coerência, consistência e não contradição. Os estudos, realizados com a pretensão de oferecimento de uma contribuição original a partir de reflexões pessoais e de sistematização própria, foram desenvolvidos mediante pesquisa bibliográfica, documentação, heurística e reflexão crítica de obras representativas relacionadas ao tema.

1. A origem da *Wayback Machine*

Wayback Machine é uma ferramenta de resgate de dados digitais[2] que foi criado pela organização sem fins lucrativos *Internet Archive*, fundada em San Francisco, Califórnia, por Brewster Kahle[3] em 1996, com o objetivo de manter um arquivo multimídia de informações para realizar a sua missão institucional de "fornecer acesso universal a todo conhecimento" (<https://archive.org/about/>).

O referido fundador deixou anotada uma preocupação pessoal por ocasião da sua criação. Ele queria manter registros da história da *internet* para evitar que a sociedade sofresse novamente as perdas culturais que lhe foram impostas com a destruição da famosa Biblioteca de Alexandria, que perdeu grande parte do seu acervo por conta de incêndios e saques.

Em artigo publicado no ano de 1997[4], Kahle lembrava que os primeiros manuscritos da Biblioteca de Alexandria foram queimados e grande parte da impressão inicial não foi salva. Estabelecido o paralelismo entre Alexandria e *Internet*, ele salientou que o tempo médio de vida de um documento eletrônico era,

---

(2) OLIVEIRA NETA conceitua a *Waybach Machine* de uma forma quase lírica: "O *WBM* consiste, então, em uma interface de memória que, ao criar um espaço informacional navegável, com seus planos e espaços, materializa as imagens-lembrança hipertextuais dos *websites* arquivados, tornando possível a manipulação direta delas. Isto é, criando um ambiente no qual podemos nos projetar tendo em vista explorar outros mundos, rememorando o passado ao trilharmos suas rotas; dando a impressão de um movimento incessante, quase infinito, de portas que dão para outros lugares ou outros tempos. Eis uma interface que funciona tal qual uma inscrição imagética da memória, um banco de dados que acumula outras imagens-interface para criar uma experiência de presença mnemônica" (OLIVEIRA NETA, Juracy Pinheiro de. *Arqueologia da memória digital:* a produção de (não) presença nos arquivos do *Wayback Machine*. 2020. 192 f. Tese (Doutorado em Comunicação) – Faculdade de Comunicação Social, Universidade do Estado do Rio de Janeiro, Rio de Janeiro, 2020. Disponível em: <https://www.bdtd.uerj.br:8443/handle/1/16707>. Acesso em: 26 jun. 2022.

(3) Brewster Kahle é um dos fundadores do *Internet Archive* em abril de 1996. Antes disso, ele foi o inventor do *Wide Area Information Servers (WAIS)* em 1989, um sistema que permite a procura de informações em base de dados mediante uma linguagem natural de palavras-chaves e que rastreia palavras ou expressões. Formado no *MIT* (*Massachusetts Institute of Technology*), Brewster projetou supercomputadores nos anos 80 na *Thinking Machines Corporation*. Dados extraídos do artigo *"Archiving the Internet"*, publicado pela *Scientific American*, em março de 1997.

(4) KAHLE, Brewster. Archiving the Internet. *Scientific American*, mar. 1997. Disponível em: <https://www.scientificamerican.com/article/preserving-the-internet/>. Acesso em: 27 jun. 2022.

à época do seu texto, de 75 dias. Depois disso esses registros desapareciam; eram virtualmente queimados, criando, assim, problemas para historiadores e usuários.

Ele citou como exemplo dessa fugacidade a preocupação de um professor visitante do *MIT* (*Massachusetts Institute of Technology*), Carl Malamud, que queria escrever um livro citando alguns documentos que foram disponibilizados unicamente na *World Wide Web* da *Internet.* Segundo se anotou, o pesquisador revelava-se extremamente aflito com o fato de os futuros leitores, em lugar de confirmações do conteúdo extraído, encontrarem a já conhecida mensagem de erro — "*404 Document not found*". Isso fazia com que a Internet fosse "muito pouco confiável" para citação acadêmica. Assim, para mudar essa realidade criou-se a *Internet Archive.* Consoante Kahle, em seu artigo "*Archiving the Internet*", a solução veio mediante a coleta dos materiais públicos contidos na *Internet* para que se construísse a nova Alexandria digital, vale dizer, uma coleção digital substancial, que, em comparação com os seus antecedentes em papel, fosse fácil de reunir, de armazenar e de peneirar.

A segurança física desses dados também foi considerada por Kahle. Segundo ele, os dados coletados estariam — e ainda estão — sob a custódia de um fundo especial sem fins lucrativos, livres de forças naturais e políticas. Salientou-se à época — e isso ainda é uma realidade — que a Internet Archive e a sua máquina do tempo, a *Wayback Machine*, teriam dotação financeira suficiente para realizar a manutenção das mídias de armazenamento por longos anos.

O nome *Wayback Machine* foi dado à ferramenta digital como referência a uma fictícia nave de viagem no tempo, a "*Wayback Machine*", usada por Mister Peabody e Sherman em *The Rocky and Bullwinkle Show* dos anos 1960.(5)

Em 2016, vinte anos depois da sua fundação, a *Revista Forbes* publicou um artigo com uma visão dos bastidores do arquivamento da *Web*(6). Revelou-se, assim, por trás de uma simples caixa de pesquisa, um conjunto complexo de dados que tornam possível um vasto repositório, mediante rastreamento contínuo, num ritmo 24/7/365, que identificava e absorvia todos os *URLs* disponíveis.

---

(5) COOK, Jonh. Web site takes you way back in Internet history. 2001. *Seattlepi.* Disponível em: <https://www.seattlepi.com/news/article/Web-site-takes-you-way-back-in-Internet-history-1070534.php>. Acesso em: 31 maio 2022.

(6) LEETARU, Kalev. The Internet Archive Turns 20: A Behind The Scenes Look At Archiving The Web. 2016. *Forbes.* Disponível em: <https://www.forbes.com/sites/kalevleetaru/2016/01/18/the-internet-archive-turns-20-a-behind-the-scenes-look-at-archiving-the-web/>. Acesso em: 31 maio 2022.

O primeiro e mais importante detalhe constatado no texto de Kalev Leetaru dizia respeito à atividade de rastreamento da *web*. Na época da elaboração do seu texto, as principais participações na web do Internet Arquive totalizavam mais de 4,1 milhões de itens. Atualmente, no ano de 2022, quando se encaminhou este artigo para publicação, o mesmo portal revelava uma imensa evolução, informando a possibilidade de exploração de mais de 733 bilhões de páginas da *web* salvas ao longo do tempo. Ali se diz: "*Search the history of over 733 billion web pages on the Internet*" (Pesquise o histórico de mais de 733 bilhões de páginas da *Web* na *Internet*). Decerto, porém, esse número será bem maior quando o leitor voltar os seus olhos, no futuro, para o *site* <https://archive.org/>.

Cabe anotar, entretanto, que a *Wayback Machine* é não mais do que uma interface pública, incapaz de captar e de revelar, obviamente, o que não lhe tenha sido acessível por força de embargos, acordos de licença e outros processos e políticas de arquivamento. A despeito de todas as barreiras, a sua atividade produziu, no transcurso de anos, uma das coleções mais exclusivas da *Internet*.

A *Wayback Machine* permite, assim, que historiadores, jornalistas, arquivistas, arqueólogos digitais, antropólogos sociais, pesquisadores percorram os anais da história da *Internet* acessando páginas da *Web* esquecidas. Como bem disse Oliveira Neta, "através das janelas panorâmicas dos navegadores, a ferramenta possibilita experiências mnemônicas da *Web* desde 1996 até poucas horas atrás. Ironicamente, sendo uma biblioteca da *Internet* nesse mesmo ambiente digital, sua tarefa é recursiva no sentido de que arquiva a si mesmo".[(7)]

2. O uso da *Wayback Machine* no âmbito judiciário estrangeiro e brasileiro

Diante de negócios cada vez mais realizados pela internet o uso do *The Wayback Machine* em processos judiciais passou a ter ocorrência mais frequente. Muitas vezes, muitos anos depois de um determinado evento, não raramente alguém precisa provar o conteúdo de uma página da *Web*, seja para demonstrar algo que era publicamente anunciado e que ora se nega veementemente perante o Judiciário.

---

(7) OLIVEIRA NETA, Juracy Pinheiro de. *Arqueologia da memória digital:* a produção de (não) presença nos arquivos do *Wayback Machine*. 2020. 192 f. Tese (Doutorado em Comunicação) – Faculdade de Comunicação Social, Universidade do Estado do Rio de Janeiro, Rio de Janeiro, 2020. Disponível em: <https://www.bdtd.uerj.br:8443/handle/1/16707>. Acesso em: 26 jun. 2022.

As capturas de tela da *Wayback Machine*, então, permitem restabelecer o conteúdo de um site em um determinado momento. Menos comumente, essas capturas são utilizadas para estabelecer a veracidade do conteúdo e não raramente são a única forma de demonstrar a verdade.

Segundo informou Jack Pembroke-Birss, em artigo no qual analisou o uso e a receptividade das capturas de tela do *The Wayback Machine* em processos judiciais na Austrália(8), no processo *Voxson Pty Ltd vs Telstra Corporation Limited*, a sociedade recorrente procurou provar o estado histórico das páginas *Web* que tinham sido mantidas pelas empresas de telecomunicações recorridas ao longo de várias datas no final de 2012.

As imagens de *Wayback Machine* dessas páginas foram anexadas com o intuito de provar o conteúdo de determinadas páginas da *Web* criadas e mantidas pelos réus. O Tribunal Federal da Austrália, entretanto, decidiu que, ao disponibilizar as capturas de tela em seu site, o operador do *The Wayback Machine* estaria atuando por "ouvir dizer", fazendo não mais do que uma declaração de que copiou a página da Web em seu arquivo e que registrou a data em que o fez. Relevante também foi o argumento de que as páginas da *Web* não seriam autênticos 'registros comerciais'.

Em um segundo processo, identificado como caso *Dyno Nobel*, igualmente referenciado por Pembroke-Birss, as capturas de tela da *Wayback Machine* foram reconhecimento como suficientes para provar o conteúdo, mas não a veracidade do conteúdo das páginas da web.

No Brasil, o conhecimento dessa ferramenta eletrônica ainda é pouco difundido. Entre os poucos textos de uso efetivamente aplicado no âmbito judiciário cabe citar aquele escrito em maio de 2020 por Bernardo de Azevedo(9). Ali o autor destaca que os advogados desconheciam o potencial do *Internet Achive* e

(8) PEMBROKE-BIRSS, Jack. Using screenshots from The Wayback Machine in court proceedings. 2021. *Norton Rose Fulbright*. Disponível em: <https://www.nortonrosefulbright.com/en/knowledge/publications/57e50249/using-screenshots-from-the-wayback-machine-in-court-proceedings#autoofnote11>. Acesso em: 31 maio 2022.

(9) BERNARDO DE AZEVEDO. *Como os advogados podem usar o* Wayback Machine *na produção de prova*. 15 maio 2020. Disponível em: <https://bernardodeazevedo.com/conteudos/como-os-advogados-podem-usar-o-wayback-machine-na-producao/>. Acesso em: 27 jun. 2022.

Veja-se também, do mesmo autor: BERNARDO DE AZEVEDO. *5 passos para usar o* Wayback Machine *na produção de prova judicial*. 09 ago. 2021. Disponível em: <https://bernardodeazevedo.com/conteudos/5-passos-para-usar-o-wayback-machine-para-producao-de-prova-judicial/>. Acesso em: 27 jun. 2022.

da *Wayback Machine*. Entre as suas considerações, ele lança ora citado exemplo prático de um hipotético cliente que afirmara ter sofrido difamação em um *blog* publicado em janeiro de 2020, mas que não mais encontra isso registrado em maio de 2020. Veja-se:

> Imagine que você esteja em reunião com um potencial cliente e ele relate que está sendo difamado por um terceiro (vamos chamá-lo de "A"). Na reunião, você toma conhecimento de que "A" publicou, em seu *blog* pessoal, diversas acusações contra seu cliente. Você, então, é contratado para oferecer uma queixa-crime e uma ação indenizatória por danos morais. No dia seguinte, ao pesquisar mais sobre o caso, você percebe que no *blog* de "A" não há qualquer menção ao nome do seu cliente. Você lê dezenas de *posts* no *blog*, mas nada encontra contra seu constituinte. Ao comunicar o cliente do fato, ele relata que "A" adulterou o teor das publicações, pois, inicialmente, os conteúdos eram ofensivos e difamatórios. Você, como advogado(a) diligente que é, abre então o site da *Wayback Machine* e insere a *URL* do *blog* de "A". Em poucos instantes, é possível visualizar que a ferramenta capturou diariamente as movimentações do *blog* desde janeiro de 2020. Você, então, compara o teor atual de algumas publicações (maio de 2020) com o teor antigo (janeiro de 2020).

E Bernardo de Azevedo conclui, com acerto depois de demonstrar como se lê o conteúdo da *Wayback Machine*:

> Ao analisar três posts, você percebe que "A" realmente adulterou o teor, suprimindo as menções negativas ao seu cliente. Talvez alguém tenha o avisado que você estava atuando no caso. Talvez "A" tenha percebido que "pegou pesado". Mas o fato é que os *posts*, mesmo agora modificados, prejudicaram a imagem do seu cliente à época da publicação. Judicialmente, você poderá juntar *prints screens* das publicações atuais (capturadas a partir da *URL* do *blog* de "A") e das publicações originais (capturadas a partir do *Wayback Machine*). É possível autenticar as páginas originais por meio do pagamento de taxa ao próprio *site* ($ 250 por pedido + $ 20 a cada nova *URL*) ou utilizar o serviço de ata notarial.

Pelo mundo afora, os advogados estão a constatar que a *Wayback Machine* apresenta uma série de vantagens[10], entre as quais:

a) envolver um terceiro imparcial (a *Internet Archive*), sem relação com as partes envolvidas, que confere credibilidade às provas;

b) ser uma ferramenta gratuita, apoiada por uma instituição sem fins lucrativos e de reconhecida credibilidade internacional;

c) funcionar automaticamente, não sujeita, em regra, a manipulações, modificações ou apagamentos.

E o Judiciário brasileiro tem realmente admitido o conteúdo extraído da *Wayback Machine*?

Há ainda poucas ocorrências de uso explícito da ferramenta. Em pesquisa realizada pelo *site* <https://juris.trt2.jus.br/jurisprudencia/> identificou-se um registo pioneiro de uso das capturas de tela da máquina do tempo feita pelo Judiciário do Trabalho no processo 1000153-95.2017.502.0371 cuja sentença foi publicada em 22 de agosto de 2019, na 1ª Vara do Trabalho de Mogi das Cruzes, pela magistrada Silvia Cristina Martins Kyriakakis, que referiu a ferramenta eletrônica para identificar a rede de atendimento de uma determinada empresa acionada.

No processo n. 1000223-30.2020.5.02.0332, que tramitou na 2ª Vara do Trabalho de Itapecerica da Serra, do Tribunal Regional do Trabalho da 2ª Região, a magistrada Thereza Christina Nahas, em 29 de julho de 2021, reconheceu o pertencimento de uma empresa a um grupo econômico por meio da utilização da ferramenta que ajuda a revelar tentativas de adulterações e fraudes. Segundo amplamente noticiado[11], a decisão foi proferida na fase de execução, depois de um pedido do exequente no sentido de que fossem incluídas outras três empresas no polo passivo, sob o fundamento da ocorrência de um mesmo grupo econômico, que assim se reconhecida nas suas páginas da *web*.

---

(10) PÉREZ PARRAS, Francisco. *Digital evidence requires set procedures to be a valid means of proof in Court.* Disponível em: <https://perezparras.com/en/digital-evidence-court-website-content/>. Acesso em: 27 jun. 2022.

(11) AASP (São Paulo). *"Máquina do tempo" da internet fundamenta decisão de magistrada.* 2021. Disponível em: <https://www.aasp.org.br/noticias/trt-2-maquina-do-tempo-da-internet-fundamenta-decisao-de-magistrada/>. Acesso em: 27 jun. 2022.

Uma das executadas alegou que as páginas da internet não a referenciavam como integrante do grupo econômico. Na captura de telas anteriores por meio da *Wayback Machine*, porém, se comprovou que a empresa que sustentava a sua legitimação, em verdade alterara o conteúdo das informações anteriormente transmitidas aos seus consumidores.

Com a popularização da ora analisada ferramenta digital, outras notícias de uso bem-sucedido das capturas de telas em *sites* da *internet* passaram a ser anunciadas.

Em 24 de novembro de 2021, o Desembargador Cesar Machado do Tribunal Regional do Trabalho da 3ª Região, nos autos do processo 0010555-02.2019.5.03.0067 viu a ferramenta referida em situação que dizia respeito à estrutura remuneratória de uma empresa.

Em maio de 2022, nos autos do processo 0000470-38.2021.5.11.0010, que tramitou no Tribunal Regional do Trabalho da 11ª Região (AM/RR), a Juíza Gisele Araújo Loureiro Lima(12) proferiu sentença de reconhecimento de vínculo empregatício entre um editor-chefe de jornal eletrônico e um empresário do ramo de conservação e limpeza em Manaus. Com o objetivo de esclarecer a controvérsia sobre o veículo de comunicação, o nome de seu proprietário e confirmação do serviço prestado pelo profissional, a magistrada consultou a *Wayback Machine* e teve acesso às publicações feitas à época da contratação, mesmo com o *site* fora do ar no momento da consulta.

Com base em documentos juntados aos autos depois da consulta, foi confirmado o nome do fundador do jornal eletrônico. Constatou-se, ademais, o nome do acionante como editor-chefe e se percebeu que o telefone informado no *site* era o mesmo que se via no processo como um contato fornecido pelo acionado. O réu, além de tudo, possuía e-mail que remetia expressamente ao domínio eletrônico do jornal em que o editor-chefe atuou.

A utilização da ferramenta aumenta na medida em que se tem conhecimento da sua existência e tem sido utilizada. Não foi constatado, porém, até a data de encaminhamento deste artigo para a publicação, nenhum registro de utilização direta e anunciada da *Wayback Machine* nas decisões proferidas pelo TST,

---

(12) ASCOM/TRT11. *Prova digital esclarece controvérsia em processo sobre vínculo empregatício no AM*. 2022. Texto de Paula Monteiro. Disponível em: <https://portal.trt11.jus.br/index.php/comunicacao/7010-prova-digital-esclarece-controversia-em-processo-sobre-vinculo-empregaticio-no-am>. Acesso em: 27 jun. 2022.

STJ e STF ou de situações julgadas em instâncias iniciais em que esse tempo foi analisado com destaque. Indica-se que a pesquisa considerou "*Wayback*" ou "*Way Back*" como verbetes condutores da busca jurisprudencial. A mineração dos dados considerou especificamente a ferramenta digital aqui em análise, excluindo-se dos resultados os nomes de pessoas jurídicas homônimas.

3. O valor jurídico dos arquivos da *Wayback Machine* enquanto provas digitais

As capturas de tela da *Wayback Machine* são, como antedito, reproduções exatas do que ocorreu, suficientes, portanto, para provar "o conteúdo", mas não necessariamente para demonstrar "a veracidade do conteúdo" das páginas da *web*. Permite-se, assim, por meio da ferramenta digital uma visão do que foi anotado na Internet, mas não se pode concluir, unicamente com base nisso, que o que ali se anotou correspondeu a uma realidade.

Mas há alguma certificação de que as capturas de tela da *Wayback Machine* são mesmo fidedignas?

A resposta é positiva e geralmente essa pergunta é respondida à luz do processo *17-2479, United States v. Gasperini*, que reconheceu a *Wayback Machine* como fonte legítima de prova. A decisão foi tomada em 02 de julho de 2018 pela *United States Court of Appeals for The Second Circuit*. Ali um cidadão chamado Fabio Gasparini sustentou que o tribunal distrital teria abusado do seu poder discricionário ao permitir que o governo dos Estados Unidos tivesse se valido de *prints* de tela do *Internet Archive* para incriminá-lo. Gasparini tentava excluir capturas de tela de sites administrados por ele que o ligavam a um vírus e botnet pelos quais ele foi condenado. Os promotores fizeram capturas de tela de suas páginas do *Internet Archive* e as usaram como prova no julgamento, mas ele queria que os arquivos fossem descartados.

Fabio Gasparini argumentou que os arquivos apresentados da *Wayback Machine* de suas páginas da *web* não foram devidamente autenticados como legítimos e invioláveis e, portanto, não deveriam ser incluídos em seu julgamento criminal. A promotoria trouxe aos autos depoimentos do gerente do escritório do *Internet Archive* que explicou como o a empresa captura e preserva evidências do conteúdo da *Internet* em um determinado momento. Ficou claro, portanto, que a *Wayback Machine* funciona rastreando a *web* com *bots* que buscam automaticamente quantas páginas puderem encontrar e armazenam tudo em um banco de dados públicos pesquisáveis, capturando efetivamente os sites do mundo em um determinado dia, sem modificá-los em nada. O gerente também testemunhou que as capturas de tela feitas pela *Wayback Machine* das páginas da *Web* de Gasperini realmente correspondiam ao conteúdo do Internet Archive. E, com base nesses registros inter-relacionados, criou um grau suficiente de autenticidade.

Houve — é importante anotar — uma decisão semelhante em 2011 no caso *United States v. Bansal*, no curso do qual uma testemunha afirmou "por conhecimento pessoal" que a *Wayback Machine* era confiável e que suas páginas espelhadas eram autênticas.

Assim, no sentido mais amplo da palavra "precedente", evidencia-se nas decisões ora referidas um caráter persuasivo e útil à validação dos registros obtidos mediante a chamada máquina do tempo da *internet*.

4. A *Wayback Machine* e o suposto direito ao esquecimento

Os prejudicados com as anotações extraídas da *Wayback Machine* podem invocar em seu favor a eliminação de dados com lastro no chamado "direito ao esquecimento"? E o que seria, afinal, o "direito ao esquecimento"? Ele realmente subsiste no ordenamento jurídico brasileiro?

Pois bem. O suposto direito ao esquecimento é, na sua melhor essência, aquele invocável pelo indivíduo que pretende ver apagadas informações sobre si depois de um certo período. O pretenso direito aqui em análise visa, em rigor, que fatos do passado da vida de uma pessoa sejam esquecidos e, em decorrência desse esquecimento, sejam impedidas novas divulgações feitas sobre eles. A invocação desse esquecimento teria o propósito de fazer com que o fato ficasse no passado e que não fosse relembrado eternamente, evitando, assim, uma espécie de pena perpétua mediante a reiterada lembrança.(13) O mencionado direito ao esquecimento, então, seria como que uma pretensão apta a impedir a divulgação, seja em plataformas tradicionais ou virtuais, de fatos ou dados verídicos e licitamente obtidos, mas que, em razão da passagem do tempo, teriam se tornado descontextualizados ou destituídos de interesse público relevante.

---

(13) Nesse particular, veja-se artigo escrito sobre o tema antes da decisão tomada pelo Supremo Tribunal Federal nos autos do Recurso Extraordinário n. 1.010.606, relatado pelo Ministro Dias Toffoli: STUDART, Ana Paula Didier; MARTINEZ, Luciano. Direito ao Esquecimento como Direito Fundamental nas Relações de Trabalho. In: *Revista Jurídica Luso-Brasileira*, ano 5 (2019), n. 1.

Perceba-se que o texto acima expendido utiliza qualificativos como "o suposto" ou o "pretenso" direito. Destaca-se isso porque, apesar da consistente discussão que existia sobre o tema no direito brasileiro, ela foi atenuada depois que o Supremo Tribunal Federal, na sessão Plenária de 11.02.2021, nos autos do RECURSO EXTRAORDINÁRIO 1.010.606 RIO DE JANEIRO, manifestou-se sobre o assunto. O Supremo Tribunal Federal, por maioria, ao apreciar o Tema n. 786 da repercussão geral, negou provimento ao recurso extraordinário, nos termos do voto do seu relator, o Ministro Dias Toffoli.

O Recurso Extraordinário foi interposto em face de acórdão por meio do qual a Décima Quinta Câmara Cível do Tribunal de Justiça do Estado do Rio de Janeiro negou provimento a apelação em ação indenizatória que objetivava a compensação pecuniária e a reparação material em razão do uso não autorizado da imagem da falecida irmã dos autores, Aída Curi, no programa "Linha Direta: Justiça".

O caso concreto se referiu ao citado programa televisivo, que, revisitando alguns crimes que abalaram o Brasil, apresentou, entre alguns casos verídicos que envolviam vítimas de violência contra a mulher, objetos de farta documentação social e jornalística, o caso de Aida Curi, cujos irmãos foram autores da ação que deu origem ao recurso. O STF, por maioria, entendeu não caber a aplicação do direito ao esquecimento, uma vez que a exibição do referido programa não incorreu em afronta ao nome, à imagem, à vida privada da vítima ou de seus familiares.

No transcurso do julgamento feito pelo STF destacou que os precedentes mais longínquos apontados no debate sobre o chamado direito ao esquecimento teriam passado ao largo do direito autônomo ao esmaecimento de fatos, dados ou notícias pela passagem do tempo. Segundo a corte, a utilização de expressões que remetem a alguma modalidade de direito a reclusão ou recolhimento, como *droit a l'oubli* ou *right to be let alone*, sempre recebeu aplicação de forma discreta e muito pontual, com significativa menção, ademais, nas razões de decidir, a direitos da personalidade/privacidade.

O STF não deixou margem para dúvidas quanto à negativa de um suposto e irrestrito "direito ao esquecimento". Para a corte constitucional, o ordenamento jurídico brasileiro possui expressas e pontuais previsões em que se admite, por meio de condições específicas, o decurso do tempo como a razão determinada para supressão de dados ou informações, em circunstâncias que não configuram, todavia, a pretensão ao direito ao esquecimento. Essas expressas e pontuais previsões se relacionam com o efeito temporal, mas não consagram um direito a que os sujeitos não sejam confrontados quanto às informações do passado, de modo que eventuais notícias sobre esses sujeitos — publicadas ao tempo em que os dados e as informações estiveram acessíveis — não são alcançadas pelo efeito de ocultamento. Elas permanecem passíveis de circulação se os dados nelas contidos tiverem sido, a seu tempo, licitamente obtidos e tratados. Isso porque a passagem do tempo, por si só, não tem o condão de transmutar uma publicação ou um dado nela contido de lícito para ilícito.

Para o Supremo Tribunal Federal, nos autos do precitado Recurso Extraordinário, o suposto e irrestrito direito ao esquecimento afrontaria, ademais, a liberdade de expressão. Assim se manifestou sob o fundamento de que um comando jurídico que eleja a passagem do tempo como restrição à divulgação de informação verdadeira, licitamente obtida e com adequado tratamento dos dados nela inseridos, precisaria "estar previsto em lei, de modo pontual, clarividente e sem anulação da liberdade de expressão". Exatamente por isso, a maioria dos integrantes do tribunal fixou a seguinte tese:

> É incompatível com a Constituição a ideia de um direito ao esquecimento, assim entendido como o poder de obstar, em razão da passagem do tempo, a divulgação de fatos ou dados verídicos e licitamente obtidos e publicados em meios de comunicação social analógicos ou digitais. Eventuais excessos ou abusos no exercício da liberdade de expressão e de informação devem ser analisados caso a caso, a partir dos parâmetros constitucionais — especialmente os relativos à proteção da honra, da imagem, da privacidade e da personalidade em geral — e as expressas e específicas previsões legais nos âmbitos penal e cível.

Diante dessas particularidades, e considerada a posição da mais alta Corte brasileira, não se pode invocar um pretenso direito ao esquecimento para impedir o manejo das informações extraído mediante a *Wayback Machine*. Se o fato ocorreu, ele haverá de ser conhecido. Ressalva-se, obviamente, o uso abusivo dessas informações com o propósito de macular ou afrontar o nome, a imagem, a vida privada, a honra ou outro direito da personalidade da pessoa cujos dados emerjam da *Internet Archive*.

Não há como fugir do que se autorregistra. Cabe anotar as palavras de Oliveira Neta, pois, "na medida em que nos tornamos arquivistas de nós mesmos, a vida torna-se, cada vez mais, não apenas armazenada, mas, principalmente, representada no arquivo, de modo que o vivido parece existir em função do arquivamento e desse registro cotidiano"[14].

Há, enfim, cultura segundo a qual o evento ou a experiência precisam de provas publicadas digitalmente para demonstrar a sua existência ou o seu valor. E, paradoxalmente, as futuras partes (autor e réu) de um processo judiciário não precisam invadir privacidades para colhê-las em busca da verdade. Elas próprias, em algum momento, as forneceram em bandeja de prata para todos aqueles que, em um determinado momento, precisassem de comprovações[15].

Considerações finais

Não há dúvidas de que as capturas de tela da *Wayback Machine* trazem um forte indício de veracidade em favor de quem sustenta a realidade por meio delas constatada. Isso acontece não apenas porque os tribunais vêm assimilando as novas tecnologias, mas também porque as partes têm fornecido elementos mais claros sobre a forma mediante a qual a "máquina do tempo" opera e sobre a já reconhecida fidedignidade dos seus registros.

Haverá espaço, por isso, para uma inversão do ônus da prova, cabendo àquele que se opõe ao conteúdo das capturas de tela da Way Back Machine, o cargo de demonstrar que elas não refletem a realidade, embora o conteúdo tenha sido publicado.

A aplicação do princípio da primazia da realidade encontrará no campo de aplicação e cada vez mais se desejará dizer que aquilo que se publicou em *sites*, *blogs* e *home pages* não correspondia intimamente a uma verdade. Haverá, enfim, quem argumente que o seu erro maior foi "apenas" o de não dizer a verdade ou o de ser superlativo para parecer publicamente o que não era diante dos consumidores. Ninguém, porém, ficará impune à lógica segundo a qual não se pode arguir benefício próprio a sua torpeza.

(14) OLIVEIRA NETA, Juracy Pinheiro de. *Arqueologia da memória digital:* a produção de (não) presença nos arquivos do Wayback Machine. 2020. 192 f. Tese (Doutorado em Comunicação) – Faculdade de Comunicação Social, Universidade do Estado do Rio de Janeiro, Rio de Janeiro, 2020. Disponível em: <https://www.bdtd.uerj.br:8443/handle/1/16707>. Acesso em: 26 jun. 2022.

(15) Como bem salientou Byung-Chu Han: "As pessoas têm um desejo quase pornográfico de exibir sua privacidade. Elas expõem seus pensamentos, seus momentos privados, seus sentimentos e tudo o que são, ou fingem ser, através das redes sociais. Todo mundo faz isso voluntariamente'. O poder não precisa mais interferir ou se infiltrar nos segredos de ninguém, pois essas pessoas oferecem tudo isso de forma espontânea (HAN, Byung-Chul. *Sociedade do cansaço*. Tradução de Enio Giachini. Petrópolis: Vozes, 2015).

Referências

AASP (São Paulo). *"Máquina do tempo" da internet fundamenta decisão de magistrada.* 2021. Disponível em: <https://www.aasp.org.br/noticias/trt-2-maquina-do-tempo-da-internet-fundamenta-decisao-de-magistrada/>. Acesso em: 27 jun. 2022.

ASCOM/TRT11. *Prova digital esclarece controvérsia em processo sobre vínculo empregatício no AM.* 2022. Texto de Paula Monteiro. Disponível em: <https://portal.trt11.jus.br/index.php/comunicacao/7010-prova-digital-esclarece-controversia-em-processo-sobre-vinculo-empregaticio-no-am>. Acesso em: 27 jun. 2022.

BERNARDO DE AZEVEDO. *Como os advogados podem usar o* Wayback Machine *na produção de prova.* 15 maio 2020. Disponível em: <https://bernardodeazevedo.com/conteudos/como-os-advogados-podem-usar-o-wayback-machine-na-producao/>. Acesso em: 27 jun. 2022.

______. *5 passos para usar o* Wayback Machine *na produção de prova judicial.* 09 ago. 2021. Disponível em: <https://bernardodeazevedo.com/conteudos/5-passos-para-usar-o-wayback-machine-para-producao-de-prova-judicial/>. Acesso em: 27 jun. 2022

COOK, Jonh. Web site takes you way back in Internet history. 2001. *Seattlepi.* Disponível em: <https://www.seattlepi.com/news/article/Web-site-takes-you-way-back-in-Internet-history-1070534.php>. Acesso em: 31 maio 2022.

HAN, Byung-Chul. *Sociedade do cansaço.* Tradução de Enio Giachini. Petrópolis: Vozes, 2015.

KAHLE, Brewster. Archiving the Internet. *Scientific American*, mar. 1997. Disponível em: <https://www.scientificamerican.com/article/preserving-the-internet/>. Acesso em 27 jun. 2022.

LEETARU, Kalev. The Internet Archive Turns 20: A Behind The Scenes Look At Archiving The Web. 2016. *Forbes*. Disponível em: <https://www.forbes.com/sites/kalevleetaru/2016/01/18/the-internet-archive-turns-20-a-behind-the-scenes-look-at-archiving-the-web/>. Acesso em: 31 maio 2022.

OLIVEIRA NETA, Juracy Pinheiro de. *Arqueologia da memória digital:* a produção de (não) presença nos arquivos do *Wayback Machine*. 2020. 192 f. Tese (Doutorado em Comunicação) – Faculdade de Comunicação Social, Universidade do Estado do Rio de Janeiro, Rio de Janeiro, 2020. Disponível em: <https://www.bdtd.uerj.br:8443/handle/1/16707>. Acesso em: 26 jun. 2022.

PÉREZ PARRAS, Francisco. *Digital evidence requires set procedures to be a valid means of proof in Court*. Disponível em: <https://perezparras.com/en/digital-evidence-court-website-content/>. Acesso em: 27 jun. 2022.

PEMBROKE-BIRSS, Jack. Using screenshots from *The Wayback Machine* in court proceedings. 2021. *Norton Rose Fulbright*. Disponível em: <https://www.nortonrosefulbright.

com/en/knowledge/publications/57e50249/using-screenshots-from-the-wayback-machine-in-court-proceedings#autoofnote11>. Acesso em: 31 maio 2022.

STUDART, Ana Paula Didier; MARTINEZ, Luciano. Direito ao Esquecimento como Direito Fundamental nas Relações de Trabalho. In: *Revista Jurídica Luso-Brasileira*, ano 5 (2019), n. 1.

Técnicas de Requisição e Apresentação de Dados de Geolocalização em Processos Judiciais

Bernardo de Azevedo e Souza[1]

Introdução

Com o avanço contínuo da tecnologia em diversos setores, somado ao amplo uso de redes sociais e aplicativos de mensagens instantâneas, as provas digitais têm adquirido cada vez mais relevância nos processos judiciais. No entanto, muitos profissionais da área jurídica ainda têm dúvidas sobre como localizá-las, registrar corretamente e apresentá-las em juízo, o que resulta em seu subaproveitamento ou uso incorreto.

Na definição de THAMAY e TAMER (2020), prova digital é o "instrumento jurídico vocacionado a demonstrar a ocorrência ou não de determinado fato e suas circunstâncias, tendo ele ocorrido total ou parcialmente em meios digitais, ou, se fora deles, esses sirvam como instrumento para sua demonstração". O conceito apresentado acima pode, em síntese, ser interpretado de duas maneiras: a primeira considera a prova digital como uma manifestação de uma ação ou ato ocorrido no meio digital, enquanto a segunda demonstra um fato que não

---

(1) Advogado. Consultor em provas digitais. Doutorando em Direito pela Universidade do Vale do Rio dos Sinos (UNISINOS). Mestre e Especialista em Ciências Criminais pela Pontifícia Universidade Católica do Rio Grande do Sul (PUCRS). Pós-Graduando em Computação Forense e Segurança da Informação pelo Instituto de Pós-graduação e Graduação (IPOG). Professor dos Cursos de Especialização em Direito da Universidade FEEVALE e da Universidade de Caxias do Sul (UCS). Autor dos livros *"Visual Law"* (RT, 2021), *"Visual Law e Legal Design no Poder Público"* (RT, 2021), *"Metaverso e Direito"* (RT, 2022) e *"Manual Prático de Provas Digitais"* (RT, 2023). Pesquisador de Direito, Inovação e Tecnologia.

ocorreu no meio digital, mas pode ser evidenciado por meios digitais (LEMOS; CAVALCANTE; MOTA, 2021).(2)

A primeira interpretação, batizada por OLIVEIRA SILVA (2022) de *prova digital de primeiro grau*, está relacionada a fatos ou atos jurídicos praticados diretamente em meios digitais. A título de exemplo, cita-se, no âmbito dos ilícitos civis, um usuário que publica comentários ofensivos sobre outra pessoa no *Facebook*, um advogado que agride verbalmente outro colega em um grupo de *WhatsApp*, ou, ainda, um blogueiro que publica um artigo desrespeitoso sobre uma figura pública.

Na esfera dos ilícitos trabalhistas, pode-se pensar em um funcionário que publica conteúdos desrespeitosos sobre a empresa em que trabalha em um grupo de *Telegram*; ou mesmo um chefe de departamento que se dirige de forma indecorosa ou sexual a sua secretária por meio de mensagens no *WhatsApp*. Já no âmago dos ilícitos penais, pode-se cogitar um youtuber que publica um vídeo contendo uma música famosa de um artista sem a devida licença de uso, com o intuito de obter lucro direto; ou um médico que compartilha casos de seu consultório e informações confidenciais em grupo de *WhatsApp*.

Cabe notar que os acontecimentos mencionados não ocorreram no meio "tradicional", ou seja, em formato "físico", mas sim no ambiente digital. Nessas situações, as evidências devem ser coletadas em serviços de mensagens (*WhatsApp* e *Telegram*), redes sociais (*Instagram*), websites (*blogs* e *YouTube*) e *e-mails*. Nessa primeira abordagem, em resumo, é o meio digital que oferece suporte para a obtenção das provas.

Por outro lado, na segunda interpretação, denominada pelo referido autor de *prova digital de segundo grau*, o fato ou ato jurídico ocorreu nos meios "convencionais", mas pode ser comprovado também por meio dos recursos digitais disponíveis. A título de ilustração, imagine um funcionário que alega estar gravemente doente para não comparecer ao trabalho, mas, por meio de publicações no Instagram, fica comprovado que ele mentiu, pois estava visitando Londres. Nesse caso, os fatos ocorreram no ambiente "físico", mas podem ser demonstrados com auxílio de recursos digitais.

---

(2) LEMOS, Diego Fontenele; CAVALCANTE, Larissa Homsi; MOTA, Rafael Gonçalves. A prova digital no direito processual brasileiro. *Revista Acadêmica Escola Superior do Ministério Público do Ceará*, Fortaleza, ano 13, n. 1, jan./jul. 2021.

Na prova digital de segundo grau, como se observa, não é obrigatório utilizar meios digitais para extrair as evidências. Ao contrário da primeira abordagem, na qual as provas estão disponíveis *apenas no meio digital*, na segunda abordagem o meio digital é um instrumento de demonstração do fato e de seu conteúdo, *mas não o único*: a prova também pode ser demonstrada por meio de depoimentos de testemunhas (colegas de trabalho que reconheceram o funcionário em Londres durante suas férias, por exemplo).

1. Compreendendo as nuances da geolocalização

Os profissionais da área jurídica podem encontrar evidências digitais de atos e fatos jurídicos em diversas fontes, como aplicativos de mensagens instantâneas, redes sociais, *e-mails* e *sites* (AZEVEDO E SOUZA; MUNHOZ; CARVALHO, 2023). Contudo, nos últimos anos vem adquirindo especial destaque o uso de dados de geolocalização em processos judiciais. A geolocalização desempenha papel crucial na produção probatória, e advogados devem saber solicitar dados armazenados por aplicativos e Estações Rádio Base (ERBs) para resguardar os interesses de seus clientes.

A geolocalização envolve o uso de dados de localização geográfica para determinar a presença de um dispositivo ou indivíduo em uma determinada área. Há várias maneiras de obter tais dados, sendo comum encontrar recursos de geolocalização em dispositivos móveis, como *smartphones, smartwatches* e *tablets*. Devido à quantidade e importância desses dados, eles têm sido cada vez mais utilizados como evidência em processos judiciais.

O emprego de dados de geolocalização como prova no contexto jurídico decorre sobretudo da limitação da prova testemunhal, muitas vezes incapaz de esclarecer os fatos de maneira satisfatória. Até recentemente, era comum depender de testemunhas para comprovar a presença de uma pessoa em determinado local. No entanto, considerando que as testemunhas podem se lembrar dos fatos de forma imprecisa ou distorcida, mentir ou omitir informações, ou mesmo mudar suas narrativas ao longo do tempo, advogados têm recorrido ao emprego de dados de geolocalização para sustentar seus argumentos, refutar alegações falsas e proteger os interesses de constituintes.

Na esfera criminal, a geolocalização pode ser empregada pelos órgãos responsáveis pela persecução penal, como a Polícia Judiciária e o Ministério Público, para investigar e comprovar a prática de crimes, identificar autores, coautores e cúmplices, localizar testemunhas e vítimas, reconstruir a rota de suspeitos antes e depois da ocorrência do delito, entre outras possibilidades.

Os advogados de defesa de investigados e acusados têm a possibilidade de utilizar a geolocalização para apresentar álibis, demonstrando que o cliente estava em outro local no dia do crime, contestar depoimentos de testemunhas que o colocam no local dos fatos e fortalecer a linha de defesa ao fornecer informações precisas sobre a localização e movimentos do cliente.

A prova de geolocalização tem sido admitida como meio para esclarecer crimes. O STJ já entendeu que a quebra do sigilo de dados de geolocalização é adequada, necessária e proporcional em casos nos quais não há outra medida viável para desvendar o delito (AgRg no RMS 68487/PE). A abordagem é considerada menos invasiva do que a interceptação telefônica, que permite o acesso ao fluxo de comunicação de dados e ao conhecimento integral do conteúdo das conversas (AgRg no RMS 67093/MT). Por sua vez, o STF está discutindo a quebra de sigilo de dados de geolocalização no âmbito do RE 1.301.250 RG/RJ, sob a relatoria da Ministra Rosa Weber, que teve sua repercussão geral reconhecida (Tema n. 1.148) em junho de 2021.

No âmbito civil, a geolocalização permite determinar a localização de bens e pessoas, verificar possíveis fraudes no cumprimento de obrigações contratuais e consultar a delimitação de marcos territoriais em propriedades rurais. Por exemplo, se a parte autora alega estar em um local diferente daquele no qual os eventos aconteceram e não há outra forma de comprovar essa alegação, o advogado da parte ré poderá usar dados de geolocalização do dispositivo móvel da autora ou dados de *check-in* em redes sociais para verificar se ela estava realmente no local dos eventos. Já se a ré alega que a autora descumpriu as obrigações contratuais relacionadas à entrega de mercadorias, advogado da parte autora poderá usar a geolocalização como prova para demonstrar que os produtos foram entregues no local e horário especificados no contrato.

As câmaras cíveis têm autorizado o uso de dados de geolocalização em processos judiciais, especialmente em disputas bancárias, para comprovação de empréstimos pessoais. A geolocalização, juntamente com a biometria facial, desempenha um papel relevante para verificar se o empréstimo foi solicitado de fato pelo contratante. Algumas câmaras cíveis igualmente entendem que a falta de perícia na geolocalização não configura cerceamento de defesa.

Na área trabalhista, a prova de geolocalização pode ser utilizada pelos profissionais da advocacia de diversas maneiras. A título de exemplo, é possível comprovar que o reclamante estava presente no local de trabalho durante o horário de expediente ou demonstrar que ele estava fora do local de trabalho durante as horas extras. Além disso, a prova pode ser empregada para evidenciar que um funcionário esteve em um local específico em um momento determinado, para demonstrar o cumprimento das horas de trabalho estabelecidas pelo empregado, ou a observância das regras de segurança do ambiente de trabalho.

Os Tribunais Regionais do Trabalho têm opiniões divergentes no que tange à extração de dados de geolocalização dos celulares dos reclamantes para utilização como prova em processos trabalhistas (AZEVEDO E SOUZA; MUNHOZ; CARVALHO, 2023). Geralmente, a extração dos dados é admitida apenas em casos excepcionais, prevalecendo a orientação de que a medida só pode ser determinada quando não houver outros meios de prova disponíveis para esclarecer os fatos. De todo modo, em situações em que documentos e depoimentos de testemunhas são insuficientes para esclarecer os fatos, a geolocalização pode ser crucial na resolução do litígio trabalhista.

2. Obtendo os dados de geolocalização

A obtenção de dados de geolocalização é útil para esclarecer fatos que não puderam ser comprovados por meio de testemunhas. Esses dados podem ser obtidos de Estações Rádio Base (ERBs) e aplicativos diversos, tais como de entrega de comida (como *Ifood* e *Rappi*), transporte urbano (como *Uber* e *99*), aplicativos de atividades físicas (como *Runtastic* e *Runkeeper*) e gerenciadores de dispositivos móveis (como *Google* e *Apple*).

O advogado pode agir estrategicamente ao formular o pedido de extração de dados de geolocalização dos aplicativos. Vale frisar, de todo modo, que sempre há o risco de que o usuário que se deseja saber mais a respeito não possua conta nos aplicativos mencionados ou não tenha habilitado o GPS para utilizá-los.

Para ilustrar, suponha que você, advogado(a), esteja representando a reclamada em processo trabalhista e precise comprovar que o reclamante descumpriu a jornada de trabalho. Para formular um pedido de extração de dados mais preciso, você poderá protocolar uma petição solicitando a intimação do *Google* e da *Apple*, responsáveis pelos sistemas operacionais *Android* e *iOS*, respectivamente, a fim de obter informações sobre todos os aplicativos com permissão de GPS instalados pelo usuário nos últimos "x" meses.

Assim que informados os aplicativos instalados no dispositivo celular do usuário, você poderá protocolar uma nova petição solicitando a intimação das empresas responsáveis pelos aplicativos para obter a data e hora; o GPS; e os dados de uso do aplicativo. É recomendável direcionar a atenção inicialmente aos aplicativos de entrega de comida, transporte urbano, *fitness* e gerenciadores de dispositivos móveis. Isso ocorre porque esses aplicativos geralmente exigem que o usuário mantenha o GPS ativado para aprimorar a prestação de serviços.

Ao embasar o requerimento, informe que os dados dos aplicativos serão fundamentais para a formação da convicção do juiz. Dada natureza mais invasiva dessa medida, que revelará a localização do usuário nos últimos "x" dias ou meses, enfatize a necessidade, adequação e proporcionalidade, destacando que as demais provas nos autos são insuficientes para esclarecer a controvérsia.

Caso os dados fornecidos pelas empresas responsáveis pelos aplicativos sejam insuficientes para comprovar o descumprimento da jornada de trabalho pelo reclamante, solicite ao juiz que emita ofício à operadora de telefonia para apresentar os seguintes dados:

1. data e hora;
2. IMEI do aparelho celular;
3. Estações Rádio Base (ERBs);
4. azimute;
5. potência do sinal; e
6. geolocalização das ERBs.

Na mesma petição, forneça o número de telefone completo (incluindo o código de área) do reclamante e delimite o período específico para o qual deseja obter as informações (por exemplo, os dias e horários em que o reclamante alegou trabalhar sem o registro de sua jornada de trabalho). Evite solicitar a extração de dados para períodos extensos (como os últimos três anos de prestação de serviços) e fora do horário de trabalho (como madrugadas e finais de semana), a fim de não ultrapassar os limites do contrato de trabalho em questão e respeitar a intimidade e vida privada do reclamante.

3. Apresentando os dados de geolocalização

Após receber e considerar suficientes os dados fornecidos, é chegada a hora de apresentar a prova e elaborar os argumentos perante o juízo. Nesse ponto, é fundamental contratar um assistente técnico para auxiliar na formulação dos questionamentos que posteriormente serão respondidos pelo perito judicial.

Com base nos quesitos elaborados, solicite ao julgador a nomeação e intimação de um perito especializado para elaborar um laudo técnico relacionado à geolocalização da parte reclamante. Para robustecer o pedido, você poderá argumentar que a medida é um exercício regular do direito e que os dados de geolocalização oferecem maior solidez e alto grau de confiabilidade em comparação com meios probatórios tradicionais, como a prova testemunhal.

Embora o laudo pericial goze de presunção de veracidade, é possível contestá-lo e apresentar novos quesitos se você considerar que o perito não os respondeu adequadamente ou não utilizou as melhores técnicas forenses na análise dos dados de geolocalização. Nesse caso, é recomendável contar novamente com o apoio de um assistente técnico para realizar essa tarefa.

Por outro lado, se decidir utilizar o laudo para sustentar sua tese, é recomendável incluir recursos visuais na petição, como tabelas, mapas e linhas do tempo, para apresentar os argumentos de forma mais clara e fluida. Isso ajudará o julgador do caso a visualizar e compreender melhor as informações relacionadas à geolocalização. Após receber os dados de geolocalização da operadora telefônica, é recomendado organizar inicialmente essas informações em tabelas, exibindo dados como coordenadas geográficas (latitude e longitude), minutos, segundos, país, cidade, estado e endereço.

A utilização de mapas na apresentação dos dados de geolocalização também é vantajosa, pois permite ao juiz visualizar e compreender a distribuição espacial de eventos e situações. Caso o litígio seja de menor complexidade, um mapa estático gerado pelo *Google Earth* pode ser suficiente para esclarecer os detalhes do caso. Ao acessar o aplicativo, você poderá adicionar marcadores, desenhar linhas ou medir distâncias e, em seguida, gerar uma imagem do mapa com a extensão GoFullPage. Se desejar um mapa interativo, que permita ao juiz interagir com os dados, é possível exportar o projeto para KML/KMZ nos autos. Isso possibilitará a visualização de detalhes sobre os locais e o uso de recursos como *zoom in* e *zoom out*, para aprimorar a experiência de navegação.

Além das tabelas e mapas, outra forma de apresentar os dados é por meio de linhas do tempo, que ajudam a expor a cronologia dos fatos e ilustrar os dias trabalhados pelo empregado. Se ao longo de muitos anos de relação de trabalho ocorreram apenas duas faltas em um universo de presenças, por exemplo, a linha do tempo realçará esse aspecto, facilitando a comunicação da tese. É possível criar linhas do tempo estáticas no *Microsoft Word* ou linhas do tempo dinâmicas utilizando o *Timeline JS*. Cada uma das tecnologias que geram coordenadas de geolocalização tem, como já destacado, margem de erro, o que permite que, agora como advogado do reclamante, você questione a precisão dos dados e o laudo pericial produzido pelo perito.

Caso a geolocalização seja a única prova a fundamentar a tese da reclamada, como no caso de faltas injustificadas no trabalho, é possível alegar que, de forma isolada, ela é insuficiente para esclarecer o fato controvertido, sendo necessário que esteja em concordância com as demais provas dos autos.

Se identificadas mínimas divergências nos dados de geolocalização, é válido sustentar que a tecnologia é operada por meio de GPS, o que pode levar a contradições na localização, e que, por tal razão, a divergência é insuficiente para justificar a demissão do reclamante. Em casos em que há suspeita de premeditação, pode-se argumentar que não é possível afirmar com confiança que o aparelho realmente estava em posse do portador identificado no *Google*, diferentemente de situações em que existe um vínculo forte entre o dispositivo e seu portador, como é o caso de uma tornozeleira eletrônica.

Além disso, é possível destacar que a geolocalização do reclamante representa apenas um indício de sua localização, sendo inviável presumir de forma absoluta que ele estava no local indicado. Também pode ser argumentado que o empregado não tem obrigação de levar consigo o telefone celular durante o expediente e que terceiros, como amigos e parentes, podem ter utilizado o aparelho celular do reclamante em determinados períodos.

Conclusão

Recentemente, conduzi uma pesquisa com dezenas de advogados com o objetivo de compreender o que os impedem de aproveitar o potencial da inovação e da tecnologia. O questionário era composto de várias perguntas, e uma delas, resumidamente, indagava: ***"o que te impede de usar inovação e tecnologia na sua advocacia?"*** A pergunta não era de múltipla escolha e permitia que os participantes respondessem livremente. A resposta mais comum na pesquisa foi o desconhecimento, expresso de diversas maneiras: ***"falta de conhecimento"***, ***"não saber como fazer"*** e ***"não ter conhecimento"***.

A falta de conhecimento, como também revelou estudo recente conduzido pela *Bloomberg Law* (BOUSTANY, 2021), é a principal barreira que impede os advogados de adotar tecnologia em seus casos judiciais. Os advogados não sabem por onde começar, qual ferramenta implementar, qual técnica utilizar, entre outras questões. Essa falta de conhecimento é agravada pela sobrecarga de informações. A enorme quantidade de conteúdo disponível na *Internet* e nas redes sociais causa uma sobrecarga cognitiva, deixando os advogados completamente perdidos.

Este artigo, por óbvio, não tem a pretensão de solucionar esse árduo problema, mas fornece informações relevantes para que advogados aproveitem o potencial dos dados e da tecnologia para melhor resguardar os direitos de seus clientes. No mundo conectado em que vivemos, é essencial que os profissionais tenham conhecimentos aprofundados sobre geolocalização e saibam como coletar e apresentar os dados de forma estratégica. Advogados, em especial, devem ser capazes de fundamentar de maneira sólida seus pedidos, e o conhecimento sobre geolocalização pode ser um elemento-chave para o êxito na defesa dos interesses dos constituintes.

Referências

AZEVEDO E SOUZA, Bernardo de Azevedo; MUNHOZ, Alexandre; CARVALHO, Romullo. *Manual prático de provas digitais*. São Paulo: Revista dos Tribunais, 2023.

BOUSTANY, Francis. Analysis: break down barriers to legal tech usage with training. *Bloomberg Law*, 22 set. 2021.

LEMOS, Diego Fontenele; CAVALCANTE, Larissa Homsi; MOTA, Rafael Gonçalves. A prova digital no direito processual brasileiro. *Revista Acadêmica Escola Superior do Ministério Público do Ceará*, Fortaleza, ano 13, n. 1, jan./jul. 2021.

SILVA, José Antônio Ribeiro de Oliveira. A prova digital: um breve estudo sobre seu conceito, natureza jurídica, requisitos e regras de ônus da prova. *Revista TST*, São Paulo, vol. 88, n. 2, abr./jun. 2022.

THAMAY, Rennan; TAMER, Mauricio. *Provas no direito digital:* conceito da prova digital, procedimentos e provas digitais em espécie. São Paulo: Thomson Reuters Brasil, 2020.

Geolocalização, a Tecnologia do Passado, a Atual e a Jurisprudência

Olga Vishnevsky Fortes(1)

Introdução

O estudo leva em conta a evolução tecnológica ocorrida no processo judicial, para discorrer acerca do uso da geolocalização como meio de prova, atualmente admitido apenas de forma restrita.

Não é mais possível separar tecnologia da ciência, da medicina, da arte, do direito, ou de todas as formas de conhecimento humano consolidado. Já prevíamos que a tecnologia iria ditar nossa rotina, principalmente a de trabalho. Mas nesse caminho sempre houve resistências iniciais.

Lidar com o desconhecido pode ser considerado desnecessário, inoportuno, ou complexo demais quando em confronto com o pensamento analógico que dominou os dois séculos que se passaram e que foram, numa linguagem metafórica contemporânea, "o lugar" em que o nosso processo do trabalho, tal como ainda se encontra, se desenhou.

A geolocalização, como novel e tecnológico instrumento de prova, encontra restrições em sua aplicação. A questão posta no breve estudo seria, observando as angústias e reflexões do passado sobre a aplicação da tecnologia aos processos

---

(1) Juíza do Trabalho, Titular da 7ª Vara da Zona Sul de São Paulo. Foi presidente da Associação Brasileira de Magistrados do Trabalho — ABMT. Foi coordenadora do Juízo Auxiliar em Execução e do setor Hastas Públicas unificadas do Tribunal Regional do Trabalho da 2ª Região de 2008 a 2011. Membro do Comitê de Priorização do 1º Grau do Tribunal do Trabalho da 2ª Região biênio 2017/2019. Pós graduada em Processo Civil pela FMU e em Administração Judiciária pela Fundação Getúlio Vargas. Mestranda em Função Social do Direito pela Fadisp. Atualmente é Juíza Auxiliar da Corregedoria do Tribunal Regional do Trabalho da 2ª Região.

judiciais, observar as atuais razões de tais restrições e se estas obstaculizam ou não o rumo que o processo, aliado à tecnologia, deva seguir.

Como se verá, talvez o uso restrito se dê com a preocupação com a privacidade ou intimidade, parecendo de difícil compreensão que, numa era de vidas passadas em redes sociais, devamos cuidar intensamente do sigilo de dados que podem não ser qualificados como sensíveis, mormente diante do princípio da publicidade que informa os atos processuais.

Quando o entendimento do resultado da pesquisa demanda um trabalho hercúleo ou técnico demais, nos deparamos com dificuldades que podem, ao menos em parte, também explicar as restrições impostas. Esse parece ser o retrato da jurisprudência atual sobre o tema.

1. Processos e tecnologia. Onde estávamos

Em 2011, quando terminei meu artigo na especialização em Administração Judiciária pela FGV, que se denominou "A racionalização, centralização e unificação de atos processuais", falei sobre a visão sobre o novo mundo de Jeff Jarvis, autor da obra *"O que a Google faria?"* (Editora Manole, São Paulo, 2010) e de Thomas Friedman, autor de *"O mundo é plano — Uma breve História do Século XXI"* (Tradução de Cristiana Serra Duarte. Rio de Janeiro: Objetiva, 2005) este último tratando da planificação tecnológica e não da errática planificação geográfica anamórfica, não é demais esclarecer.

Num momento antecedente ao nosso Processo Judicial Eletrônico — PJe, que revolucionou o processo de trabalho no processo judicial do trabalho, meu entendimento era no sentido de que deveríamos fazer uso da tecnologia para racionalizar atos, numa ideia embrionária do que seria o princípio da cooperação ampliado, previsto posteriormente no art. 6º do CPC de 2015 e na Resolução n. 350 de 2020 do CNJ, e que hoje muito facilita programas de execução no Juízo Auxiliar em Execução, em São Paulo, e no S.O.S Execução, outro programa de execuções unificadas num processo piloto, no Tribunal Regional do Trabalho da Segunda Região. Dizia, então, na íntegra do artigo que foi publicado apenas em resumo:

> O Autor de "O que a *Google* faria?", Jeff Jarvis bem resume a nova geração que se forma: "Eu aprendo de um jeito diferente, discuto de um jeito diferente, penso de um jeito diferente. Pensar de modo

> diferente é o principal produto e habilidade da era *Google*". Vivemos, pois, num mundo plano. Segundo Thomas Friedman em sua obra, "*O mundo é plano — Uma breve História do Século XXI*", o futuro garantirá uma "convergência tripla", com uma horizontalização mundial tecnológica, econômica e política totalmente niveladora.
>
> O termo "convergência" tem aparecido em notícias de tecnologia de forma constante. É descrito como "um repensar amplo na forma como toda a investigação científica pode ser realizada, para que possamos capitalizar uma série de bases de conhecimento, da microbiologia à informática, passando pelos projetos de engenharia".
>
> A tecnologia influencia e, pois, fundamenta, processos de trabalho na medicina, na economia, na arquitetura e em todos os atuais segmentos profissionais e sociais, criando uma ética, baseada na mais completa transparência e na imediatidade de acesso e entendimento.
>
> Todavia, a dita convergência tecnológica ainda não alcançou de todo a administração judiciária e seus processos de trabalho. Mas como gerir para fazer justiça através da tecnologia?
>
> A "carta de Heredia29", a Lei n. 11.419/06, e o projeto do Processo Judicial eletrônico (PJe) que está sendo desenvolvido pelo CNJ, são importantes passos no caminho da convergência. Todavia os trabalhos ainda são feitos no sentido de observar o fluxo isolado de processos ou de valorizar princípios estáticos sem a observância da realidade prática. (FORTES, Olga Vishnevsky. "A racionalização, centralização e unificação de atos processuais" *Revista do Tribunal Regional do Trabalho da 2ª Região*, São Paulo, n. 9, p. 43-48, 2011; Resumo).

O CNJ, à época, ainda criava o Processo Judicial Eletrônico — Pje, com muita coragem e espírito de inovação, mas nós juízes, advogados e jurisdicionados tínhamos a inconfessa angústia de possíveis perdas de processos, de dados, ou da ausência de segurança no acesso e manipulação destes.

2. Processos e tecnologia. Onde estamos

Convivemos com a mentira, e faz alguns anos, de forma mais intensa. Nas redes ela ganha o nome de *"fake news"* e se propaga com facilidade. A mentira aparece na notícia que abusa de adjetivos, ou nas tendências políticas propaladas como fundamentos jurídicos. A mentira é proposital, instrumental ou inconsciente. Kant não sobreviveria à nossa era.

Na melhor das hipóteses, porque não lidamos com fatos isolados, mas com rotinas — média de horas extras trabalhadas durante o contrato, por exemplo —, temos que lidar com a mentira não intencional, ou inconsciente no processo do trabalho. Atuamos sabendo o que sabia o personagem principal da obra de Dickens, "Great Expectations" que reconhece, por mais de uma vez, que do passado temos mais impressões, que fatos.

São, pois, impressões e não fatos que a testemunha que mente de forma não intencional nos traz no processo. Tratei mais detidamente disso em artigo denominado "Novos meios de busca da verdade; a geolocalização, do livro *"Provas Digitais no Processo do Trabalho – Realidade e Futuro"*, Coordenadores MISKULIN, Ana Paula Silva Campos, BERTACHINI, Daniela; AZEVEDO NETO, Platon Teixeira; Lacier Editora, 2022, p. 235.

Pensando nisso, no mesmo trabalho na pós graduação em Administração Judiciária em 2011, fiz um exercício do que poderia acontecer no futuro, afirmando:

> A autora do breve trabalho sonha com um futuro no qual sensores venham a indicar se a parte ou testemunha, esta ouvida enquanto o Juiz está em sua casa, está dizendo ou não a verdade (por óbvio, com a prévia permissão da pessoa ouvida); ou um gesto no ar seja suficiente para a abertura de um arquivo virtual; ou chips tradutores nos façam falar e entender vários idiomas, dispensando a atual previsão de tradução juramentada de documentos.

As audiências telepresenciais são hoje uma realidade e permitem que o juiz, partes e advogados, façam audiências a partir de sua residência. Embora tenham sido o único meio de realização de audiências durante a pandemia que se instalou em março de 2020, certo é que hoje se verifica que o uso desse formato tem maiores resultados nas sustentações orais, nas conciliações, ou nas substituições de cartas precatórias ou rogatórias para a oitiva direta pelo Juízo da causa (audiências híbridas).

A questão das falhas do sinal, do som, de possíveis problemas de acesso à *internet* pelo jurisdicionado e testemunhas, e a impossibilidade material de se garantir a mesma incomunicabilidade que possuem as audiências presenciais, têm feito com que o CNJ e as Corregedorias-Gerais dos Tribunais Superiores restrinjam pautas majoritariamente telepresenciais, de forma a emprestar maior celeridade à prestação jurisdicional. A questão da incomunicabilidade já foi abordada, mais detidamente, por artigo específico sobre o tema (Por COLNAGO, Lorena de Melo Rezende; GUEDES, Ana Cristina Magalhães Fontes; FORTES, Olga Vishnevsky. "A incomunicabilidade dos depoimentos e as audiências telepresenciais", *Revista LTr* 86-10/1234).

O entendimento é o que informa que o valor que se deve dar à ferramenta deve ter pouca relação com o conforto de estamos em casa. Embora haja uma clara economia de tempo de trajeto, de espaço e de energia elétrica nos fóruns, por exemplo, esses valores, segundo entende o CNJ, não se sobrepõem aos princípios que informam o processo e a colheita da prova.

A ideia é otimizar o processo, praticando atos processuais efetivamente compatíveis com a ferramenta. Nas palavras de Edsger Dijkstra "ciência da computação está tão relacionada aos computadores quanto a astronomia aos telescópios, a biologia aos microscópios, ou a química aos tubos de ensaio. A ciência não estuda as ferramentas. Ela estuda como nós as utilizamos, e o que descobrimos com elas" (citado por FEOFILOFF; Paulo. *"Algorítmos em Linguagem C"* Ed. Campus, 2009).

Já o metaverso é uma realidade. As pessoas, por seus avatares, são transportadas em imagem e som — e há até startups trabalhando na transmissão cheiros —, para locais virtuais onde podem interagir com os outros avatares. A Justiça Federal da Paraíba realizou a primeira audiência de conciliação no metaverso em setembro de 2022.

Ainda não podemos abrir um arquivo com um gesto no ar como previ, mas o fazemos com um "clique" em nosso celular, a partir de qualquer lugar que estejamos. Já temos aplicativos tradutores, que por certo podem ser validados processualmente, com a concordância das partes (CPC, art. 190).

E o sensor de verdades e mentiras utilizado nas oitivas? Ele não existe, e talvez não venha a existir, mas temos outros meios tecnológicos para verificar a veracidade dos depoimentos. E o melhor deles é a geolocalização.

3. A geolocalização e a jurisprudência atual

Recente decisão da 2ª Vara de Bento Gonçalves, no Rio Grande do Sul, afastou o vínculo de emprego ao usar o *Google Maps* como ferramenta de validação da prova testemunhal colhida. Segundo notícia no site do Tribunal Regional do Trabalho da Quarta Região, o juiz concluiu que:

> "A prova digital, combinada com a diligência realizada, revelam, com solar clareza, que a testemunha não esteve, no período em que alegou em depoimento (setembro a dezembro de 2019), trabalhando no depósito do reclamado, inclusive porque, no ano de 2019, antes de 15/10/2019, sequer o reclamado estava instalado no local." (Disponível em: <https://www.trt4.jus.br/portais/trt4/modulos/noticias/539920>. Acesso em: 19 jan. 2023)

A decisão foi no sentido de afastar o vínculo de emprego, com o acolhimento da tese defensiva.

Pudemos constatar que no processo em realce a prova oral foi colhida e, somente após, na dúvida quanto à veracidade do depoimento, buscou-se a geolocalização.

Mas há decisões em segundo grau, do mesmo Tribunal, que entendem que mesmo após a colheita da prova oral o uso de geolocalização, com a consequente quebra do sigilo das informações, se mostra muito abrangente para ser utilizado como meio de validação ou não da prova.

A decisão abaixo transcrita demonstra que, presente substrato fático suficiente, a geolocalização seria ilegal:

> "MANDADO DE SEGURANÇA. DECRETAÇÃO DE QUEBRA DE SIGILOS TELEFÔNICO E TELEMÁTICO PARA FORNECIMENTO DE DADOS E DE REGISTROS DE GEOLOCALIZAÇÃO DO IMPETRANTE PARA FINS DE INSTRUÇÃO PROCESSUAL. ILEGALIDADE. Padece de ilegalidade a decisão judicial que decretou a quebra de sigilos do impetrante e determinou a requisição às operadoras de telefonia e aos provedores de *"internet"* o fornecimento de dados e de registros telefônicos e telemáticos, relativos a determinado período. Embora os direitos e as garantias fundamentais não possuam caráter absoluto, a decretação de quebra de sigilos, na amplitude com que foi determinada pela autoridade coatora, configurou violação do direito à intimidade e da garantia de inviolabilidade da comunicação, de patamar constitucional (CF, art. 5º, incisos X e XII). Constatado que a quebra de sigilos ocorreu após ter sido produzida prova documental e depois de terem sido colhidos depoimentos das partes e de quatro testemunhas, que tratam da matéria controvertida. Ponderado que, conquanto o magistrado

detenha poderes instrutórios (CLT, art. 765), os quais também não possuem caráter definitivo, as diligências que, de ofício, foram determinadas não estão adequadas às circunstâncias fáticas do caso concreto, pois há substrato fático com base no qual a controvérsia pode ser solucionada, prevendo o ordenamento jurídico critérios de julgamento para casos em que a prova não esclarece suficientemente as alegações das partes (CLT, art. 818; CPC, art. 373). Reconhecido que o ato judicial atacado revela-se desproporcional, não tendo sido sopesados os bens jurídicos colidentes e protegidos pela norma constitucional. A possibilidade de dirimir a questão controvertida e de influenciar na formação do convencimento do magistrado são fatores que, frente ao conjunto probatório já coligido ao feito principal, não justificam o afastamento de direitos e garantias fundamentais do impetrante. Particularidades deste caso concreto a demonstrar que a decretação de quebra de sigilos telefônico e telemático do impetrante para obtenção de dados de geolocalização para fins de instrução processual não foi medida necessária, adequada nem proporcional. Presente, ainda, o comprometimento da garantia à razoável duração do processo (CF, art. 5º, LXXVIII), sobretudo em razão da grande quantidade de informações requisitadas e da dificuldade no tratamento delas. Segurança concedida." (TRT-4 – MSCIV: 00223813420215040000, Data de Julgamento: 22.03.2022, 1ª Seção de Dissídios Individuais)

O Tribunal Regional do Trabalho da Segunda Região, por seu turno, julgou a questão à luz da Lei Geral de Proteção de Dados, entendendo primeiramente pela suficiência da prova, pela impossibilidade de aplicação de presunções na geolocalização e que esta, em última análise, violaria a privacidade e intimidade da parte.

"AUSÊNCIA DE NULIDADE POR CERCEAMENTO DE DEFESA. INDEFERIMENTO DA PRODUÇÃO DE PROVAS DIGITAIS. GEOLOCALIZAÇÃO. LEI GERAL DE PROTEÇÃO DE DADOS (LGPD). O conjunto probatório constante dos autos já se demonstrou suficientemente apto ao deslinde do feito, inclusive no tocante à discussão relacionada à jornada de trabalho e às horas extras. Desse modo, o indeferimento da produção de provas digitais não cerceou o direito de defesa do réu. Ademais, a geolocalização do aparelho celular particular da reclamante apresentaria, quando muito, apenas um indício de seu paradeiro, sendo inviável presumir, de forma absoluta, que a obreira sempre estivesse com seu celular nos momentos em que se encontrava trabalhando em benefício do reclamado, sobretudo porque não se tratava de telefone móvel corporativo. Não se pode olvidar, por fim, do direito fundamental à proteção dos dados pessoais, inclusive nos meios digitais (art. 5º, LXXIX, da CF/88, recentemente acrescido pela Emenda Constitucional n. 115/2022), bem como do respeito à privacidade e à intimidade como fundamento da proteção dos referidos dados (art. 2º, I e IV, da Lei n. 13.709/2018 – LGPD). Preliminar rejeitada." (TRT-2 10008922120205020385 SP, rel. MARCOS CESAR AMADOR ALVES, 8ª Turma – Cadeira 5, Data de Publicação: 21.07.2022)

No mesmo sentido foi a decisão do Tribunal Regional do Trabalho da Terceira Região, que entendeu que:

> "CERCEAMENTO DE DEFESA. INOCORRÊNCIA. PRODUÇÃO DE PROVA DIGITAL. GEOLOCALIZAÇÃO. A exibição da geolocalização, por revelar os lugares e os horários em que a trabalhadora esteve, trata-se de medida que viola a privacidade e o sigilo dos dados telemáticos do indivíduo. Assim, por se tratar de medida extrema, só deve ser adotada em casos que a duração da jornada não possa ser constatada pelos meios ordinários. Tendo as partes produzido vasta prova oral, não se verifica o cerceamento. Inteligência dos incisos X, XII, LIV e LV do art. 5º da CR." (TRT-3 – ROT: 00103473720205030017 MG 0010347-37.2020.5.03.0017, relator: Marco Antônio Paulinelli Carvalho, Data de Julgamento: 02.06.2022, Decima Primeira Turma, Data de Publicação: 02.06.2022. *DEJT/* TRT3/Cad.Jud. Página 2380. Boletim: Sim.)

O mesmo Tribunal, agora admitindo o uso de ferramentas tecnológicas, o fez na hipótese que denominou como de "estrita necessidade". Foi o teor da decisão:

> "MANDADO DE SEGURANÇA. PROVA DIGITAL. SIGILO. ESTRITA NECESSIDADE. Não só a virtualização do processo, como também a utilização de ferramentas ligadas à informática e telemática atendem ao que se denominou Justiça 4.0, constituindo a utilização das provas digitais como um dos instrumentos adotados nos processos trabalhistas. Especificamente em relação às informações envolvendo a geolocalização do trabalhador, não obstante possa se admitir, de forma excepcional, o manejo dessa ferramenta no âmbito do processo do trabalho, há de se verificar a estrita necessidade da produção desta modalidade de prova, sob pena de subverter-se a distribuição do ônus da prova e violar direitos da personalidade do trabalhador. Na hipótese vertente, a produção de prova digital, com o intuito de comprovar a jornada de trabalho do trabalhador, durante longo período e por extensa jornada, viola direito líquido e certo do Impetrante. Segurança concedida. AGRAVO REGIMENTAL. PERDA DE OBJETO. Julgado o mandado de segurança, perde objeto o Agravo Regimental interposto contra a decisão monocrática que indeferiu a liminar no processo do mandado de segurança." (TRT-3 – MS: 00103220720225030000 MG 0010322-07.2022.5.03.0000, relatora: Ângela C. Rogedo Ribeiro, Data de Julgamento: 30.07.2022, 1ª Seção de Dissidios Individuais, Data de Publicação: 1º.08.2022)

E o Tribunal Regional da Quarta Região, novamente rejeitando a tese da defesa que buscava a geolocalização, também fundamentou sua decisão na LGPD:

> "CERCEAMENTO DE DEFESA. INOCORRÊNCIA. INFORMAÇÕES DE GEOLOCALIZAÇÃO. A produção de prova requerida pela ré a respeito das informações de geolocalização da

reclamante atentaria contra os direitos fundamentais de intimidade e privacidade da trabalhadora previstos no art. 5º, incisos X e XII, da CF/88. O deferimento de tal medida apenas se justificaria caso os fatos que a demandada pretendesse demonstrar com a utilização da referida prova não pudessem ser apurados de outra forma menos gravosa. A ré dispunha de outros meios de prova para comprovar os horários de trabalho realizados pela autora. Ainda, a prova produzida nos autos é suficiente para o deslinde do litígio. Por fim a desnecessária produção de provas atenta contra os princípios da celeridade e da economia processual. Recurso da reclamada desprovido. REGISTROS DE HORÁRIO. INVALIDADE. Os registros de horário apresentados pela reclamada são inválidos como meio de prova, porque resta demonstrado, por intermédio da prova testemunhal a realização de jornada mais extensa do que a anotada. Recurso ordinário da reclamada desprovido no aspecto." (TRT-4 – ROT: 00211761420195040008, Data de Julgamento: 02.06.2022, 4ª Turma)

Há que se verificar que parece uníssono que a prova testemunhal deva anteceder a geolocalização. Daí a praxe do indeferimento dos pedidos feitos em defesa, no momento de seu recebimento.

Se a prova oral, por seu turno, demonstrar alguma falha para quem tenha o ônus de produzi-la, tornando-se possível afastar a tese a parte, a geolocalização também se tornaria desnecessária. É o que se pode depreender, a *"contrariu sensu"* das decisões que se referem à "necessidade".

Já os dados colhidos de forma abrangente, no que toca ao tempo e ao local em que se observa a geolocalização, haveriam de informar além do fato buscado, fatos outros que poderiam aviltar a intimidade ou privacidade. Daí, segundo as decisões, a necessária delimitação legal e temporal.

Nesse ponto, não é demais destacar que, ante as restrições trazidas pela Jurisprudência citada, desenha-se a hipótese de que os dados buscados devam ser precedidos de "manifestação livre, informada e inequívoca pela qual o titular concorda com o tratamento de seus dados pessoais para uma finalidade determinada", a teor do art. 5º, XII da LGPD. É o que se depreende dos entendimentos esposados, a despeito do expressamente constante no art. 11, II, *"d"*, do mesmo diploma.

Outro fundamento apontado nas decisões seria a aplicação do princípio da celeridade e, nesse ponto, a possível demora dos terceiros que detém os dados a serem tratados, a aviltar o princípio da razoável duração do processo.

Em suma, a Jurisprudência sobre o tema criou requisitos próprios para a admissibilidade da geolocalização, quais sejam: (i) o esgotamento de outros meios de prova; (ii) em caso de estrita necessidade, ou seja, quando a prova colhida não se mostrou suficiente para esclarecer o fato; (iii) com restrição local e temporal; (iv) observados os princípios da intimidade e privacidade e os da celeridade e economia processuais.

A manifesta resistência se verifica no teor dos requisitos que parecem se repetir: (i) se todos os meios de prova precisam ser esgotados antes da geolocalização, e se verifica que há colheita de prova oral nos processos retratados nas decisões, que outras provas de jornada, por exemplo, poderiam ser produzidas antes da geolocalização, produzindo os mesmos efeitos? (ii) se a geolocalização é meio de prova em direito admitido, qual a razão da "estrita necessidade" para seu uso? (iii) se o próprio processo já impõe uma restrição local e temporal para a delimitação da prova, o que entender da citada "abrangência" da prova? (iv) lidamos, no processo do trabalho, com pedidos atinentes à doença profissional, justa causa por improbidade, assédio moral e sexual, dispensas discriminatórias, mas não podemos saber onde esteve a parte ou a testemunha durante o interregno contratual? A demarcação do sigilo, como normalmente ocorre com declarações de renda e outros documentos, não seria suficiente para resguardar a intimidade e privacidade da parte, caso seja necessário? A geolocalização, que atualmente pode ser até realizada pela própria parte, é menos célere que as perícias ou ofícios que enviamos para que terceiros prestem informações?

Algumas decisões vão além: consideram direito líquido e certo da parte, o afastamento da prova da geolocalização, porque há "substrato fático suficiente", num exercício de valoração da prova oral, sequer apreciada ou valorada, em sua completude, pelo Juiz da causa, o que não se coaduna com o conceito de "fato incontestável e inequívoco" a fundamentar a ação de mandado se segurança.

Nesse sentido:

> "MANDADO DE SEGURANÇA – PETIÇÃO INICIAL DESACOMPANHADA DOS DOCUMENTOS NECESSÁRIOS À COMPROVAÇÃO LIMINAR DOS FATOS ALEGADOS – INDISPENSABILIDADE DE PROVA PRÉ-CONSTITUÍDA – CONCEITO DE DIREITO LÍQUIDO E CERTO – FATOS INCONTROVERSOS E INCONTESTÁVEIS – RECURSO DE AGRAVO IMPROVIDO. – Refoge, aos estreitos limites da ação mandamental, o exame de fatos despojados da necessária liquidez, não se revelando possível a instauração, no âmbito do processo de mandado de segurança, de fase incidental de dilação probatória. Precedentes — <u>A noção de direito líquido e certo ajusta-se, em seu específico sentido jurídico-processual, ao conceito de situação decorrente de fato incontestável e inequívoco, suscetível</u>

de imediata demonstração mediante prova literal pré-constituída. Precedentes. (STF, MS 23190 AgR, relator: Min. CELSO DE MELLO, Tribunal Pleno, julgado em 16.10.2014, ACÓRDÃO ELETRÔNICO *DJe-026* DIVULG 06.02.2015; grifo nosso)

A profusão de fundamentos para a restrição acaba, então, por demonstrar o entendimento atualmente esposado pela Jurisprudência atual: a tecnologia da geolocalização ainda é desconhecida e tida por desnecessária e inoportuna. Temos assim, um cenário de restrição ao uso da geolocalização como ferramenta probatória, questão que o tempo, ou a melhor compreensão da ferramenta poderão afastar.

Esperemos.

Referências

COLNAGO, Lorena de Melo Rezende; GUEDES, Ana Cristina Magalhães Fontes; FORTES, Olga Vishnevsky. A incomunicabilidade dos depoimentos e as audiências telepresenciais. *Revista LTr* 86-10/1234.

FEOFILOFF; Paulo. *Algorítmos em Linguagem C.* Editora Campus, 2009.

FORTES, Olga Vishnevsky. A racionalização, centralização e unificação de atos pro cessuais. *Revista do Tribunal Regional do Trabalho da 2ª Região*, São Paulo, n. 9, p. 43-48, 2011; Resumo.

FREDMAN, Thomas. *O mundo é plano* — Uma breve História do Século XXI. Tradução de Cristiana Serra Duarte. Rio de Janeiro: Objetiva, 2005.

JARVIS, Jess. *O que a Google faria?*. São Paulo: Manole, 2010.

MISKULIN, Ana Paula Silva Campos, BERTACHINI, Daniela ; AZEVEDO NETO, Platon Teixeira. *Provas Digitais no Processo do Trabalho* — Realidade e Futuro. Campinas: Lacier, 2022. p. 235.

A Produção da Prova Digital: Aspectos Teóricos Fundamentais para Uma Prática Assertiva

Elias Menta Macedo[(1)]
Jean Carlos Batista Moura[(2)]

Introdução

A ideia de Sociedade da Informação não é um conceito novo. Ele foi cunhado desde a segunda metade do século passado em obras como *La Societé post--industrielle* de Alan Touraine e *The Coming of Post Industrial Society* de Daniel Bell, principalmente à medida que essa nova realidade ganhava força e interferia nas relações de poder (LIMA; ANDRADE, 2020:21).

Com o uso de novas tecnologias, a informação passa a ser o centro desse modelo social, que ganha força exponencial no Século XXI. Essa sociedade é caracterizada pelo alto valor agregado aos dados acumulados em rede (*big data)*, além de ser reconhecida pelas novas formas de capitalizar e comercializar a informação na *internet*. Não diferente, o trabalho humano e sua forma de exercê-lo encontram novos formatos e desafios nessa sociedade.

Inegável, portanto, que este novo modelo de sociedade influencia diretamente nas formas dos negócios, em especiais os que possuem roupagem jurídica

(1) Advogado. Graduado em Direito pela UFG. Especialista em prática trabalhista e previdenciária pela UCAM e Mestre em Direitos Humanos pela UFG. Assessor de jurídico de entidades sindicais e trabalhadores. Professor da Escola Superior da Advocacia — ESA/GO.

(2) Advogado. Graduado em Direito pela UFG. Especialista em Direito Civil e Processo Civil pela Atame. Especialista em Direito Penal e Processo Penal pela UFG. Especialista em Direito Cibernético pelo IPOG. Vice-Presidente da Comissão de Direito Digital e Informática da OAB/GO (2022-2024). professor da Escola Superior da Advocacia — ESA/GO.

e por consequência exigem conhecimento especializado daqueles que são os atores do direito.

É nesse contexto que a sociedade da informação impulsionou que o judiciário também tivesse uma tramitação processual que alcançasse o tempo real do litígio, já que o tempo acelerado da realidade não poderia ficar refém do tempo indefinido do processo, que no modelo cartorário de infindáveis papéis tinha sua tramitação bastante atrasada com atos simples, que envolviam cargas de ambas as partes com prazo específico para uma delas.

Assim, a informatização do processo e dos atos processuais nas últimas décadas se tornou a grande aposta do judiciário para reduzir os gargalos e extinguir o tempo inócuo do processo que vagava em infindáveis setores e corredores até encontrar seu destino final, sendo que de forma pioneira a Justiça do Trabalho investiu e acreditou na informatização, sendo um raciocínio até elementar que esta mesma Justiça também seja protagonista nos esforços atinentes aos avanços na fase probatória.

Conforme explica Didier Jr., Braga e Oliveira (2017, p. 51) o direito à prova é um direito fundamental e pode ser entendido como o direito de requerer, produzir e participar da produção de provas, além do direito de manifestar sobre a prova produzida e ter a sua prova examinada pelo órgão julgador.

Nesse sentido, há que se considerar os importantes avanços alcançados pela Justiça do Trabalho desde a busca por diversos convênios que sempre foram salutares na fase de execução dos processos para dar efetividade e entregar o bem da vida àqueles que demandam até a visão importante da necessidade de investir e regular o setor, inclusive criando um núcleo especializado dentro dos Tribunais.

Segundo o Tribunal Superior do Trabalho (2021), as provas digitais são importantes meios de se alcançar a verdade dos fatos para além da prova testemunhal, podendo alcançar registros de banco de dados de empresas incluindo biometria, dados de geolocalização, dados de fonte aberta, tudo que possa vir a comprovar fatos determinantes ao processo como, por exemplo, a realização de horas extras ou fraude de atestado médico, tudo em atenção a um dos principais princípios que tão caro é à Justiça do Trabalho que é a primazia da realidade.

Especiais destaques têm que ser feitos às provas digitais que chamam atenção, principalmente nos últimos tempos, pelo uso de fontes abertas para comprovar os fatos de interesse do processo, justamente porque nesta sociedade de informação alguns dados não necessariamente estão ocultos ou restritos a fontes fechadas, mas livremente disponíveis em rede ou mesmo em documentos de acesso público, sendo que a conceituação e detalhes sobre as fontes abertas e fechadas será encontrada no tópico que reservamos nas linhas vindouras para tratar sobre o tema.

É de extrema importância que os atores do direito, sejam eles policiais, serventuários da justiça, promotores, advogados ou juízes conheçam as possibilidades de acesso de fontes abertas e fechadas.

Está é, pois, a proposta deste artigo levando ao leitor linhas gerais sobre o que a legislação brasileira entende quanto ao valor probante do documento eletrônico e, posteriormente, as bases e especificidades das novas fontes de produção da prova e os seus novos meios de obtenção.

1. O valor probante do documento eletrônico

Documento eletrônico é qualquer documento que representa um fato e esteja armazenado em arquivo digital, podendo ser um texto, um desenho, uma fotografia, um áudio ou mesmo um vídeo (DIDIER JR. *et al*, 2017, p. 243). Nesse mesmo sentido traz o Enunciado n. 298 da VI Jornada de Direito Civil do Conselho da Justiça Federal (CJF, 2013):

> Os arquivos eletrônicos incluem-se no conceito de "reproduções eletrônicas de fatos ou de coisas" do art. 225 do Código Civil, aos quais deve ser aplicado o regime jurídico da prova documental.

Não são novos os questionamentos sobre a validade jurídica dos documentos digitais, questionamentos que já eram levantados antes da informatização judicial. Em suma, o grande questionamento se dava em razão dos documentos eletrônicos, devido as suas peculiaridades, terem ou não a mesma validade dos documentos tradicionais.

Na altura desse questionamento o Código Civil já trazia em sua disposição a solução para a questão levantada (BRASIL, 2002, art. 225):

> As reproduções fotográficas, cinematográficas, os registros fonográficos e, em geral, quaisquer outras reproduções mecânicas ou eletrônicas de fatos ou de coisas fazem prova plena destes, se a parte, contra quem forem exibidos, não lhes impugnar a exatidão.

Ainda assim a legislação parecia não ser suficiente aos questionamentos com a crescente aderência dos Tribunais a diversos sistemas eletrônicos distintos, no entanto, a situação também não demorou a ter uma resposta reiterada já que, com o advento da Lei n. 11.419/06, o documento produzido eletronicamente passou de forma expressa a ser resguardado como original por nova e expressa presunção legal de veracidade (TEIXEIRA, 2018, p. 182):

> Os documentos produzidos eletronicamente e juntados aos processos eletrônicos com garantia da origem e de seu signatário, na forma estabelecida nesta Lei, serão considerados originais para todos os efeitos legais (BRASIL, 2006, art. 11).

Frisa-se que a lei do processo eletrônico não só se preocupou com os documentos produzidos eletronicamente, mas também com as cópias dos originais que eram escaneados e juntados ao processo eletrônico.

Nesse sentido, a referida legislação também presume aos documentos escaneados a mesma força probante dos originais, salvo em caso de alegação de adulteração do documento (BRASIL, 2006, art. 11, § 1º), matéria que, sob pena de preclusão, deve ser tratada em contestação pela parte Reclamada e em sede de réplica (também tratada como impugnação) pela parte Reclamante.

Necessário destacar que nesse caso a lei do processo eletrônico impõe pelo menos uma condição à parte que juntou o documento escaneado, qual seja, ela tem o dever de guardar os documentos originais até o trânsito em julgado da sentença ou, quando admitido, até o final do prazo para interposição de ação rescisória (BRASIL, 2006, art. 11, § 2º).

O documento, portanto, alcança a veracidade plena quando a parte contrária não impugna o documento. Caso o faça, a parte que contesta terá que arguir seus motivos nos termos da legislação civil.

Fica claro, portanto, que o documento eletrônico, seja ele qual for, inclusive a cópia reprográfica do documento original, goza de presunção de veracidade alcançando sua veracidade plena desde que não impugnado.

No mesmo sentido também veio dispor o Código de Processo Civil:

> Qualquer reprodução mecânica, como a fotográfica, a cinematográfica, a fonográfica ou de outra espécie, tem aptidão para fazer prova dos fatos ou das coisas representadas, se a sua conformidade com o documento original não for impugnada por aquele contra quem foi produzida (BRASIL, 2015, art. 422).

Para não restar dúvidas da aplicabilidade da legislação aos documentos extraídos da *internet* o Código de Processo Civil dispõe ainda expressamente (BRASIL, 2015, art. 422, § 1º):

> As fotografias digitais e as extraídas da rede mundial de computadores fazem prova das imagens que reproduzem, devendo, se impugnadas, ser apresentada a respectiva autenticação eletrônica ou, não sendo possível, realizada perícia.

Assim, a produção de prova digital enquanto documento goza de presunção de veracidade pela parte que juntou e alcança a veracidade plena caso não contestado ou não arguido em réplica.

Quanto ao valor probatório do documento eletrônico o entendimento atual é que deve ser entendido de acordo com o grau de segurança gerado pelos requisitos da autenticidade e da integridade do documento.

Nesse sentido também foi publicado à época da VI Jornada de Direito Civil do Conselho da Justiça Federal o Enunciado n. 297 que destaca a importância de se buscar a autenticidade e a integridade nos casos de documentos eletrônicos (CJF, 2013):

> O documento eletrônico tem valor probante, desde que seja apto a conservar a integridade de seu conteúdo e idôneo a apontar sua autoria, independentemente da tecnologia empregada.

Didier Jr., Braga e Oliveira (2017, p. 244) destacam que a necessidade de preocupação maior referente a autenticidade e integridade do documento eletrônico se dá justamente pela versatilidade e flexibilidade na criação desses documentos, haja vista que abrem a possibilidade de sofrerem adulterações de forma facilitada.

Marinoni e Arenhart (2019, p. 845) também expõem a preocupação com a facilidade de alteração dos documentos informáticos e o dilema do judiciário em impor valor probante a estas provas sem um critério definitivo do legislador.

Frisa-se que o Código de Processo Civil tentou regular a questão do documento eletrônico em sua especificidade, porém, ao que parece, somente referente ao processo físico (aqui chamado de convencional) e na contramão dos outros diplomas já levantados nesse artigo. Segundo a norma:

> A utilização de documentos eletrônicos no processo convencional dependerá de sua conversão à forma impressa e da verificação de sua autenticidade, na forma da lei (CPC, art. 439).

Sobre o valor probante do documento eletrônico no então processo físico parece o legislador querer reduzir o já instituído entendimento:

O juiz apreciará o valor probante do documento eletrônico não convertido, assegurado às partes o acesso ao seu teor (CPC, art. 440).

Marinoni e Arenhart demonstram a tentativa frustrada do legislador em regular no Código de Processo Civil os documentos eletrônicos, indicando que na prática a valoração do documento informático não será a mesma do documento tradicional (2019, p. 851):

> Em síntese, o emprego da prova eletrônica, em especial do documento telemático não certificado, exige análise semelhante àquela utilizada pelo magistrado para a avaliação da confiabilidade da prova indiciária. É necessário cotejar vários elementos do documento, a fim de ponderar de sua aceitabilidade. Devem ser consideradas, entre outras coisas, a maior ou menor certeza quanto à sua origem; a maior ou menor dificuldade na alteração de seu conteúdo; os elementos que indicam a possibilidade de sua conferência etc. Não se trata, portanto, de um juízo idêntico àquele empregado para a valoração da prova documental tradicional. É necessário, isso sim, juízo muito mais elaborado e sofisticado, ao menos até que se possa ter um sistema de certificação viável e admitido pelo direito brasileiro, de forma generalizada.
>
> Dito isso, resta frisar a importância de se garantir em juízo, não só em atenção à impugnação superveniente da prova, os meios realizados para obtenção daquele documento e, se possível, o meio de verificação posterior da sua autenticidade, ou seja, a possibilidade de ser auditável.

No direito trabalhista há quem repute a utilização da ABNT, especificamente a ISSO/IEC 27037:2013 que traz em especificidade quais as etapas para coleta e preservação da prova digital e há julgados que demonstram a exigência de juízes por formalidades que garantam a confiabilidade do documento eletrônico como ata notarial ou aplicativos disponíveis na *internet* (VIEIRA, 2022).

Certo é que, se por um lado é necessário garantir a confiabilidade da prova, por outro lado, não se pode onerar excessivamente o litigante na produção das provas exigindo requisitos sem previsão, vez que tais previsões onerosas podem inviabilizar a produção de determinada prova que seria fundamental para comprovação ou não de determinado fato.

Como já trabalhado neste artigo a legislação processual civil que se aplica à legislação trabalhista prevê a veracidade relativa dos documentos eletrônicos e, em caso de impugnação, a possibilidade de provar a autenticidade por outros meios de prova sem delimitar necessariamente a prova que deve ser utilizada.

Em contrapartida, ao litigante é necessário ponderar diante do conjunto probatório que possui e a relevância daquela prova a necessidade de prevenir mediante certificação eletrônica ou com fé pública o documento, antevendo eventuais impugnações que possam colocar em xeque a prova ou lhe diminuir consideravelmente o valor probatório.

Há que se deixar claro que o valor dado à prova pelo juiz não é um cálculo matemático, cabendo ao julgador, destinatário da prova, o devido juízo de valoração dentro dos parâmetros objetivos de autenticidade e integridade da prova, inclusive pela valoração probatória a menor ou considerando o seu descarte quando a segurança do documento não é suficiente a comprovar o pretendido ou mesmo quando se tratam de padrões de juntada de documentos que não guardam relação com o caso e fazem com que o processo atinja sem qualquer sentido centenas ou, até mesmo em casos mais drásticos, milhares de páginas. Frisa-se, contudo, que nesse contexto valorativo é fundamental que o magistrado delimite no processo os fundamentos da sua decisão nos termos da lei.

Nota-se, portanto, a necessidade de uma legislação que traga maior segurança jurídica às partes e aos Tribunais sobre a produção de provas digitais, principalmente a distinguir o que seria facultativo e o que seria obrigatório, inclusive, estabelecendo requisitos no sistema eletrônico que exijam a juntada de requisitos e metadados por padrão (*privacy by default*), bem como a reflexão se o próprio judiciário não deveria viabilizar sistemas para produção antecipada de determinada prova, de modo a garantir economicidade e confiabilidade ao material produzido.

2. Fontes fechadas e fontes abertas

Segundo Caselli (2022, p. 30) as fontes de informação podem ser de duas ordens, quais sejam, fechadas e abertas. São consideradas fontes fechadas os bancos de dados que necessitam de autorização prévia e são consideradas fontes abertas os bancos de dados com informações livres que podem exigir tão somente o conhecimento técnico para melhor proveito da colheita de provas.

Ainda segundo o autor as fontes fechadas em regra guardam dados com expectativa de privacidade como dados bancários, fiscais e eleitorais, dados comerciais, industriais e algoritmos; já as fontes abertas guardam expectativa de publicidade como, por exemplo, informações disponibilizadas pelo usuário em redes sociais. Nesse sentido (CASELLI, 2022, p. 34):

> Assim, quando se busca uma notícia veiculada em um jornal ou em um *site* de informações, está se falando em pesquisa em fonte aberta. Quando se verifica um voo em uma plataforma *web* especializada em passagens aéreas, está se realizando pesquisa em fonte aberta. Quando se busca por uma postagem realizada por um internauta em uma rede social, está sendo realizado uma procura em fonte aberta.

Assim, a fonte aberta é ainda caracterizada pelo autor (CASELLI, 2022:39) como todos os dados que sejam disponibilizados de forma livre pelo titular ou por outro, tendo potencial para produzir conhecimento ou prova em procedimento administrativo e judicial, inclusive trabalhista.

Dito isso, é necessário entender que as fontes abertas são um importante meio de obtenção de prova que vem se consolidando nas investigações policiais, contudo, ainda pouco explorado em procedimentos judiciais, mas com um expoente potencial de utilização, que é autorizado expressamente pela interpretação conjunta dos arts. 369 e 370 do CPC, aplicado à Justiça do Trabalho pela inteligência dos arts. 765 e 769 da CLT.

Ademais, a produção deste tipo de prova digital não pode ser interpretada como contrária aos ditames da Lei Geral de Proteção de Dados, eis que se trata de hispótese prevista e resguardada pelo inciso VI do art. 7º que expressamente disciplina que o tratamento de dados pessoais poderá ser realizado na hipótese do "exercício regular de direitos em processo judicial, administrativo ou arbitral, esse último nos termos da Lei n. 9.307, de 23 de setembro de 1996 (Lei de Arbitragem)".

Ingressando na análise de alguns posicionamentos judiciais sobre a matéria das provas digitais, emblemático fora a decisão de relatoria do Ministro Ricardo

Lewandowski que negou pedido de invalidade de prova digital captada em nuvem, na esfera criminal, nos autos da Reclamação Constitucional n. 49.369, em que se consignou:

> Conforme se verifica, não houve negativa de acesso aos autos pela autoridade reclamada, a qual esclareceu que o acesso aos arquivos de conversas de *WhatsApp* — que a defesa alega não ter sido possível acessar, por estarem criptografados —, não demandaria intervenção de perito, bastando a utilização de softwares capazes de realizar a leitura dos arquivos originais constantes no HD, cuja cópia fora franqueada à defesa.
>
> Com efeito, a autoridade reclamada, garantindo a ampla defesa do reclamante, determinou até mesmo a intimação da autoridade policial para que indicasse os meios pelos quais a defesa poderia realizar a leitura de todos os arquivos brutos constantes no HD fornecido nos autos da investigação, em especial os fornecidos pelas empresas *Facebook* e *Apple*.
>
> [...]
>
> Portanto, inexiste violação à Súmula Vinculante n. 14. O acesso ao material decorrente das quebras de sigilo, conforme esclarecimento da autoridade policial, pode ser realizado por *softwares* disponíveis no mercado, não sendo necessária nenhuma chave ou senha especial para a abertura e leitura de eventuais dados criptografados.

Partindo desse julgamento da esfera criminal, onde a principiologia normativa e constitucional conduz, como evidentemente necessário, a mais rígidas garantias na produção e compartilhamento de provas, passamos a análise de um outro julgamento de Tribunal Superior em que se demonstra a necessidade do cuidado com a produção desse tipo de prova, pois não são raros os pronunciamentos em que se reconhece a invalidade de determinada prova apresentada com um simples *print*, a exemplo do que entendeu o STJ (2021) pela sua sexta turma aplicando "entendimento já firmado pelo colegiado para declarar que não podem ser usadas como provas as mensagens obtidas por meio do print screen da tela da ferramenta *WhatsApp Web*" e explicita:

> No entanto, destacou o relator, a Sexta Turma tem precedente que considera inválida a prova obtida pelo espelhamento de conversas via *WhatsApp Web*, porque a ferramenta permite o envio de novas mensagens e a exclusão de mensagens antigas ou recentes, tenham elas sido enviadas pelo usuário ou recebidas de algum contato, sendo que eventual exclusão não deixa vestígio no aplicativo ou no computador (RHC 99.735).

As interpretações dispostas nesses dois entendimentos iniciais, ainda que na esfera criminal, nos levam a compreender que a validade da prova digital, como é esperado, parte da necessidade de se aferir ou se ter elevado grau de confiabialidade na forma como ela fora produzida.

Na esfera Trabalhista, destacamos que alguns Tribunais Regionais têm protagonizado avanços na utilização desses meios de prova digitais, como é o caso do TRT12 (2022) que pela sua Segunda Seção Especializada, entendeu que uma das partes pode requisitar dados de geolocalização do celular de trabalhador como prova e tal deferimento não viola a intimidade, sendo divulgado pela própria Secretaria de Comunicação Social do TRT em seu *site* (<www.trt12.jus.br>) as seguintes informações:

> A maioria do colegiado, contudo, seguiu o voto do desembargador--relator Gracio Petrone, que já havia negado a liminar requerida pela autora, mantendo a decisão de primeiro grau. O magistrado ponderou que a legislação não estabelece hierarquia entre os tipos de prova e afirmou que o pedido de prova digital reforça a busca efetiva da verdade real, favorecendo a rápida duração do processo.
>
> "Se o novo meio probatório, digital, fornece dados mais consistentes e confiáveis do que a prova testemunhal, não há porque sua produção ser relegada a um segundo momento processual, devendo, de outro modo, preceder à prova oral", argumentou o relator, afirmando que vê o pedido como "exercício de direito" das partes.
>
> "A pesquisa apenas aponta a localização do dispositivo telefônico, não incluindo conversas ou imagens de qualquer uma das partes ou de terceiros", destacou.
>
> Ainda segundo Petrone, a medida não representa ofensa à garantia constitucional de inviolabilidade das comunicações ou à Lei Geral de Proteção de Dados Pessoais (Lei n. 13.709/2018), favorecendo a segurança da prestação jurisdicional.
>
> "Conferido aos dados coletados o adequado sigilo, reservada sua análise às partes envolvidas, com vista à confirmação dos fatos afirmados pela própria autora, não se tratará de prova obtida por meio ilícito, nem tampouco se estará desprezando os direitos à privacidade", concluiu o relator.

Tal prova é fundamental para esclarecer pontos que têm o condão de definir um processo, como também fora o caso noticiado pelo TRT8 em que se realizou o acesso aos dados de geolocalização do aparelho telefonico do trabalhador para provar que o reclamante não ficava apenas em *home office* e fora contaminado pela Covid-19, vindo a falecer:

> O magistrado afirma que já adotou o sistema de provas digitais nos autos do processo 0000632-79.2020.5.08.0130, quando atuou na 1ª Vara do Trabalho de Parauapebas, em decisão publicada no dia 26.11.2021. "O processo não está em segredo de justiça. A prova digital foi produzida, com a anuência integral das partes, a partir de dados da Estação de Rádio Base (ERB) fornecidos pela Operadora de Telefonia Oi Móvel S.A., advindos do telefone corporativo do trabalhador, juntada aos autos, cujas partes tiveram contraditório e ampla defesa".
>
> A partir do material produzido ficou esclarecida a localidade do trabalhador, que era bastante controvertida nos autos. "A prova digital, por meio da geolocalização do aparelho telefônico do trabalhador, permitiu, em conjunto com a prova oral, esclarecer a controvérsia das teses das partes e concluir que o trabalhador, de fato, não esteve trabalhando em *home office* como defendia a empregadora, mas dentro da área de trabalho, nas minas, bem como em escritório da empregadora na cidade de Parauapebas."
>
> O caso tratava de contágio de trabalhador pelo coronavírus e posterior morte por Covid-19. A discussão era se a empregadora era responsável pelo contágio do trabalhador na área de trabalho. A tese inicial era de que o trabalhador foi exposto a risco de contágio e a tese defensiva era de que o trabalhador sempre trabalhou de *home office* desde praticamente o início da pandemia, a partir de 23.03.2020", explica o juiz do trabalho.
>
> A prova digital apresentada nos autos sanou a divergência e demonstrou que o aparelho telefônico que era utilizado pelo trabalhador transmitiu sinais para as antenas telefônicas que registraram a localidade dele no momento das ligações. "Assim, ficou demonstrado que, em várias oportunidades, o trabalhador não estava em *home office*, mas trabalhando fora de sua residência", conclui o magistrado.

Outro exemplo da utilização de provas digitais vem do TRT21, que por meio da sua Segunda Turma aceitou gravações feitas em grupo do aplicativo de mensagem (*WhatsApp*) como prova lícita, ocasião em que fora divulgado:

> No recurso ao TRT-RN, a empresa alegou que os áudios da gerente não eram válidos como prova, isso porque as decisões judiciais não aceitariam "gravação clandestina de conversas" como prova idônea.
>
> De acordo com o desembargador Eridson João Fernandes Medeiros, no caso, a gravação, de que participou a própria autora do processo, "há de ser equiparada, para fins de prova, à gravação ambiental".
>
> O desembargador ressaltou que o Supremo Tribunal Federal (STF) já reconheceu "a admissibilidade do uso, como meio de prova, de gravação ambiental realizada por um dos interlocutores".
>
> Assim, a gravação, no caso, constituiria "prova lícita, para defesa de direito próprio", mesmo "que feita em atividade de grupo, independentemente de prévia autorização judicial".
>
> No entanto, embora tenha reconhecido a licitude da prova, o desembargador não acolheu o vínculo de emprego, revertendo a decisão favorável a autora do processo da 9ª Vara do Trabalho
>
> Para o magistrado, o conteúdo das mensagens de *WhatsApp* seria "confuso e nada revelador", pois não demonstraria que havia um controle pela empresa das atividades da autora do processo.

Como se nota do trecho supra, a produção da prova digital, como qualquer outra, deve ser muito bem ponderada merecendo profunda reflexão por quem a requer, eis que pode não revelar o que se precisa, ou pior ainda para aquele que requereu sua produção, pode fazer prova contrária ao seu próprio interesse.

Certo que sobre a prova digital produzida por meio de fonte aberta há que se redobrar o cuidado com os requisitos já levantados no tópico dedicado ao documento eletrônico.

É preciso que se resguarde a autenticidade e integridade da prova a fim de evitar impugnações procedentes, assim como também é prudente que a parte litigante apresente como prova conteúdo relevante aos pontos controvertidos do processo, sobretudo, levando em consideração a veloz, variável e volumosa quantidade da dados que podem ser subtraídas em fonte aberta.

Em determinados casos onde a prova é determinante, mas tanto a fonte como o conteúdo podem ser facilmente questionados, aconselha-se que se garanta a autenticidade e integridade da prova por meio incontroversos, como o uso de ata notarial ou aplicativos que validem o fato por certificação digital, mesmo que, como insistimos, não seja uma obrigatoriedade ou um fator de exclusão legal da prova.

No que diz respeito às fontes fechadas também há que se fazer importantes considerações, pois é interesse das instituições que as partes do processo judicial conheçam e dominem as possibilidades e limitações técnicas de cada prova digital requerida.

Nesse contexto, o ATO CONJUNTO TST.CSJT.CGJT N. 31, de 04.08.2021, é bastante elucidativo e demonstra a preocupação do Conselho Superior da Justiça do Trabalho com o estabelecimento de diretrizes para a emissão de ordens judiciais dirigidas à *Microsoft Corporation* por parte de magistrados da Justiça do Trabalho, envolvendo a solicitação de informações de dados armazenados, em que se forneceu o domínio da plataforma *"LE Portal"* como o meio adequado para que as ordens judiciais voltadas à solicitação de dados armazenados sejam operacionalizadas.

O serviço de mensageria *Whatsapp* a título de exemplo das possibilidades técnicas que por vezes passam despercebidas aos litigantes, tem a característica que tornou notório que as conversas do referido aplicativo de mensageria são criptografadas, inclusive com o próprio aplicativo informando que se trata de criptografia de ponta a ponta, o que pode passar a ilusão de que nenhum dado é obtido da plataforma mediante requisição judicial, o que não é uma verdade absoluta, já que os metadados não são criptografados.

É possível tecnicamente pedir mais informações que são comumente de conhecimento comum da população, e aqui não se trata de uma análise de pertinência da prova que é devida ao caso concreto, apenas de ilustração dos limites da possibilidade técnica que podem passar despercebidas ao litigante.

Nesse sentido, seria possível tecnicamente requisitar as seguintes informações de qualquer titular que utiliza o serviço de mensageria *WhatsApp* (MPF, 2020):

> Número do telefone cadastrado; nome da pessoa; informações sobre o *smartphone*; versão do *WhatsApp*; data e hora da criação da conta; endereço de *e-mail* (quando ativado o duplo fator de autenticação);

informações do cliente *web* e data e hora da última conexão [...] IP da última conexão com porta lógica; IPs de acesso dos últimos 6 meses com data, hora e fuso; foto do perfil; *status* do perfil; agenda de contato do equipamento que possui o *WhatsApp* instalado; grupos de que o alvo faz parte; dados desses e bilhetagem de chamadas via aplicativo.

Certo que se alguma dessas provas é essencial e passa despercebida ao litigante está este deixando de exercer seu direito fundamental a prova, da mesma forma se o litigante requer o pedido de forma genérica, sem obedecer as especificidades técnicas daquela prova também pode ter seu pedido indeferido.

Importante aspecto a ser observado em determinadas produções de prova digital, como é o caso de postagem abonadoras ou desabonadores em páginas ou grupos em redes sociais, é se declinar a exata *URL — Uniform Resource Locator* ou *hyperlink* específico com o fim de proceder com a precisa identificação do conteúdo.

Tal necessidade já consta de previsão expressa da Legislação, em especial na Lei n. 12.965/2014, que trouxe no art. 19, § 1º, a necessidade de que a ordem judicial contenha, sob pena de nulidade, identificação clara e específica do conteúdo apontado como infringente, que permita a localização inequívoca do material, como mencionado na própria exposição de motivos do Projeto de Lei do Marco Civil da Internet, de autoria do Deputado Federal Alessandro Molon, que explicitou: "há a necessidade de se indicar o hyperlink específico relacionado ao material considerado infringente". Tendo sido tal matéria já enfrentada pelo STJ no REsp n. 1.512.647, em que a Segunda Seção, pela relatoria da Ministra NANCY ANDRIGHI, afirmou:

> 8. Quanto à obrigação de fazer — retirada de páginas da rede social indicada —, a parte autora também juntou à inicial outros documentos que contêm, de forma genérica, URLs de comunidades virtuais, sem a indicação precisa do endereço interno das páginas nas quais os atos ilícitos estariam sendo praticados. Nessas circunstâncias, a jurisprudência da Segunda Seção afasta a obrigação do provedor, nos termos do que ficou decidido na Rcl 5.072/AC, relª. p/ acórdão Ministra NANCY ANDRIGHI, *DJe* 4.6.2014.

Outra qualidade das provas digitais que o exemplo do aplicativo de mensageria pode auxiliar é a questão da volatilidade dos requisitos técnicos, já que, estado no mercado privado o provedor pode lançar nova atualização de acordo com suas diretrizes mudando o rol de informações que podem ser requisitados ou colocando condições novas, tudo isso exige do profissional da área jurídica constante atualização sobre os requisitos técnicos.

Independente dos requisitos técnicos que são voláteis, a requisição de informações de provedores de aplicação deve obedecer a critérios objetivos estabelecidos em lei e, portanto, critérios que exigem do operador de direito um conhecimento que deve ser fundamentado nas requisições judiciais.

Nesse sentido expõe o Marco Civil da *Internet*, a Lei n. 12.965/14 (BRASIL, 2014, art. 22):

> A parte interessada poderá, com o propósito de formar conjunto probatório em processo judicial cível ou penal, em caráter incidental ou autônomo, requerer ao juiz que ordene ao responsável pela guarda o fornecimento de registros de conexão ou de registros de acesso a aplicações de internet.

O litigante deve apresentar como requisito obrigatório (Lei n. 12.965/14, art. 22, § 1º) fundados indícios da ocorrência do ilícito, justificativa motivada da utilidade dos registros solicitados para fins de investigação ou instrução probatória e período ao qual se referem os registros.

É importante ainda salientar que há prazo legal mínimo para que os provedores guardem esses registros, sendo 06 (seis) meses para os provedores de aplicação (ex: redes sociais, aplicativos etc.) e 1 (um) ano para os provedores de acesso (ex: operadoras de *internet).*

Necessário, contudo, deixar claro que não há prazo legal para se requerer judicialmente as informações de aplicação ou conexão, o que há de fato, é prazo mínimo obrigatoriamente estipulado para que os provedores de aplicação e acesso mantenham os dados sob sua guarda.

É comum que as empresas guardem esses dados por mais tempo que exige a lei e, portanto, caso possuam, têm o dever de fornecer mediante requisição judicial. No entanto, caso haja perigo de perda dessa informação é possível que se requisite aos provedores de acesso e conexão a manutenção obrigatória desses dados por tempo superior ao mínimo legal exigido.

Assim, se demonstra a importância do conhecimento técnico aplicado às provas digitais como uma soma comum de forças no sentido do aprimoramento das instituições, do direito e das leis.

Conclusão

Conforme consubstanciado neste artigo, a Justiça do Trabalho percorre com protagonismo os primeiros passos de uma profunda mudança institucional no que se refere à produção de provas digitais, a exemplo do que notamos anos atrás com seu protagonismo na informatização dos processos. Nesse sentido, é importante que não só as escolas policiais e judiciais incentivem a capacitação do seu público, mas também que as entidades de classe e os fiscais da lei também possam difundir o conhecimento e propiciar a formação e aperfeiçoamento dos seus quadros na busca incessante de melhor distribuição da Justiça.

Ora, a exemplo, se o ator judicial conhece com especificidade o valor probante dos documentos eletrônicos e a forma correta de impugná-los, como aqui se propõe, ele contribui efetivamente com o acesso à justiça, seja no caso dos advogados e ministério público que formularão pedidos mais precisos e objetivos propiciando maior assertividade na análise, seja dos magistrados, analistas e técnicos do judiciário, que poderão identificar melhor o objeto da prova e a forma como será determinada e produzida para que garanta os princípios da verdade real, contraditório e ampla defesa.

Ademais, se é de conhecimento comum as funcionalidades de acesso à fonte aberta, a produção de provas por meio de tal acesso pode auxiliar a exercer com eficiência o direito probatório do jurisdicionado e, sobre aquelas provas que só podem ser alcançadas em fonte fechada, se poderá apresentar a requisição da forma técnica e adequada, gerando em todos os casos verdadeira economia processual e contribuição com a Justiça.

O avanço de estudos em provas digitais é amplo, colaborativo e possui os requisitos necessários para extensão de sua aplicação aos outros Tribunais, inclusive com a criação de núcleos especializados como já se consolidam na Justiça do Trabalho. Nesse sentido unem-se os esforços dos diferentes atores do direito que se somam em prol do aprimoramento das instituições, do direito e das leis.

Referências

BRASIL. Conselho da Justiça Federal. *VI Jornada de Direito Civil*. Brasília, 2013. Disponível em: <https://www.cjf.jus.br/cjf/corregedoria-da-justica-federal/centro-de-estudos-judiciarios-1/publicacoes-1/jornadas-cej/vijornadadireitocivil2013-web.pdf>. Acesso em: 02 set. 2022.

______. Conselho da Justiça Federal. *IX Jornada de Direito Civil*. Brasília, 2022. Disponível em: <https://www.cjf.jus.br/cjf/corregedoria-da-justica-federal/centro-de-estudos-judiciarios-1/publicacoes-1/jornadas-cej/enunciados-aprovados-2022-vf.pdf>. Acesso em: 02 set. 2022.

______. *Lei n. 10.406, de 10 de janeiro de 2002*. Institui o Código Civil; Disponível em: <http://www.planalto.gov.br/ccivil_03/leis/2002/l10406compilada.htm>. Acesso em 1º set. 2022.

______. *Lei n. 11.419, de 19 de dezembro de 2006*. Dispõe sobre a informatização do processo judicial; altera a lei n. 5.869, de 11 de janeiro de 1973 — Código de Processo Civil; e dá outras providências. Disponível em: <http://www.planalto.gov.br/ccivil_03/_Ato2004-2006/2006/Lei/L11419.htm>. Acesso em: 1º set. 2022.

______. *Lei n. 13.146, de 6 de julho de 2015*. Código de Processo Civil. Disponível em: <http://www.planalto.gov.br/ccivil_03/_Ato2015-2018/2015/Lei/L13105.htm>. Acesso em: 1º set. 2022.

______. *Lei n. 13.709, de 14 de agosto de 2018*. Disponível em: <http://www.planalto.gov.br/ccivil_03/_ato2015-2018/2018/lei/l13709.htm>. Acesso em: 05 set. 2022.

______. Marco Civil da Internet. *Lei n. 12.965/14*. Disponível em: <http://www.planalto.gov.br/ccivil_03/_ato2011-2014/2014/lei/l12965.htm>. Acesso em: 05 set. 2022.

______. BRASIL. Superior Tribunal de Justiça (STJ). *Sexta Turma reafirma invalidade de prova obtida pelo espelhamento de conversas via* WhatsApp Web. 2021. Disponível em: <https://www.stj.jus.br/sites/portalp/Paginas/Comunicacao/Noticias/09032021-Sexta-Turma-reafirma-invalidade-de-prova-obtida-pelo-espelhamento-de-conversas-via-WhatsApp-Web.aspx>. Acesso em: 09 set. 2022.

______. Tribunal Regional do Trabalho da 12ª Região. 2022. *Empresa pode requisitar dados de localização do celular de trabalhador como prova, decide SE-2:* Por maioria de votos, Seção Especializada 2 entendeu que pedido de banco não viola intimidade de empregada e pode preceder outros meios de prova. Disponível em: <https://portal.trt12.jus.br/noticias/empresa-pode-requisitar-dados-de-localizacao-do-celular-de-trabalhador-como-prova-em-acao>. Acesso em: 08 set. 2022.

______. Tribunal Regional do Trabalho da 8ª Região. 2022. *Juiz do trabalho utiliza provas digitais durante audiência:* A EJUD8 ofereceu um estudo sobre a produção de provas por meio digitais. Disponível em: <https://www.trt8.jus.br/noticias/2021/juiz-do-trabalho-utiliza-provas-digitais-durante-audiencia>.

______. Tribunal Regional do Trabalho da 21ª Região. 2021. *TRT-RN aceita como prova gravação de gerente de vendas em grupo de WhatApp*. Disponível em: <https://www.trt21.jus.br/noticias/noticia/trt-rn-aceita-como-prova-gravacao-de-gerente-de-vendas-em-grupo-de-whatapp>.

______. TST. *Especial:* Justiça do Trabalho é pioneira no uso de provas digitais. Disponível em: <https://www.tst.jus.br/provas-digitais>. Acesso em: 02 set. 2022.

DIDIER JUNIOR, Fredie; BRAGA, Paula Sarno; OLIVEIRA, Rafael Alexandria de. *Curso de direito processual civil — v. 2:* teoria da prova, direito probatório, decisão, precedente, coisa julgada e tutela provisória. 12. ed. Salvador: JusPodivm, 2017.

LIMA, Marcelo C. de M. P; ANDRADE, Vitor de. M. *Manual de Direito Digital.* São Paulo: Tirant lo Blanch, 2020.

MARINONI, Luiz Guilherme; ARENAHRT, Sérgio Cruz. *Prova e Convicção.* 5. ed. São Paulo: Revista dos Tribunais, 2019.

MINISTÉRIO PÚBLICO FEDERAL. *Catálogo de fontes abertas:* voltado para pesquisadores e investigadores. 2o edição. 2020: Belém/PA. Disponível em: <http://hdl.handle.net/11549/223424>. Acesso em: 05 set. 2022.

TEIXEIRA, Tarcisio. *Curso de Direito e Processo Eletrônico:* doutrina, jurisprudência e prática. São Paulo: Saraiva, 2018.

VIEIRA, Cristina Simões. Provas Digitais na Justiça do Trabalho. *Migalhas*, 2022. Disponível em: <https://www.migalhas.com.br/depeso/365028/provas-digitais-na-justica-do-trabalho>. Acesso em: 02 set. 2022.

O que há dentro da sua Caixa de Pandora? Perícia e Gestão Algorítmica do Trabalho

Viviane Vidigal(1)

Introdução

Sabem como a *Coca-Cola* é produzida? Não adianta olhar no rótulo do refrigerante. A despeito das informações de quais são os ingredientes utilizados, estarem — supostamente (talvez haja um ingrediente secreto) — disponibilizados, ninguém sabe quais são as quantidades ou a ordem certa em que eles devem ser colocados na receita, não se sabe o modo de preparo. Outra bebida que possui uma "fórmula secreta" é o *Guaraná Antarctica*. Também na década de 1990, podem se lembrar de um *jingle*: "Dois hambúrgueres, alface, queijo, molho especial (...)". Mas o que seria o "molho especial"? O consumidor não sabe. Nós não sabemos. Os segredos do negócio são guardados a sete chaves para evitar que a concorrência consiga imitar seus sabores e, com isso, o capitalista deixe de lucrar com seu produto original (VIDIGAL, 2021).

Já em outro milênio, no ano de 2008, era inverno em Paris, quando numa noite fria, dois empreendedores do Vale do Silício, um americano e outro canadense, que participavam de um evento de tecnologia, simplesmente não encontraram um táxi para voltar para casa. Um deles, Travis Kalanich, cansado de atuar em negócios *peer-to-peer*, buscava algo inovador e desafiante. Refletindo sobre o assunto, seu amigo Garret Camp, ao se lembrar de como é difícil conseguir um táxi em São Francisco, teve a seguinte ideia: — Por que não compramos umas limusines, contratamos alguns motoristas, alugamos uma garagem e, através de um aplicativo, tornamos possível que uma pessoa contrate uma viagem ao apenas apertar um botão, aparecendo uma limusine com um motorista em frente à sua

(1) Doutoranda e Mestra em Sociologia pela UNICAMP (SP, Brasil), orientada pelo professor Dr. Ricardo Antunes. Pós-Graduada em Direito do Trabalho. Professora universitária e mãe de uma criança.

casa em apenas um minuto? Na sequência, Travis Kalanich respondeu: — Nós não vamos comprar nenhum carro, nós não vamos contratar nenhum motorista e muito menos vamos alugar garagem, porém, a ideia de criar um aplicativo em que a pessoa aperte um botão e o seu motorista particular apareça em poucos minutos, como num passe de mágica, é fantástica (LEME, 2019). Como "mágica", o algoritmo secreto da *Uber* começou a ser idealizado (VIDIGAL, 2021).

Este artigo tem como escopo problematizar a perícia judicial no algoritmo das plataformas digitais de trabalho. A hipótese sustentada é a de que, o algoritmo, por organizar e gerenciar o trabalho, não pode ser secreto. Esmiuçaremos argumentos que visam compreender como os aspectos gerenciais algorítmicos são internalizados pelos(as) trabalhadores(as) plataformizados(as). Destacando os aspectos centrais da gestão algorítmica e da gamificação do trabalho, como o preço dinâmico, os desafios, bonificações e as promoções.

O artigo está estruturado, além da introdução, nas seguintes partes: na primeira, será problematizada a perícia judicial do algoritmo das plataformas digitais de trabalho. Na segunda parte será apresentado o conceito de algoritmo. A terceira parte, abordará a gestão algorítmica do trabalho. Serão analisadas as expressões concretas do trabalho plataformizado, tomando como exemplos as práticas dos(as) trabalhadores(as). A última parte estabelece considerações finais.

Os dados, aqui apresentados, são fruto de duas pesquisas: uma concluída e outra em andamento. A primeira, intitulada "As ilusões da uberização" foi realizada entre março de 2017 e dezembro de 2019, na qual foram formalmente entrevistadas 22 pessoas com questionário semiestruturado: 19 homens e 03 mulheres, motoristas de *UberX* nas cidades de Campinas (SP) e São Paulo (SP). A segunda, intitulada "Plataformização do Trabalho feminino" foi iniciada em março de 2020. As entrevistas estão em andamento e o estudo tem com objeto motoristas da *Uber*, motoristas da *Lady Driver*, entregadores(as) de comida do *iFood*, e manicures da *Singu*, nas cidades de Campinas (SP) e São Paulo (SP). Para este artigo, contaremos com excertos das entrevistas realizadas na pesquisa concluída. Os nomes apresentados são fictícios e seguem o acordo de anonimato firmado entre entrevistados(as) e a pesquisadora. Também, contaremos com a netnografia realizada em grupos de *Facebook* e *WhatsApp*, na segunda pesquisa. O artigo destaca e se aprofunda no caso dos(as) motoristas de transportes *Uber*, ressalvando ser necessário o avanço na análise para outras categorias, que traremos de forma apendicular.

1. Perícia judicial no algoritmo das plataformas digitais de trabalho

A pedido de um motorista da *Uber*, com o objetivo de subsidiar o exame da presença dos elementos caracterizadores da relação de emprego alegada por ele, foi deferida a realização de perícia técnica no algoritmo utilizado no aplicativo da empresa, pelo juízo da 80ª Vara do Trabalho do Rio de Janeiro (RJ). A pretensão é a de identificar as condições em que se dava a distribuição de chamadas, a definição de valores a serem cobrados e repassados, a existência de restrições ou preferências em decorrência da avaliação, da aceitação ou da frequência de realização de corridas e o conteúdo das comunicações entre a plataforma e os motoristas (VIDIGAL, 2021).

No entanto, o ministro Douglas Alencar, do Tribunal Superior do Trabalho, deferiu, em 28 de maio de 2021, tutela provisória de urgência para suspender a realização de prova pericial cujo objeto é o algoritmo da *Uber do Brasil Tecnologia Ltda*. A perícia deve ser suspensa até o julgamento, pelo TST, de recurso em mandado de segurança da Uber, com o mesmo objeto (VIDIGAL, 2021).

A necessidade da realização da perícia no algoritmo, código-fonte e em outros registros digitais das plataformas de trabalho digital se deve ao volume e fragmentação dos fatos relevantes para a apreciação de questões fundamentais e o esclarecimento a respeito de fatos como:

a) as regras de alocação dos chamados, de critérios de preferências e de restrições na distribuição de chamados;

b) critérios de influência da avaliação do motorista pelos clientes sobre a relação de prestação de serviços, a alocação de chamados, a fixação do preço, a manutenção na plataforma;

c) existência de mecanismos de avaliação do motorista pela plataforma e seu impacto na relação de prestação de serviços;

d) regras de fixação dos valores a serem cobrados dos clientes, dos valores a serem retidos pela ré e os repassados aos motoristas;

e) existência de formas de indução, premiação e restrições ou sanções decorrentes do tempo que o motorista fica à disposição da plataforma e da aceitação e recusa dos chamados;

f) existência e eventual método de mecanismos de indução (nudges) da conduta do motorista, por meio de mensagens, premiações ou restrições;

g) conteúdo das mensagens enviadas pelo aplicativo ao motorista, orientações, sugestões, advertências e em quais situações são disparadas;

h) quais os dados da atividade são controlados pela plataforma, tais como, entre outros, velocidade, número de frenagens, desvio da rota proposta pelo aplicativo, gravação de som ambiental, rastreamento por geolocalização;

i) quais os dados sobre o veículo, o motorista, a sua conduta, e sobre a viagem são solicitados aos passageiros;

j) grau de acesso franqueado ao motorista quanto aos dados obtidos pela plataforma nas viagens realizadas, inclusive relativos aos clientes;

k) existência de mecanismos e quais os critérios para suspensão e/ou exclusão do acesso do motorista à plataforma;

l) a possibilidade de alteração unilateral, pela plataforma, de todos esses critérios (WANDELLI, 2021).

Para isso, a perícia computacional deve examinar o conteúdo dos comandos algorítmicos inseridos no código fonte, analisar os documentos de seu desenvolvimento, analisar os *datasets* e fazer teste de metodologia do aplicativo utilizado pela plataforma.

A despeito dos computadores estarem espalhados pelo mundo, basta que se determine à empresa o fornecimento de senha de acesso remoto com a comprovação de que se trata dos mesmos utilizados no caso dos autos do processo, demonstrando-se a viabilidade técnica da perícia computacional.

Os fundamentos jurídicos para a sua realização são direito à prova e inafastabilidade da jurisdição, o devido processo legal e a paridade de armas. No entanto, contrária a realização da perícia no algoritmo, a empresa alega violação de segredo empresarial e afronta à livre concorrência e à liberdade de iniciativa. O ministro do TST, em sua decisão, ressaltou que os riscos que podem decorrer da realização dessa diligência precisam ser avaliados com maior acuidade, pois ela tem potencial de trazer à tona informações sigilosas, aparentemente fundamentais no segmento empresarial de atuação da plataforma, baseado em tecnologia digital (VIDIGAL, 2021).

A caracterização do que é "segredo industrial" ou "segredo comercial" de acordo com a legislação é abrangente. As fórmulas da Coca-Cola e do "molho especial" do *McDonald's* podem ser configuradas segredos industriais? Sim, são produtos. Qual é a medida de comparabilidade entre a *Coca-Cola*, o molho especial do *McDonald's* e o algoritmo da *Uber*? Como se pode comparar um produto ao gerenciamento algorítmico? (VIDIGAL, 2021)

2. O que é um algoritmo?

Gurevich afirma que "algoritmos não são nem humanos, nem máquinas; eles são entidades abstratas" (GUREVICH, 2011, p. 10). Segundo Kleinberg "pode-se pensar informalmente um algoritmo como um passo a passo, um conjunto de instruções, expressado em uma linguagem estilizada, para a resolução de um problema." (KLEINBERG, 2008. p. 1). Ele transforma "dados em resultados desejados" (GILLESPIE, 2018, *apud* VIDIGAL, 2021).

Ada Lovelace (1815-1851) escreveu o primeiro algoritmo para ser processado por uma máquina, a máquina analítica de Charles Babbage. Quando uma máquina é treinada para ter uma inteligência artificial, ela necessita passar por um processo de aprendizagem para que tome as decisões que o seu criador julgue corretas. Para que isso ocorra, é necessária uma quantidade grande de dados de aprendizado para que ela treine seu conhecimento sobre a decisão a ser tomada baseada em uma função de decisão escolhida no seu desenvolvimento. Quando os algoritmos de aprendizagem de máquina são relacionados a pessoas, eles podem possuir um viés discriminatório por diversos fatores, tanto relacionados ao seu treinamento quanto à sua implementação e isso é chamado de viés algorítmico. Os algoritmos são construídos a partir de dados. Se essas informações têm problemas de anotação, ou seja, têm alguma parcialidade em algum aspecto, esses preconceitos serão naturalmente aprendidos (VIDIGAL, 2021).

A existência dos algoritmos vai além da concepção instrumental sugerida pela retórica institucional da empresa *Uber*. Os algoritmos, como qualquer outra tecnologia, são produzidos a partir do trabalho humano para empresas de tecnologia e ao mesmo tempo, "também são resultados das interações das pessoas comuns com esses algoritmos" (GROHMANN, 2020). Na verdade, "algoritmos são opinião embutida em matemática", escreveu Cathy O'Neil (2016) afirmando que todo algoritmo, em alguma medida, carrega em si os valores e as opiniões de quem o construiu, num processo de reprodução de certos comportamentos. Portanto, é necessário o exercício de ressaltar que o algoritmo de neutro não tem nada, para afastar o que Taina Bucher (2017) chama de imaginário algorítmico de neutralidade e objetividade (VIDIGAL, 2021).

3. O Gerenciamento algorítmico do trabalho

O gerenciamento algorítmico pode ser definido como supervisão, governança e práticas de controle conduzidas por algoritmos sobre trabalhadores(as) (MÖHLMANN; ZALMANSON, 2017). A tecnologia da informação e comunicação permite às empresas terem acesso a um grande contingente de trabalhadores(as) sem a necessidade de contato direto, determinando as regras do negócio, e verificando o desempenho do trabalho pelas notas dadas pelos usuários. O algoritmo, a partir de todas as informações que lhe são apresentadas, é capaz de organizar toda a atividade (REIS; CORASSA, 2017, *apud* VIDIGAL, 2021).

Para compreendermos como se opera a gestão algorítmica do trabalho, demonstraremos como o trabalho se organiza por plataformas, entrelaçado à ausência de uma rede de proteção trabalhista e social. Os(as) trabalhadores(as) estão vinculados às empresas platafomizadas por contrato de adesão.

É possível compreender o trabalho plataformizado como um ecossistema envolvendo um conjunto de actantes, ou seja, atores humanos e não humanos, empresas, plataformas, usuários/consumidores, Estado, algoritmo, programas de rastreamento, banco de dados, entre outros dispositivos. As plataformas "são infraestruturas digitais que possibilitam a interação entre dois ou mais grupos" (SRNICEK,2017).

Por meio das narrativas dos(as) trabalhadores(as) plataformizados(as) podemos constatar que a forma de contratação não possibilita nenhuma previsibilidade em relação ao número de horas trabalhadas e nem à remuneração, pois receberão apenas pelas horas efetivamente trabalhadas, trabalham por demanda e por metas a cumprir. A precificação é feita pela empresa. As jornadas podem ser extensas e intensas. O tempo que dedicam à atividade pode ser permeado por outras atividades. Não há garantia de um salário mínimo, nem de adicionais salariais. Os intervalos interjornada e intrajornada são gestados por eles(as). As férias, quando existentes, não são remuneradas. Pode ocorrer extinção unilateral dos contratos pelas plataformas, sem apresentar maiores explicações. A contribuição ao fundo previdenciário é individualizada e incerta, podendo comprometer a perspectiva de aposentadoria (VIDIGAL, 2020). E além dessa intensa exploração, soma-se, segundo Antunes (2020), uma forte espoliação, presente quando os(as) trabalhadores(as) arcam com as despesas de compra dos veículos, motos, carros, celulares, cortadores de unhas, alicates e suas respectivas manutenções, dentre outros equipamentos de trabalho.

Os(as) trabalhadores(as) recebem remuneração por cada entrega/corrida realizada. Trata-se do "salário" por unidade de obra. Retendo o que denomina "taxa de serviço" sobre o preço das corridas, a *Uber* utiliza-se do mais tradicional modo capitalista de produção e reprodução de riqueza — a extração do excedente da força de trabalho. A taxa cobrada é calculada pelo próprio aplicativo e leva em consideração a quilometragem percorrida e o tempo permanecido dentro do automóvel. A empresa não fornece a metodologia utilizada para a fixação dos valores do serviço, não apontando as variáveis utilizadas e o funcionamento de seu algoritmo. Entretanto, incontroverso que este sistema é determinado unilateralmente por ela.

A empresa *Uber*, no mês de julho de 2018 (NEGRÃO, 2018), implementou um novo modelo pelo qual o passageiro continuará pagando pela estimativa da viagem, calculada antes de o trajeto ser percorrido. No entanto, o motorista é remunerado pela distância e tempo reais do percurso — não em porcentagem. Até então, motoristas do *UberX* e *UberSelect* tinham que pagar taxa fixa de 25%, enquanto a *UberBlack* cobrava 20%. No novo sistema de cobrança, a apelidada "taxa flutuante" pelos motoristas, vem causando discórdia, conforme narra o entrevistado: "Hoje com a taxa flutuante pode ser cobrado do motorista de 25% a 50%. Parece zueira, mas não é, daqui a pouco a gente vai tá pagando pra trabalhar".

O cálculo do lucro líquido da remuneração percebida pelos(as) trabalhadores(as) é realizado pelo desconto da taxa feita de forma automática. Ainda, são obrigados(as) a descontar, da parcela sobre o preço que é depositado pelas empresas em suas contas correntes, todos os gastos inerentes ao serviço de transporte, como combustível, manutenção, seguro, taxas, impostos sobre os veículos/motocicletas e licenciamentos, além dos gastos com sua automanutenção, como alimentação, saúde e seguro de vida (VIDIGAL, 2020). Na pandemia, o fato de os(as) trabalhadores(as), na maioria das vezes, terem de custear as medidas de proteção acaba por reduzir ainda mais a sua remuneração (ABILIO, L. C. *et al.*, 2020).

Esse modelo remuneratório reedita uma forma antiga de pagamento, o salário por peça que, a despeito de não ser hegemônico na sociedade contemporânea, seguiu existindo em alguns ramos produtivos em coexistência com o salário por tempo. A gestão por plataformas ao automatizar o controle, permite a proliferação do trabalho por peça.

Em *"O Capital"* pode-se encontrar pistas preciosas para entender tanto a dialética do trabalho, quanto a problematização do salário por peça: a remuneração do trabalhador depende não de sua jornada, mas de sua produção. No século XIX, Marx já assinalava a tendência a uma opacidade ainda maior da relação entre capital e trabalho quando mediada pela remuneração por peça.

A passagem da medida do salário por tempo de trabalho para o salário por peça materializa uma transferência do controle sobre o tempo e a produtividade do trabalho para o próprio trabalhador. Com o pagamento por peça o custo da ociosidade é jogado ao(a) trabalhador(a). Marx explica que ao remunerar não pelo tempo, mas pela quantidade produzida, se favorece um aumento tanto da extensão do tempo de trabalho como de sua intensidade:

> [...] Dado o salário por peça, é naturalmente do interesse pessoal do trabalhador aplicar sua força de trabalho o mais intensamente possível, o que facilita ao capitalista elevar o grau normal de intensidade. Do mesmo modo, é interesse pessoal do trabalhador prolongar a jornada de trabalho, pois com isso sobe seu salário diário ou semanal. (MARX, 2013, p. 141).

Dessa forma, a intensificação do trabalho, objetivo de toda gestão capitalista, seria obtida através do salário por peça. O salário por peça permite ao capitalista maior ganho de produtividade. No trabalho plataformizado, a exigência de produtividade pode ser cumprida através de metas disfarçadas de gamificação. A partir das entrevistas realizadas nas pesquisas, conseguimos verificar que trabalham por metas individuais pré-definidas e só param quando a alcançam. Em seu bojo está a terceirização de parte do gerenciamento do trabalho para o(a) próprio(a) trabalhador(a).

Callum Cant (2019) destaca, no mesmo sentido apresentado por Marx, que o salário por peça força o(a) trabalhador(a) a auto gerenciar sua produtividade. O autor, recorrendo à sua própria experiência de ciclista entregador, descreve como esse autogerenciamento e a consequente auto intensificação do trabalho ocorriam na prática. Como há uma considerável imprevisibilidade na demanda e nos pedidos que cada entregador(a) individualmente irá receber, nos horários sabidamente de pico de demanda o(a) entregador(a) tende a acelerar e a não fazer pausas, de modo a realizar o máximo de entregas possível nesse horário, tentando compensar assim o baixo ganho por hora nos demais períodos (CANT, 2019).

Trata-se, portanto, de uma espécie de internalização do controle da jornada de trabalho, que se efetiva nessa indistinção entre tempo de trabalho e de não trabalho, ou no caso desses(as) trabalhadores(as), no "tornar todo tempo potencial tempo de trabalho" (ABÍLIO, 2011). Na definição de plenitude do trabalho abstrato, Oliveira (2013) refere-se aos ganhos da constante "luta do capital para reduzir a porosidade do trabalho". Conclui-se que esse modelo de organização e gestão acaba por autorizar os(as) trabalhadores(as) a naturalizar o seu cotidiano de excesso de trabalho. Trabalhar para uma plataforma digital, para a maioria deles(as), é sinônimo de jornadas de trabalho estendidas.

Para compreender as jornadas intensas e extensas desses(as) trabalhadores(as) devemos considerar a gamificação, pela qual as empresas buscam mantê-los(as) conectados o máximo de tempo possível, sobretudo nos locais, dias e horários que elas têm mais interesse, quando há diminuição de trabalhadores(as) disponíveis: feriados, finais de semana, dias chuvosos, horários noturnos. A gamificação — incorporação de elementos e técnicas de jogos para outros fins (DETERDING, 2011) — pode ser entendida como:

"uma tentativa do capitalismo de integrar, ao âmbito do trabalho uma dimensão afetiva, que concerne o fator da diversão para um apagamento do sofrimento no trabalho, e uma dimensão material, pois ao completar os desafios os trabalhadores aumentam os seus rendimentos. Como consequências da gamificação existem ganhos simbólicos e materiais, positivos ou negativos, destinados aos(as) trabalhadores(as) (VIDIGAL, 2021).

A empresa *Uber*, como técnica, procura encorajar os(as) motoristas a se dirigirem a áreas de escassez (SCHEIBER, 2017). Uma dessas técnicas é "preço dinâmico", descrito por ela como "um algoritmo que calcula automaticamente a oferta e a demanda por carros para determinar o valor mais adequado para equilibrar a balança. Dessa forma, os motoristas parceiros não podem induzir o preço dinâmico ficando *online* ou *offline*". Seguindo regras de um mercado liberal "o que move o preço dinâmico é o equilíbrio entre a oferta de motoristas e a demanda de usuários pelo serviço.

Pode-se identificar, pelo excerto de entrevista abaixo, como a cobrança é estabelecida pelo preço dinâmico, que faz com que a tarifa flutue durante momentos de alta demanda. Ou seja, quando há mais usuários solicitando viagens do que motoristas disponíveis, o preço da corrida subirá. Quando o movimento cai e o número de passageiros é igual ou menor do que o de motoristas, a tarifa volta a cair até atingir o preço normal. Segundo a *Uber*, a alteração funciona como uma forma de incentivar motoristas a estarem disponíveis em horas de maior demanda.

> **V. V. C:** A empresa nunca faz sugestões de locais?
>
> **Bruno:** — Eles mandam sugestões quando sabem que vai ter evento com alta demanda, tipo sábado vai ter show de tal no lugar tal, mas só como sugestão. Não tem obrigatoriedade de ir até o local.
>
> **V. V. C:** Por que lá está em taxa dinâmica? Como ela funciona?
>
> **Bruno:** — Segundo informações do aplicativo, funciona por demanda. Se tem uma demanda muito alta e não muitos motoristas, eles aplicam o preço dinâmico para chamar motorista pra lá. Pra gente só aparece avermelhada no mapa as regiões que estão em preço dinâmico, é a única forma da gente saber. Então, não tem como avisar com antecedência até porque é por demanda, se de repente acontece vira preço dinâmico. Pra ficar mais claro, tem trinta pessoas chamando em um bairro e só dez motoristas aí eles colocam o preço dinâmico. O que acontece é que às vezes a gente sabe que vai ter por lógica, tem uma lógica em um jogo Corinthians e Ponte, eu sei que vai ter vinte mil pessoas saindo de lá." (Bruno, 10 de agosto de 2018)

Observa-se que os(as) motoristas procuram por locais vigendo o preço dinâmico na esperança de ganhar mais dinheiro com uma corrida, porém, na prática o deslocamento até os locais "avermelhados", nem sempre é uma boa estratégia, conforme relata outro entrevistado:

> É o momento que gostamos de trabalhar porque ganhamos mais com a corrida. O preço dinâmico é para atrair motoristas para o local onde não tem motorista suficiente, porém pode ser uma armadilha. Vamos supor que em Barão Geraldo está pagando 4x o valor da corrida, você sai lá do aeroporto para tentar pegar este preço dinâmico, aí quando você chega em Barão acaba o preço dinâmico e você pega uma corrida de 5 reais. Você gastou e não ganhou. (Samuel, 24 de abril de 2018)

A análise realizada por Diakopoulos (2015) indica que a tarifa dinâmica não faz um maior número de motoristas ficarem *on-line* e sim uma redistribuição dos(as) que já estavam trabalhando pelas ruas das cidades, diminuindo o tempo de espera em algumas regiões e aumentando em outras. Dessa forma, este mecanismo não atua como mero equilibrador entre oferta e demanda, como quer fazer crer a empresa, mas como uma ação visando o direcionamento dos(as) motoristas, levando-os(as) a trabalharem nos locais indicados por ela (MODA, 2020).

Para além do preço dinâmico, verificamos na gestão gamificada a presença de bonificações, promoções e desafios. Os ex-empregados da empresa *Uber*, em Inquérito Civil do MPT, quando questionados sobre premiações, responderam que existe o bônus para indicações de novos motoristas: "tanto o motorista *Uber* que indicou quanto o ativado ganhavam um 'bônus' em dinheiro; que essa promoção era recorrente". Em depoimento judicial (BRASIL, 2016), o ex-coordenador de operações da *Uber* afirmou que, além do "salário" pago semanalmente para os motoristas, a empresa ainda possui um sistema de premiação, [...] que próximo ao Carnaval, por exemplo, o motorista ativado que completasse 50 viagens em 3 meses ganharia R$ 1.000,00 (mil reais); (Saadi Alves de Aquino, coordenador de operações).

Confirmando a política de incentivos mediante o próprio algoritmo — sistema que mostra os ganhos atuais e projeta quais seriam os futuros —, explicou o ex-gerente de operações que tais mecanismos incentivam o(a) motorista a não desligar o aplicativo. Em suas palavras, tais incentivos podem parecer "bobos", mas "funcionam realmente, acaba virando um cassino", e os(as) motoristas ficam cada vez mais tentados a ficar mais horas trabalhando (BRASIL, 2016).

Mesmo que, às vezes, construídas como metas quase inatingíveis, o trabalhador segue conectado e ligado no seu *game/labor*. Eli Solomon, motorista norte americano veterano da *Uber*, ao entrevistador Scheiber, disse que, ocasionalmente, teve que lutar contra o impulso de trabalhar depois de dar uma olhada em seus dados. Observou Scheiber (2017) que, em suas mensagens para os motoristas, a *Uber* incluía um gráfico de um indicador de motor com uma agulha que se aproximava tentadoramente de um sinal de dólar. Todas essas métricas podem estimular os impulsos competitivos que incitam ao jogo compulsivo.

As entrevistas a seguir demonstram a estratégia de engajar subjetivamente os trabalhadores através da gamificação e como os aspectos gerenciais são internalizados pelos(as) trabalhadores(as):

> Tem vez que já estou cansado, mas se recebo uma promoção, é uma boa oportunidade. Não penso muito no cansaço. Simplesmente vou. (Danilo, 27 de abril de 2018)
>
> A gente sempre acha que pode ganhar um pouco a mais. E continua mais um pouquinho. (Lucas, 27 de abril de 2018)
>
> Quando o valor é baixo, não vale a pena. Quando o valor é maior, aí vale a pena continuar. (Olavo, 27 de abril de 2018)

Verificamos que a liberdade de simplesmente parar o trabalho, é objeto de manipulação psíquica pela *Uber*, demonstrando uma espécie de "subordinação psíquica" ou "subordinação psicológica".

A subjetividade do(a) trabalhador(a) é capturada, na medida em que este(a) se vê como se fizesse parte de um jogo de videogame, impulsionado, por imagens, sons, cores, frases, incentivos gráficos luminosos, brilhantes e coloridos, a continuar apertando o botão e aceitando as corridas, sem ter sequer o tempo de analisar o custo versus o benefício daquele trabalho (LEME, 2020). "A coisa toda é como um videogame", disse o entrevistado Eli Solomon.

A gestão gamificada não se reduz às tarifas dinâmicas, bônus, prêmios, mas inclui ainda as formas de punição e sanção. Nas oitivas do Inquérito Civil do MPT, os ex-empregados da *Uber* fizeram revelações sobre a empresa como a utilização da antiga técnica de gestão chamada "carrots and sticks", consistente em premiar e, ao mesmo, tempo punir. A expressão "carrot and stick", ou, traduzindo literalmente, "cenoura e vara (pau)" é usada para descrever uma situação em que, para fazer alguém trabalhar mais ou alcançar outro resultado desejado, são oferecidas recompensas — e, ao mesmo tempo, são feitas ameaças de punições. Nesta metáfora, a cenoura seria a recompensa, e a vara (o pau) a ameaça de punição.

Para além da técnica carrots and sticks utilizada pela *Uber*, encontramos entre os(as) entregadores(as) o chamado "Bloqueio Branco". Paulo Galo, líder dos "Entregadores Antifascistas", assim o explicou em uma entrevista: "o cadastro fica ativo, você fica online, mas não recebe nenhum pedido, nada chega para você. E nem importa onde esteja, pode ficar circulando que a empresa não vai te passar nenhuma entrega". Trata-se de espécie de castigo tácito — não oficial e de uso não admitido pelos aplicativos — que é aplicado aos(as) trabalhadores(as) que se organizam politicamente enquanto classe, ou que, demonstram publicamente contrariedade aos termos estabelecidos pelas empresas. Nessa modalidade de bloqueio, o(a) entregador(a) não é notificado(a) da punição, deixando de receber pedidos e oportunidades de entrega em um intervalo de tempo.

As empresas plataformas mesclam metas que são alcançáveis pelos(as) trabalhadores(as), motivando-os(as) a seguirem trabalhando, com metas impossíveis, que também não são uma novidade no capitalismo. Essa tática já era adotada por empresas tradicionais, que definiam metas impossíveis de serem atingidas, forçando a intensificação do trabalho e o aumento da produção.

A vivência dos(as) trabalhadores(as), hoje, nos revela a existência de táticas das empresas que impedem o recebimento do prêmio, apesar do esforço a mais empreendido. Os relatos dos(as) trabalhadores(as) nos grupos de *Facebook* nos mostram, por exemplo, que se o prêmio define a necessidade de realização de 50 corridas em um determinado período de tempo, quando o(a) trabalhador(a) se aproxima da meta há uma redução do número de chamadas, causando um sentimento nos(as) trabalhadores(as) de frustração, decepção, revolta, entre outros sentimentos desagradáveis.

As novas tecnologias não só potencializam a gestão gamificada do trabalho, como também permitem que as plataformas, que são "alimentadas por dados, automatizadas e organizadas por meio de algoritmos" (VAN DIJCK; POELL, T.; DE WAAL, 2018), não sejam responsabilizadas por esses eventos, que na verdade, são decisões.

Verificamos, portanto, que nas práticas de gerenciamento algorítmico há a implementação automática de decisões algorítmicas (MÖHLMANN; ZALMANSON, 2017), os(as) trabalhadores(as) interagem com um "sistema" em vez de humanos. Mazzotti (2017) alerta que o algoritmo é considerado invisível, apesar de integrado em diversos aspectos do cotidiano das pessoas, torna-se uma caixa preta e é afastado do escrutínio do público, passando a ser encarado como um elemento natural. Dessa forma, a percepção de que se está sendo controlado(a) é muito sutil, o que gera dificuldade de se reconhecer o controle. Em tempos de arquitetura da informação, (e o controle está aí, na maneira como a informação é produzida e manipulada pela empresa), principalmente aquele(a) que está sendo controlado(a), não enxerga a pessoa do controlador, podendo portanto, compreender a técnica como neutra. O(a) trabalhador(a) pode culpar o algoritmo pelos acontecimentos, a despeito de serem criados pelas empresas que determinam unilateralmente as regras do contrato de trabalho (VIDIGAL, 2020). Nesse sentido, há uma novidade em relação aos moldes fordistas que contava com a presença de um chefe físico gerenciando o trabalho, cujas ordens eram facilmente identificáveis.

Em muitos casos, o sistema tem menos transparência e os(as) trabalhadores(as) não têm conhecimento do conjunto de regras que governam os algoritmos. (MÖHLMANN; ZALMANSON, 2017). A coleta de dados é surpreendente e, eles são utilizados de forma obscura e as regras não são acordadas com os(as) trabalhadores(as). Neste caso, os(as) trabalhadores(as) não são informados e não têm conhecimento do total conteúdo de seu contrato de trabalho, não podendo alterá-lo ou negociá-lo.

Em uma sociedade democrática o direito de informação precede o direito de negociação, sem informação não há negociação, não há possibilidade de autonomia da vontade do(a) trabalhador(a). Como que os(as) trabalhadores(as) podem ter autonomia da vontade se eles(as) não têm informação sobre quais são os termos do trabalho, quais as condições que estão enfrentando? (CARELLI, 2021, *apud* VIDIGAL, 2021).

Na Holanda, um processo judicial foi movido no Tribunal de Amsterdam contra a Uber. Os motoristas queriam provar sua relação de emprego com a empresa e, para isso, solicitaram acesso aos seus dados do algoritmo. O fundamento do pedido foi o direito à proteção de dados dos motoristas. O objetivo era provar que o grau de vinculação dos motoristas aos algoritmos tinha efeitos legais e funcionaria como uma relação empregatícia. O tribunal holandês permitiu, então, o acesso ao algoritmo da *Uber* (VIDIGAL, 2021).

A *"Lei Rider"*, da Espanha, resulta de um acordo entre sindicatos e patrões, contra a vontade das principais plataformas digitais, com o objetivo de acabar com a precariedade de quem trabalha nas entregas ao domicílio, garantindo um vínculo e direitos laborais. Esta é a primeira lei na Europa a incluir a obrigação de uma empresa tecnológica revelar os seus algoritmos (VIDIGAL, 2021).

Trata-se de uma questão de interesses em disputas, mais do que uma questão técnica e jurídica. Dessa forma, os argumentos são articulados embasados em falsos análogos. Não há medida de comparabilidade entre uma fórmula de um produto e a organização/gestão de trabalhadores(as). O algoritmo, por organizar e gerenciar o trabalho, não pode ser secreto. Não há regulamento de empresa que possa ser segredo (VIDIGAL, 2021).

No entanto, há paralelos possíveis de serem tecidos entre esses "segredos". Por muito tempo, houve boatos de que os hambúrgueres do *McDonald's* eram fabricados a partir de minhocas — isso foi desmentido, após a empresa publicamente demonstrar que isso seria muito mais caro do que utilizar carne bovina. Que a *Uber* e as demais empresas plataformas provem e mostrem suas "minhocas" (VIDIGAL, 2021).

Considerações finais

a *Caixa de Pandora* é um objeto da mitologia grega, peça central do mito de Pandora, a primeira mulher criada por Zeus, um dos mais conhecidos dentre as histórias míticas. Na versão mais conhecida conta-se que Pandora fora criada por Hefesto a mando de Zeus como forma de se vingar da humanidade após o titã Prometeu haver dado aos homens o segredo do fogo; enviada à terra para se casar com Epimeteu, irmão de Prometeu, levava consigo uma caixa com a recomendação de que jamais fosse aberta mas ela, sem conter a curiosidade, abre-a e com isso liberta de seu interior todos os males até então desconhecidos pelos homens (doenças, guerra, mentira, ódio, etc.). Pandora então tenta fechar a caixa, mas mantém em seu interior apenas a esperança. A *Caixa de Pandora*, trata-se de um artefato que parecia um presente, mas era uma maldição. Ao menos que nós, coletivamente, decidamos que não vai ser.

No presente caso de estudo, as empresas plataformas tem que tornar porosas as suas fronteiras. Elas são levadas, assim, a assumir cada vez mais a forma de uma caixa oca (*hollow box* de Peter Drucker). O esforço de abrir a caixa preta empresarial e conhecer os segredos do gerenciamento algorítmico do trabalho, é o de averiguar o que há no conteúdo dessa prática, bem como analisar seus impactos sobre o trabalhador. Trazendo à tona as questões para superar o nublamento que enevoa as análises, pois as plataformas se beneficiam das zonas cinzentas. As ambiguidades, ambivalências, confusões, porosidades, dubiedades, jogam a favor do capital e não da proteção do trabalho humano.

Referências

ABÍLIO, Ludmila Costhek; ALMEIDA, Paulo Freitas; AMORIM, Henrique; CARDOSO, Ana Claudia Moreira; FONSECA, Vanessa Patriota da; KALIL, Renan Bernardi; MACHADO, Sidnei. Condições de trabalho de entregadores via plataforma digital durante a Covid-19. *Revista Jurídica Trabalho e Desenvolvimento Humano*, Campinas, EDIÇÃO ESPECIAL – DOSSIÊ COVID-19, p. 1-21, 2020.

ALVES, Giovanni. Trabalho, subjetividade e capitalismo manipulatório: o novo metabolismo social do trabalho e a precarização do homem que trabalha. *Revista Eletrônica da RET — Rede de Estudos do Trabalho*, Marília, ano IV, n. 8, p. 1-31, 2011.

ANTUNES, Ricardo. *Trabalho uberizado e capitalismo virótico:* entrevista com Ricardo Antunes. Digilabour, 2020. Disponível em: <https://digilabour.com.br/2020/06/14/trabalho-uberizado-e-capitalismo-virotico-entrevista-com-ricardo-antunes>. Acesso em: 20 out. 2020.

BUCHER, T. The Algorithmic Imaginary: exploring the ordinary affects of Facebook algorithms. *Information, Communication & Society*, v. 20, n. 1, p. 30-44, 2017.

BRASIL. Procuradoria Regional do Trabalho da 1ª Região. *Inquérito Civil n. 001417.2016.01.000-6. 22* de março de 2016.

CANT, Callum. *Riding for Deliveroo:* Resistance in the New Economy. Cambridge: Polity Press, 2019.

CASTRO, Viviane Vidigal. *As ilusões da uberização:* um estudo à luz da experiência de motoristas Uber. Dissertação de mestrado. Universidade Estadual de Campinas – Campinas/SP, 2020. Disponível em: <http://repositorio.unicamp.br/bitstream/REPOSIP/343227/1/Castro_VivianeVidigalDe_M.pdf>.

DAL ROSSO, Sadi. *Mais trabalho!:* a intensificação do labor na sociedade contemporânea. São Paulo: Boitempo, 2008.

DIAKOPOULOS, N. How Uber surge pricing really works. *The Washington Post*, 2015. Disponível em: <https://www.washingtonpost.com/news/wonk/wp/2015/04/17/how-uber-surge-pricing-really-works/?noredirect=on&utm_term=.6f682adc2568>. Acesso em: 10 jun. 2019.

GILLESPIE, T. A relevância dos algoritmos. *Parágrafo*, v. 6, n. 1, p. 97, jan./abr. 2018

GROHMANN, R. Plataformização do trabalho: características e alternativas. In: ANTUNES, Ricardo (Org.). Uberização, trabalho digital e Indústria 4.0. São Paulo: Boitempo, 2020.

KLEINBERG, Jon. *The Mathematics of Algorithm Design*. Princeton Companion to Mathematics. Princeton Univ. Press, 2008. p. 1. Disponível em:<https://www.cs.cornell.edu/home/kleinber/pcm.pdf>. Acesso em: 08 nov. 2017.

LEME, Ana Carolina Reis Paes. *Da máquina à nuvem:* caminhos para o acesso à justiça pela via de direitos dos motoristas da Uber. São Paulo. LTr, 2019.

______. *Neuromarketing* e sedução dos trabalhadores: o caso Uber. organização : CARELLI, Rodrigo de Lacerda; CAVALCANTI, Tiago Muniz; FONSECA, Vanessa Patriota da (Orgs.). *Futuro do trabalho:* os efeitos da revolução digital na sociedade. Brasília: ESMPU, 2020. 472 p.

MARX, K. *O capital:* crítica da economia política. Livro I: o processo de produção do capital. São Paulo: Boitempo, 2013.

MAZZOTTI, Massimo. Algorithmic life. In: PRIDMORE-BROWN, Michele; CROCKETT, Julien. *The digital revolution:* debating the promises and perils of the Internet, automation, and algorithmic lives in the last years of the Obama Administration. Los Angeles: Los Angeles Review of Books: 2017. p. 34-35.

MODA, Felipe Bruner. *TRABALHO POR APLICATIVO:* As práticas gerenciais e as condições de trabalho dos motoristas da Uber. Dissertação (mestrado em ciências sociais) — eflch-Unifesp, Guarulhos, 2020.

MÖHLMANN, M.; ZALMANSON, L. (2017). *Hands on the wheel:* Navigating algorithmic management and Uber drivers' autonomy, proceedings of the International Conference on Information Systems (ICIS 2017), December 10-13, Seoul, South Korea.

NEGRÃO, Heloísa. Uber extingue taxa fixa cobrada de motoristas. *Folha de S. Paulo*, 2 jul. 2018. Disponível em: <https://www1.folha.uol.com.br/mercado/2018/07/uber-extingue-taxa-fixa-cobrada-de-motoristas.shtml>. Acesso em: 03 jul. 2018.

OHNO, Taiichi. *O Sistema Toyota de Produção:* além da produção em larga escala. Porto Alegre: Bookman, 1997.

OLIVEIRA, Francisco de. *Crítica à razão dualista/O Ornitorrinco*. São Paulo: Boitempo, 2013.

O'NEIL, Cathy. *Weapons of Math Destruction:* How Big Data Increases Inequality and Threatens Democracy. Crown Books,2016.

PEREIRA, Felipe. Entregadores protestam contra reducação de valor pago por aplicativos em SP. *UOL*, São Paulo, 17 abr. 2020. Disponível em: <https://noticias.uol.com.br/saude/ultimas-noticias/redacao/2020/04/17/motoboys-de-sp-protestam-contra-baixos-pagamentos-de-aplicativos-de-entrega.htm>. Acesso em: 25 maio 2020

REIS, Daniela Muradas; CORASSA, Eugênio Delmaestro. Aplicativos de transporte e plataforma de controle: o mito da tecnologia disruptiva do emprego e a subordinação por algoritmos. In: LEME, Ana Carolina Reis Paes; RODRIGUES, Bruno Alves; CHAVES JÚNIOR, José Eduardo de Resende (Coords.). *Tecnologias disruptivas e a exploração do trabalho humano*. São Paulo: LTr, 2017. p. 157-165.

Relatório Parcial de Pesquisa. ABÍLIO, Ludmila. C.; ALMEIDA, Paula. F.; AMORIM, Henrique; CARDOSO, Ana. C. M.; FONSECA, Vanessa. P.; KALIL, Renan. B.; MACHADO, Sidnei. *Condições de trabalho em empresas de plataforma digital:* os entregadores por aplicativo durante a Covid-19. São Paulo: REMIR, 2020. 11 p.

SCHEIBER, N. How Uber uses psychological tricks to push its drivers' buttons. *New York Times*, 2 abr. 2017. 2017. Disponível em: <https://www.nytimes.com/interactive/2017/04/02/technology/uber-drivers-psychological-tricks.html. Acesso em: 20 jan. 2018.

SCHMALTZ, Eric. Carrots and Sticks... and Demonstrations: Yuri Andropov's failed autonomy plan for soviet Kahakhstan's Germans, 1976-1980. *Journal of the American Historical Society of Germans from Russia*, Lincoln, Nebraska, vol. 39, n. 3, p. 1-21, 2016.

SENNETT, Richard. *A corrosão do caráter:* consequências pessoais do trabalho no novo capitalismo. Rio de Janeiro: Record, 2003.

SINPOSBA. 'É greve.' Entregadores iniciam luta por direitos e querem carteira assinada. *Notícias*. Disponível em: <https://www.sinposba.org.br/index.php/2020/06/17/e-greve-entregadores-iniciam-luta-por-direitos-e-querem-carteira-assinada/>. Acesso em: 9 jun. 2021.

STARK, Luke. Algorithmic Labor and Information Asymmetries: A Case Study of Uber's Drivers. *International Journal of Communication*, v. 10, 2016, p. 3.758-84.

UBER, 2020. Disponível em: <https://www.uber.com/pt-BR/blog/campinas/perguntas-e-respostas-sobre-o-preco-dinamico/>. Acesso em: 20 jan. 2021.

VAN DIJCK, J.; POELL, T.; DE WAAL, M. *The Platform Society*. New York: Oxford, 2018. p. 9.

VIDIGAL, V. DELIVERY VIRAL: entre a virtualidade do pedido e a concretude da entrega. In: CASTRO, Bárbara.. (Org.). *Covid-19 e Sociedade:* ensaios sobre a experiência social da pandemia. 1ed.Campinas: IFCH, 2020.

______. Top secret: entre o segredo da fórmula da coca-cola e do algoritmo da uber. *Blog Direito do Trabalho Critico*. Jun. 2021. Disponível em: <https://direitodotrabalhocritico.com/2021/06/01/top-secret-entre-o-segredo-da-formula-da-coca-cola-e-do-algoritmo-da-uber/>.

______. Game Over: a gestão gamificada do trabalho. *MOVIMENTAÇÃO*, 2021.

WURMAN, R. S. *Information architects*. 2. ed. Lakewood: Watson-Guptill Pubns, 1997.

Obrigatoriedade dos Provedores de Aplicação e de Conexão quanto ao Fornecimento de IP por Ordem Judicial no Brasil para Apuração de Autoria de Atos Praticados na Internet

João Pedro Albino(1)

Ana Cláudia Pires Ferreira de Lima(2)

Introdução

O crescimento do número de usuários da *internet* nos últimos anos gerou um aumento exponencial do número de dados registrados no espaço cibernético. Relatório do *Digital Global Overview Report* revelou a existência de 5,03 bilhões de usuários da *internet* em julho de 2022, representando 63,1 % da população mundial. Destaca, ainda, que a média de uso diário da internet no Brasil é de 9h42.

---

(1) Mestre em Computação pela UFSCar. Doutor em Administração pela FEA-USP. Realizou pesquisa de pós-doutorado em Gestão de Inovação e Tecnologia da Informação na FEA-USP (2008), pós-doutorado em Gestão do Conhecimento na Universidade de Aveiro, Portugal (2006-2007) e pós-doutorado em Data Science na Universidade de Salamanca em 2017. Professor Associado Sênior do Departamento de Computação na Faculdade de Ciências e no Mestrado Profissional e Doutorado do Programa de Mídia e Tecnologia da Faculdade de Arquitetura, Artes, Comunicação e Design da Unesp de Bauru, Coordenador do Grupo de Pesquisa LInDa - Laboratório de Inteligência de Dados.

(2) Juíza do Trabalho Titular da 1ª Vara do Trabalho de Bauru -SP. Mestre em Direito em Sistema Constitucional de Garantia de Direitos pelo Centro de Pós-Graduação da Instituição Toledo de Ensino de Bauru. Certificada em Compliance em Proteção de Dados pela LEC em parceria com a FGV-Projetos. Pós-Graduada em Compliance, LGPD e Prática Trabalhista no IEPREV (Instituto de Estudos Previdenciários). Pós-Graduada em Direito Digital e Proteção de Dados pela EBRADI; Doutoranda no Programa de Mídia e Tecnologia da Faculdade de Arquitetura, Artes, Comunicação e Desing da UNESP –Câmpus de Bauru.

Tatiana Escovedo e Adriano Koshiyama ressaltaram que em 2014 um relatório da *EMC* já previa aproximadamente 40% de crescimento mundial de dados para a próxima década, *"alcançando cerca de cerca de 44 zettabytes (44 trilhões de GB) de informações digitais em todo o mundo"*.

Os dados digitais podem comprovar fatos ocorridos tanto no mundo digital quanto no mundo físico, a exemplo de fotografias digitais, postagens nas mídias sociais, envio de informações por *e-mails* e aplicativos de mensagens, registros de geolocalização por aplicativos de bancos, de transporte e de entrega de alimentos, dentre outros.

A interação das pessoas pela *internet* impôs a regulamentação de seu uso, inclusive a identificação do usuário para eventual apuração de responsabilidade civil e criminal. Assim, necessário conhecer a legislação pertinente e as ferramentas tecnológicas para a extração dos dados necessários que trafegam na rede mundial de computadores para transformá-los em informação útil, ou seja, conhecimento, para comprovação dos fatos relevantes para o mundo jurídico, demonstrando sua evidência, propiciando ao juiz fundamentos para decidir a lide.

O valor dos dados, consubstanciado no conhecimento que deles se extrai, é bem sintetizada por Tatiana Escovedo e Adriano Koshiyama sobre a Ciência de Dados:

> 1.3 Dados x informação x conhecimento. É importante observar que, em problemas de *Data Science*, o valor dos dados armazenados está diretamente ligado à capacidade de se extrair conhecimento de alto nível a partir deles, ou seja, gerar, a partir dos dados brutos, informação útil para tomada de decisão (conhecimento). Uma das etapas que mais agrega valor é o processo conhecido como *Knowledge Discovery in Databases (KDD)*, ou Descoberta de Conhecimento em Bases de Dados, que consiste em transformar dados brutos em informações úteis, gerando conhecimento para a organização. Para tal, são comumente utilizados sistemas de apoio à decisão, que auxiliam os usuários na tomada de decisão.

Este artigo tem por finalidade abordar a forma de identificação de um terminal de onde partiram os dados registrados na *internet*, o procedimento judicial adequado para tal fim, bem como destacar a responsabilidade dos provedores de conexão e de aplicação quanto à guarda e a disponibilização dos registros de conexão e de acesso a aplicações de internet, nos termos da legislação brasileira.

1. *Internet* e legislação brasileira

Precisamos conhecer um pouco da estrutura da *internet* e alguns termos técnicos descritos na legislação brasileira (Marco Civil da Internet — Lei n. 12.965/2014) que regulamenta o uso da *internet* no Brasil, especialmente para identificar os dispositivos de quais partiram determinadas postagens, *e-mails*, vídeos etc e até mesmo solicitar o respectivo conteúdo aos provedores de aplicação, para comprovação da autoria e da materialidade do fato controvertido em determinada ação.

A Lei n. 12.965/2014, em seu art. 5º, traz o conceito de vários termos técnicos e assim descreve a internet em seu inciso primeiro:

> I – internet: o sistema constituído do conjunto de protocolos lógicos, estruturado em escala mundial para uso público e irrestrito, com a finalidade de possibilitar a comunicação de dados entre terminais por meio de diferentes redes;

Internet é a rede das redes. É um sistema de redes interconectadas, sem controle centralizado. Redes independentes e autônomas entre si. Essa rede global tem vários sistemas autônomos, os quais têm que atender vários requisitos estabelecidos pelo protocolo TCP/IP. Qualquer pessoa pode ter uma rede de computadores conectados em sua casa, mas para acessar a rede mundial de computadores, que é a internet, tem que pedir autorização a um sistema autônomo, que são os provedores de conexão, a exemplo de *Vivo*, *Tim*, *Claro*, *Net* etc.

A rede da *internet* é conectada, entre continentes, por cabos submarinos, cujo mapa pode ser visualizado no *site* <https://www.submarinecablemap.com/>, considerando que, apesar de os satélites serem muito eficientes, os cabos podem transportar mais dados a custo muito menor e, assim, após o recebimento pelo *backbone*, o sinal é redistribuído por outros caminhos.

Patrícia Peck explica esse funcionamento da *Internet*:

> Tecnicamente, a *Internet* consiste na interligação de milhares de dispositivos do mundo inteiro, interconectados mediante protocolos (IP, abreviação de *Internet Protocol*). Ou seja, essa interligação é possível porque utiliza um mesmo padrão de transmissão de dados. A ligação é feita por meio de linhas telefônicas, fibra óptica, satélite, ondas de rádio ou infravermelho. A conexão do computador com a rede pode ser direta ou através de outro computador, conhecido como servidor.

Este servidor pode ser próprio ou, no caso dos provedores de acesso, de terceiros. O usuário navega na *Internet* por meio de um *browser*, programa usado para visualizar páginas disponíveis na rede, que interpreta as informações do website indicado, exibindo na tela do usuário textos, sons e imagens. São *browsers* o *MS Internet Explorer*, da *Microsoft*, o *Netscape Navigator*, da *Netscape*, *Mozilla*, da *The Mozilla Organization* com cooperação da *Netscape*, entre outros.

A explosão de dados, conhecida como *Big Data*, só foi possível com o uso da *Internet*. De nada adiantariam os melhores *softwares* e *hardwares* do mundo, por meio de um computador com grande capacidade de memória e velocidade de processamento, se ele não estiver conectado à *internet*.

Izabelly Soares de Morais e outros assim conceituam *Big Data*:

> A princípio, podemos definir o conceito de *Big Data* como conjuntos de dados extremamente amplos e que, por esse motivo, necessitam de ferramentas preparadas para lidar com grandes volumes de dados, de forma que toda e qualquer informação nesses meios possa ser encontrada, analisada e aproveitada em tempo hábil. Com o aumento significativo da quantidade de dados gerados pela internet com o surgimento das mídias sociais, é necessário gerenciar e armazenar as informações de maneira organizada. Esses dados podem ser classificados em estruturados, não estruturados e semiestruturados com base no seu gerenciamento e armazenamento.

Guilherme Caselli nos traz alguns números que fazem parte do *Big Data*:

> Para se ter ideia da quantidade do volume de informações produzidas em apenas um dia na *internet* e, especificamente nas redes sociais, o *site influencer marketing hub*, especializado em *social analytics* aponta que a cada 24 horas, 7 bilhões de vídeos são visualizados na plataforma do *Youtube*, 729 milhões de tweets são realizados. Na rede social *Instagram*, 78 milhões de fotos são carregadas, 432 mil *stories* são postados e 2 bilhões de curtidas são realizadas. Já na rede social *Facebook*, 4 bilhões de publicações são realizadas. Na plataforma do *Google*, 6 bilhões de pesquisas são realizadas e 27 bilhões de mensagens são enviadas via *WhatsApp*.

Para conversão dos dados em informação e conhecimento, é necessário o uso de técnicas e algoritmos:

> Esse processo, chamado de mineração de dados (*data mining*) ou *analytics*, é a exploração e a análise, por meio automático ou semiautomático, de grandes quantidades de dados, a fim de descobrir padrões e regras significativos.

A Lei n. 12.965/2014 dispõe sobre a responsabilidade dos provedores de conexão e de aplicação quanto à guarda e a disponibilização dos registros de conexão e de acesso a aplicações de internet, o que será abordado em tópico próprio.

2. A utilização da computação forense para apuração da autoria dos atos digitais

A pandemia do novo coronavírus acelerou o uso da tecnologia, com a migração dos serviços do mundo físico para o virtual. Em poucos meses ou semanas, atividades de comércio, educação, advocacia, dentre outras, passaram a ser realizadas pela *internet*, aumentando o número de contratos e relações jurídicas estabelecidas eletronicamente. Na mesma proporção, cresceu o número de fraudes e crimes virtuais, o que demonstra a importância da computação forense para toda a sociedade, através da qual é possível apurar a autoria e materialidade dos fatos ocorridos ou registrados na rede mundial de computadores.

A computação forense *"consiste no uso de métodos científicos na preservação, coleta, validação, identificação, análise, interpretação, documentação e apresentação de evidências digitais"*, segundo Pinheiro.

Juízes e servidores do Poder Judiciário têm se preparado para a produção e análise de provas de fatos ocorridos no mundo digital, além de verificar a possibilidade de comprovação de fatos que não tenham sido realizados digitalmente, mas que podem ser comprovados digitalmente, tais como o *e-mails*, mensagens trocadas por aplicativo de mensageria (*WhatsApp*, *Telegram* etc.), cópia de *software*, postagem de imagem e de vídeo pela *internet*, por exemplo pelas redes sociais, *Facebook*, *Instagram*, *Youtube*, *Twitter*, dentre outros.

Deve-se haver cuidado com as fraudes nos meios digitais, uma vez que há muita montagem de fotos, vídeos e *"fake news"*. Uma postagem ofensiva em rede social feita a partir de um perfil falso pode causar muitos embaraços e dissabores. Para apurar a verdadeira autoria, há necessidade do auxílio da computação forense. Patrícia Peck Pinheiro ressalta que *"a ciência forense busca desvendar seis elementos: Quem?, O quê?, Quando?, Como?, Onde?* e *Por quê?"*.

3. Provedores de conexão e provedores de aplicação

No Brasil, contratamos o acesso à internet com os "provedores de conexão", como por exemplo: *Claro, Oi, Vivo, Tim* etc. Uma vez conectados à *internet*, temos acesso a uma série de funcionalidades, a exemplo de *e-mails*, como *Terra, Google*, Outlook, *Uol* etc.; mídias sociais, como *Facebook, Instagram, Twitter*, e aplicativos de mensagens, a exemplo do *WhatsApp, Telegram*. etc., que são disponibilizados pelos "provedores de aplicação".

O provedor de conexão nos dá o acesso à internet através de uma chave, um código, chamado de IP (*Internet Protocol*). Cada vez que um usuário acessa a internet, a identificação do respectivo terminal é feita pelo número de IP.

Os provedores de aplicação à *internet* têm o dever de manter os registros de conexão, sob sigilo, em ambiente controlado e de segurança, pelo prazo de seis meses, nos termos do art. 15 do Marco Civil da Internet. Podemos determinar que essa guarda seja mantida por prazo superior. Já essa obrigação, quanto aos provedores de conexão, é pelo prazo mínimo de um ano, nos termos do art. 13 da mesma lei.

Assim, obtido o IP do dispositivo que fez determinada publicação nas mídias sociais (considerando-se o dever de guarda pelo prazo de seis meses), ainda haverá o prazo de mais seis meses para obter junto ao Provedor de Conexão os dados cadastrais de referido autor.

A identificação do IP é essencial para obtenção de um dos requisitos da cadeia de custódia, que devem ser observados na produção da prova digital, qual seja, o requisito da autenticidade, sob o aspecto objetivo, ou seja, de qual terminal partiu a postagem.

Ressalta-se, todavia, que não basta a identificação do terminal para comprovação da autoria (aspecto subjetivo do requisito da autenticidade), uma vez que diversas pessoas podem ter utilizado o mesmo terminal.

Normalmente, com a identificação da pessoa cadastrada perante o Provedor de Conexão que atribuiu determinado IP a um determinado terminal em determinada data, hora e fuso horário, tem-se a prova da autoria dos atos digitais realizados através daquele IP. Entretanto, pode ocorrer a hipótese de outras pessoas, a exemplo de familiares, amigos e terceiros, terem utilizado referido terminal. Assim, caso seja negada a autoria de determinado ato digital pelo usuário cadastrado no Provedor de Conexão, haverá necessidade de aprofundamento da prova, perquirindo-se a relação deste usuário e de outros suspeitos com os atos digitais investigados.

A respeito da necessidade da prova sobre o estabelecimento de vínculo do titular do terminal do endereço de IP com os atos digitais dele emanados, Pavol Sokol, Laura Rozenfeldova, Katarína Lucivjanska, Jakub Harasta:

Os autores acreditam que a análise fornece relevantes reflexões no que diz respeito à análise e investigação forense. Seus resultados podem ser utilizados no processo perante o tribunal, por exemplo para propor a realização de provas, o que pode ser útil para todas as partes interessadas. Especificamente em processos criminais, promotores e investigadores devem se concentrar mais no estabelecimento da conexão havida entre o endereço IP e a pessoa através da especificação de um dispositivo ao qual o endereço IP foi atribuído. A atribuição direta do endereço de IP para pessoa que não tenha identificação específica com o dispositivo pode levar ao fracasso em provar o caso perante o tribunal.

Imagine-se, por exemplo, que um empregado é dispensado por justa causa sob o fundamento de ter feito postagens difamatórias da empresa no *Facebook*. O empregado nega ter sido o autor de tais postagens, tratando-se de um perfil falso. Através da identificação do IP, verifica-se que o mesmo foi atribuído a outro empregado da mesma empresa, que estava concorrendo a uma promoção juntamente com o empregado demitido. Previamente à postagem difamatória, constatou-se a troca de mensagens provocativas em grupo de *Whatsapp* do verdadeiro autor das postagens em relação ao empregado injustamente demitido. A reunião de todos os elementos, atrelados ao número do IP comprovou que o empregado concorrente fez um perfil falso em nome de seu colega de trabalho para afastá-lo do páreo para concorrer à promoção na empresa, o que possibilitou a elucidação do caso, com a confirmação da verdadeira autoria da postagem difamatória.

Embora nem todos os atos digitais sejam emanados do usuário do terminal cadastrado perante o Provedor de Conexão a quem o endereço de IP foi atribuído, é certo que a identificação do IP é o ponto de partida para se chegar à autoria dos atos digitais, com o confronto de outras provas.

Pesquisa feita por Michael Kwan, Kam-Pui Chow, Pierre Lai, Frank Law and Hayson Tse, demonstrou a importância do endereço IP na obtenção de uma condenação no caso *Yahoo!*, aumentando em 11,7% a probabilidade de confirmação da identidade da autoria dos atos digitais:

> A Tabela 9 lista os quatro cenários e suas probabilidades. Observe que a disponibilidade do endereço IP afeta a probabilidade em 11,7%. Em particular, a probabilidade é de 90,5% (muito provável) quando todas as evidências estão disponíveis, mas cai para 78,7% (provável) quando as evidências relacionadas ao endereço IP não estão disponíveis. Embora o endereço IP por si só não revele a identidade de um usuário específico, ele fornece informações adicionais que podem confirmar ainda mais a identidade do usuário.
>
> Experimentos com a rede Bayesiana indicam que, quando todos os seis fatos são completamente suportados, a probabilidade da Hipótese H é de 99,9%. No entanto, quando o endereço IP está ausente (ou seja, os fatos 4 a 6 relacionados ao endereço IP são incertos), a probabilidade geral cai para 14,9%, uma redução de 85,0%. Essa queda ressalta a importância do endereço IP na obtenção de uma condenação no caso *Yahoo!*.
>
> O caso *Yahoo!* demonstra que o endereço IP foi significativo para obter uma condenação. Investigadores e promotores podem usar essa técnica de forma muito eficaz para avaliar o impacto de itens probatórios específicos antes que um caso seja levado ao tribunal.

A identificação do terminal de onde partiram os atos digitais através do IP é essencial para coibir a prática de ilícitos civis e penais na *internet*. O dever de sigilo quanto aos dados cadastrais do usuário a quem foi atribuído determinado IP assegura o princípio da liberdade de expressão, previsto na Constituição Brasileira, que veda o anonimato, bem como o princípio da proteção de dados, cujo sigilo pode ser afastado nos termos da lei.

4. *Internet Protocol*

É o endereço de IP que diferencia um usuário de internet de outro, ainda que utilize computadores, celulares e dispositivos do mesmo modelo.

O IP é como se fosse a placa de um carro. É a forma de identificar um dispositivo informático que tenha acessado à internet. Toda vez que uma pessoa acessa a rede mundial de computadores, sua conexão gera um número de IP. Assim, seria como uma digital atribuída a um dispositivo informático toda vez que este acessa a *internet.*

A função do IP na conexão é identificar um dispositivo informático de forma única na *internet.*

Um usuário pode consultar o endereço de IP que lhe é atribuído em determinada conexão pelo *site* <whatismyipaddress.com>. Verifica-se que a cada conexão (reiniciando-se o modem) gera um número de IP diferente. As variações de IP também podem ser constatadas pelo celular, observando-se os diferentes IPs que são atribuídos a esse dispositivo quando conectado a uma rede *wi-fi* e pelo 4g.

O número de IP na versão 4 (IPV4) é dinâmico, porque não existem números suficientes no mundo para todos os usuários da internet ao mesmo tempo nessa versão.

Quando ocorre a conexão de um dispositivo informático à *Internet*, um endereço de IP (*Internet Protocol*) é atribuído exclusivamente para aquele dispositivo. Não existem dois dispositivos com o mesmo IP durante a navegação na internet (no mesmo dia, hora e fuso horário). Assim, não há anonimato na internet, respeitando-se a Constituição Federal, que assegura o direito à liberdade de expressão, sendo vedado o anonimato.

Além de conceituar *internet*, a Lei n. 12.965/2014 traz os seguintes conceitos, em seu art. 5º:

> II – terminal: o computador ou qualquer dispositivo que se conecte à internet;
>
> III – endereço de protocolo de internet (endereço IP): o código atribuído a um terminal de uma rede para permitir sua identificação, definido segundo parâmetros internacionais;
>
> IV – administrador de sistema autônomo: a pessoa física ou jurídica que administra blocos de endereço IP específicos e o respectivo sistema autônomo de roteamento, devidamente cadastrada no ente nacional responsável pelo registro e distribuição de endereços IP geograficamente referentes ao País;
>
> V – conexão à internet: a habilitação de um terminal para envio e recebimento de pacotes de dados pela internet, mediante a atribuição ou autenticação de um endereço IP;
>
> VI – registro de conexão: o conjunto de informações referentes à data e hora de início e término de uma conexão à internet, sua duração e o endereço IP utilizado pelo terminal para o envio e recebimento de pacotes de dados;

VIII – registros de acesso a aplicações de internet: o conjunto de informações referentes à data e hora de uso de uma determinada aplicação de internet a partir de um determinado endereço IP.

Dentre as informações dos provedores de aplicação apresentadas em resposta aos ofícios judiciais, geralmente há uma lista de endereços IP usados para fazer login na conta dos sites ou aplicativos.

5. Portas lógicas

Temos um complicador na identificação do IPV4, que são as portas lógicas.

A distribuição de IPs é feita internacionalmente pela *IANA — Internet Assigned Numbers Authority*. No Brasil, o IP na versão 4 acabou (IPV4). Havia 4,29 bilhões de IP nos anos 80 para ser distribuído à população mundial. Entretanto, com a popularidade da internet, acabaram esses IPs, sendo criado um novo bloco de IPs, chamado de IPV6.

O IPV4 é composto de 4 partes de números decimais, separados por pontos. O IPV6 é composto por 8 partes de números hexadecimais, separados por dois pontos. São oito partes de 16 bits cada uma, totalizando 128 bits.

O IPV4 sustenta aproximadamente 4,29 bilhões de IPs pelo mundo todo, não suportando mais do que isso. Por isso, temos necessidade de mais endereços de IPs, o que será possível com a versão 6 do IP : IPV6, criado para suportar a demanda do crescimento da internet por muitos anos, representando um número absurdo, algo em torno de 340 undecilhões de endereços de IP

Os países passaram a migrar do IPV4 para o IPV6, o que gera um custo, porque tem que trocar os modens, a infraestrutura e os equipamentos.

Para contornar esse problema de estrutura, os provedores de conexão criaram a porta lógica, que consiste na distribuição de um mesmo IP para vários terminais. Um mesmo IP é distribuído para 9.999 portas lógicas... É o chamado IP "nateado", devido ao protocolo NAT no Brasil.

As operadoras brasileiras já estão migrando para o IPV6. Mas o IPV4 ainda é utilizado, inclusive com sua subdivisão em portas lógicas, as quais precisam ser informadas para identificar o terminal para o qual foi atribuído determinado IPV4 e respectiva porta lógica.

A Anatel é que autorizou o compartilhamento dos IPVs4 pela plataforma CG-NAT44, enquanto não houver a expansão total da estrutura para IPV6.

Mauricio Tamer e Rennan Thamay apresentam os dois posicionamentos quanto ao dever dos provedores de aplicação guardarem também a porta lógica, além do endereço de IP e se podem ser responsabilizados civilmente em caso negativo:

> i. Uma primeira interpretação restritiva do Marco Civil da Internet, no sentido de que não prevê a obrigação legal de guarda também da porta lógica de origem e que tal exigência, portanto, infringiria o princípio da reserva legal; e
>
> ii. Uma segunda, ampliativa e contemporânea, que entende pela existência dessa obrigação.

A obrigatoriedade dos Provedores informarem a porta lógica foi pacificada pelo Superior Tribunal de Justiça no julgamento do Recurso Especial 1.784.156-SP:

> RECURSO ESPECIAL. CIVIL E PROCESSUAL CIVIL. AÇÃO DE OBRIGAÇÃO DE FAZER. PROVEDOR DE APLICAÇÕES. IDENTIFICAÇÃO DO DISPOSITIVO UTILIZADO PARA ACESSO À APLICAÇÃO. INDICAÇÃO DO ENDEREÇO IP E PORTA LÓGICA DE ORIGEM. INTERPRETAÇÃO TELEOLÓGICA DOS ARTS. 5º, VII, E 15 DA LEI N. 12.965/2014. RECURSO ESPECIAL PROVIDO. 1. O recurso especial debate a extensão de obrigação do provedor de aplicações de guarda e fornecimento do endereço IP de terceiro responsável pela disponibilização de conteúdo ilícito às informações acerca da porta lógica de origem associada ao IP. 2. A previsão legal de guarda e fornecimento dos dados de acesso de conexão e aplicações foi distribuída pela Lei n. 12.965/2014 entre os provedores de conexão e os provedores de aplicações, em observância aos direitos à intimidade e à privacidade. 3. Cabe aos provedores de aplicações a manutenção dos registros dos dados de acesso à aplicação, entre os quais se inclui o endereço IP, nos termos dos arts. 15 combinado com o art. 5º, VIII, da Lei n. 12.965/2014, os quais poderão vir a ser fornecidos por meio de ordem judicial. 4. A obrigatoriedade de fornecimento dos dados de acesso decorre da necessidade de balanceamento entre o direito à privacidade e o direito de terceiros, cujas esferas jurídicas tenham sido aviltadas, à identificação do autor da conduta ilícita. 5. Os endereços de IP são os dados essenciais para identificação do dispositivo utilizado para acesso à internet e às aplicações. 6. A versão 4 dos IPs (IPv4), em razão da expansão e do crescimento da internet, esgotou sua capacidade de utilização individualizada e se encontra em fase de transição para a versão 6 (IPv6), fase esta em que foi admitido o compartilhamento dos endereços IPv4 como solução temporária. 7. Nessa fase de compartilhamento do IP, a individualização da navegação na internet passa a ser intrinsecamente dependente da porta lógica de origem, até a migração para o IPv6. 8. A revelação das portas lógicas de origem consubstancia simples desdobramento lógico do pedido de identificação do usuário por IP. 9. Recurso especial provido. (STJ, REsp 1.784.156- SP (2018/0322140-0), relator Ministro Marco Aurélio Belizze, 03.12.2019)

O entendimento do Superior Tribunal de Justiça vai de encontro à finalidade do Marco Civil da Internet, que visa coibir a utilização da internet para prática de atos ilícitos, o que só é possível com a identificação de seus usuários.

6. Responsabilidade dos provedores de aplicação e de conexão

A lei que dispõe sobre o uso da internet no Brasil, Lei n. 12.965 de 2014, conhecida como Marco Civil da Internet, já mencionada supra, tem dentre seus fundamentos o respeito à liberdade de expressão e aos direitos humanos e dentre seus princípios os da proteção da privacidade e dos dados pessoais. Por isso os registros de conexão e de acesso a aplicações de *internet* são mantidos em fontes de dados fechadas, cujo acesso depende de ordem judicial, nos termos de seu art. 10:

> Art. 10. A guarda e a disponibilização dos registros de conexão e de acesso a aplicações de internet de que trata esta Lei, bem como de dados pessoais e do conteúdo de comunicações privadas, devem atender à preservação da intimidade, da vida privada, da honra e da imagem das partes direta ou indiretamente envolvidas.

O mesmo artigo estabelece em seu § 1º que o provedor responsável pela guarda somente será obrigado a disponibilizar os registros e dados supramencionados e outras informações que possam contribuir para a identificação do usuário ou do terminal, mediante ordem judicial, nos termos da lei.

Autoridades administrativas, a exemplo de delegados de polícia e membros do Ministério Público, também podem ter acesso aos dados cadastrais que informem qualificação pessoal, filiação e endereço, na forma da lei.

7. Responsabilidade de pessoas jurídicas sediadas fora do Brasil que ofertem serviço ao público brasileiro ou pelo menos uma integrante do mesmo grupo econômico possua estabelecimento no Brasil

Havendo qualquer tratamento de dados em território nacional, a exemplo da coleta, armazenamento, guarda e tratamento de registros, de dados pessoais ou de comunicações por provedores de conexão e de aplicações de internet, deverão ser obrigatoriamente respeitados a legislação brasileira e os direitos à privacidade, à proteção dos dados pessoais e ao sigilo das comunicações privadas e dos registros.

O disposto acima aplica-se aos dados coletados em território nacional e ao conteúdo das comunicações, desde que pelo menos um dos terminais esteja localizado no Brasil. Aplica-se, também, mesmo que as atividades sejam realizadas por pessoa jurídica sediada no exterior, desde que oferte serviço ao público brasileiro ou pelo menos uma integrante do mesmo grupo econômico possua estabelecimento no Brasil.

Sem prejuízo das demais sanções cíveis, criminais ou administrativas, as infrações às normas previstas nos arts. 10 e 11 da Lei n. 12.965/2014, ficam sujeitas, conforme o caso, às seguintes sanções, aplicadas de forma isolada ou cumulativa, nos termos do art. 12 da mencionada lei:

> I – advertência, com indicação de prazo para adoção de medidas corretivas;
>
> II – multa de até 10% (dez por cento) do faturamento do grupo econômico no Brasil no seu último exercício, excluídos os tributos, considerados a condição econômica do infrator e o princípio da proporcionalidade entre a gravidade da falta e a intensidade da sanção;
>
> III – suspensão temporária das atividades que envolvam os atos previstos no art. 11; ou
>
> IV – proibição de exercício das atividades que envolvam os atos previstos no art. 11.

Filial, sucursal, escritório ou estabelecimento de empresa estrangeira situado no Brasil responderá solidariamente pelo pagamento da multa estabelecida na Lei n. 12.965/2014 em caso de infração de empresa estrangeira aos seus dispositivos.

8. Requisitos para obtenção de IP mediante ordem judicial

Através de ordem judicial aos provedores de aplicação consegue-se identificar o IP de qual dispositivo eletrônico foi feita determinada publicação e obter, através de mandado judicial ao provedor de conexão, os dados cadastrais do responsável pelo respectivo dispositivo eletrônico, para se comprovar sua autoria e autenticidade.

Havendo fundados indícios de ato ilícito, a parte interessada poderá *"com o propósito de formar conjunto probatório em processo judicial cível ou penal, em caráter incidental ou autônomo, requerer ao juiz que ordene ao responsável pela guarda o fornecimento de registros de conexão ou de registros de acesso a aplicações de internet"*, nos termos do art. 22 do Marco Civil da Internet (Lei n. 12.965/14).

O requerimento deverá conter, sob pena de inadmissibilidade: *"I – fundados indícios da ocorrência do ilícito; II – justificativa motivada da utilidade dos registros solicitados para fins de investigação ou instrução probatória; e III – período ao qual se referem os registros."* (parágrafo único do art. 22 do Marco Civil da Internet).

Para solicitar o endereço de IP do terminal que fez determinada postagem, é preciso identificar a postagem através do endereço eletrônico (URL), também conhecido por *link*.

Uma vez obtido o número do IP por ordem judicial, é possível descobrir o provedor de conexão no *site Whois* (<https://registro.br/tecnologia/ferramentas/whois/> para provedores no Brasil ou <https://who.is/> para provedores nos EUA) . Depois, deve-se requerer ao juiz para oficiar ao Provedor de Conexão, solicitando-se os dados cadastrais da pessoa detentora daquele IP. Com a resposta, haverá a identificação do titular do terminal de onde partiu a postagem.

A identificação do IP do terminal do qual partiu uma postagem difamatória nas mídias sociais ou outro ato ilícito é essencial para identificar sua autoria e adotar as providências cabíveis para coibir e repreender tal prática com a respectiva responsabilização, cumprindo o Objetivo de Desenvolvimento Sustentável n. 16 da ONU, que é a promoção da Paz social.

Conclusão

A legislação brasileira que regulamenta o uso da *internet* no Brasil, Lei n. 12.965/2014, conhecida como Marco Civil da Internet, tem dentre seus fundamentos o respeito à liberdade de expressão e aos direitos humanos e dentre seus princípios os da proteção da privacidade e dos dados pessoais.

Também para proteger os direitos humanos, o Marco Civil da Internet contém dispositivos para coibir a prática de ilícitos digitais civis e penais, ao estabelecer a responsabilidade dos provedores de conexão e de aplicação quanto à guarda e a disponibilização dos registros de conexão e de acesso a aplicações de *internet*.

O provedor de conexão nos dá o acesso à *internet* através de uma chave, um código, chamado de IP (*Internet Protocol*). Cada vez que um usuário acessa a internet é gerado um número de IP ao seu terminal.

Os provedores de aplicação à *internet* têm o dever de manter os registros de conexão, sob sigilo, em ambiente controlado e de segurança, pelo prazo de seis meses, nos termos do art. 15 do Marco Civil da Internet. Podemos determinar que essa guarda seja mantida por prazo superior. Essa obrigação, quanto aos provedores de conexão, é pelo prazo de um ano, nos termos do art. 13 da mesma lei.

Assim, obtido o IP do dispositivo que fez determinada publicação nas mídias sociais (considerando-se o dever de guarda pelo prazo de seis meses), ainda haverá o prazo de mais seis meses para obter junto ao Provedor de Conexão os dados cadastrais do referido autor.

O crescimento exponencial do número de usuários e de dados que trafegam na internet impõe aos profissionais do direito noções básicas de computação forense, para conhecerem os procedimentos necessários para apuração da autoria e materialidade de ilícitos praticados na internet, o que é essencial para coibir tais ilícitos e buscar a reparação dos danos causados às suas vítimas, restabelecendo a paz social.

Referências

ARAÚJO NETO, Antonio Palmeira de. *Fundamentos de Rede de Dados e Comunicação.* Antônio Palmeira de Araújo Neto, Ataide Pereira Cardoso Junior. 2. ed. São Paulo: Editora Sol, 2020. Nota: este volume está publicado nos Cadernos de Estudos e Pesquisas da UNIP, Série Didática, ISSN 1517-9230.

BAZZEL, Michael. *Open Source Intelligence Tecnhiques*. Resources for searching and analyzing online information. 8th edition. By Michael Bazzel: Nevada, Outubro, 2021.

BRASIL. *Constituição da República Federativa do Brasil de 1988.* Disponível em: <http://www.planalto.gov.br/ccivil_03/constituicao/constituicao.htm>. Acesso em: 11 out. 2020.

______. *Lei n. 12.965, de 23 de abril de 2014.* Disponível em: <http://www.planalto.gov.br/ccivil_03/_ato2011-2014/2014/lei/l12965.htm>. Acesso em: 11 out. 2020.

CASELLI, Guilherme. *Manual de Investigação Digital.* São Paulo: JusPodivm, 2022.

Digital Global Overview Report. Disponível em: <https://www.slideshare.net/DataReportal/digital-2022-july-global-statshot-report-jul-2022-v02>. Acesso em: 16 ago. 2022.

ESCOVEDO, Tatiana; KOSHIYAMA, Adriano. *Introdução a Data Science* (p. 12-13). Casa do Código. Edição do *Kindle.*

MORAIS, Izabelly Soares de... [*et al.*]. *Introdução a* Big Data *e* Internet *das Coisas* (IoT) [recurso eletrônico]; [revisão técnica:]. – Porto Alegre: SAGAH, 2018.

ONU. *Sobre o nosso trabalho para alcançar os Objetivos de Desenvolvimento Sustentável no Brasil.* Nações Unidas no Brasil, 2022. Disponível em: <https://brasil.un.org/pt-br/sdgs>. Acesso em: 17 jun. 2022.

Michael Kwan, Kam-Pui Chow, Pierre Lai, Frank Law and Hayson Tse. *Analysis of the digital evidence presented in the yahoo! Case*. Disponível em: <https://link.springer.com/chapter/10.1007/978-3-642-04155-6_18>. Acesso em: 16 ago. 2022.

PATURY, Fabrício Rabelo. Curso da Escola Nacional de Magistratura do Tribunal Superior do Trabalho sobre Produção e Análise de Provas Digitais, ministrado em maio de 2021.

Pavol Sokol, Laura Rozenfeldova, Katarína Lucivjanska, Jakub Harasta. IP Addresses in the Context of Digital Evidence in the Criminal and Civil Case Law of the Slovak Republic. Forensic Science International: Digital Investigation. DFRWS 2020 EU e Proceedings of the Seventh Annual DFRWS Europe. Disponível em: <https://www.sciencedirect.com/science/article/pii/S2666281720300135>. Acesso em: 16 ago. 2022.

PINHEIRO, Patrícia Peck. *Direito Digital*. São Paulo: Saraiva Educação, 2021.

Relatório Final de Atividades do GT-IPv6. Grupo de Trabalho para implantação do protocolo IP-Versão 6 nas redes das Prestadoras de Serviços de Telecomunicações. Brasília, dezembro de 2014. Disponível em: <https://www.anatel.gov.br/Portal/verificaDocumentos/documento.asp?numeroPublicacao=325769&assuntoPublicacao=Relat%F3rio%20de%20Atividades%20do%20GT-IPv6%20-%20Grupo%20de%20Trabalho%20para%20Implanta%E7%E3o%20do%20Protocolo%20IPv6%20na%20rede%20das%20Prestadoras%20de%20Telecomunica%E7%F5es.&caminhoRel=null&filtro=1&documentoPath=325769.pdf.Aguardo>. Acesso em: 16 ago. 2022.

STJ. *REsp 1.784.156- SP (2018/0322140-0)*. Relator Ministro Marco Aurélio Belizze, 03 dez. 2019). Disponível em: <https://scon.stj.jus.br/SCON/GetInteiroTeorDoAcordao?num_registro=201803221400&dt_publicacao=21/11/2019>. Acesso em: 16 ago. 2022.

THAMAY, Rennan; TAMER, Mauricio. *Provas no Direito Digital:* conceito da prova digital, procedimentos e provas digitais em espécie. São Paulo: Thomson Reuters Brasil, 2020.

Escravidão Contemporânea e Novas Tecnologias: Uma Aproximação

Guilherme Guimarães Feliciano(1)
Mariana Benevides da Costa(2)

Introdução

Reconhecida no âmbito do Sistema Internacional de Direitos Humanos, a tutela das liberdades individuais compreende um largo espectro em que, atualmente, insere-se o combate ao chamado de trabalho escravo contemporâneo, à servidão doméstica, à exploração de pessoas sem teto, ao tráfico de pessoas e até mesmo às casuísticas de matrimônios "forçados" e precoces (esses últimos de comum ocorrência em países da África, da Ásia e do Oriente Médio, nada obstante também aconteçam na Europa e em todo continente americano).

Nessa ordem de ideias, o trabalho forçado ou obrigatório é figura vedada em diferentes tratados e convenções internacionais, desde a Declaração Universal dos Direitos do Homem (DUDH), cujo art. 4º assevera textualmente que "*ninguém será mantido em escravidão ou servidão*", as quais estão proibidas em todas as suas formas.

Na mesma esteira e, também, desautorizando o trabalho forçado, é a disciplina do art. 6º, incisos 1 e 2, da Convenção Americana de Direitos Humanos, e

---

(1) Professor Associado III da Faculdade de Direito da Universidade de São Paulo. Livre-docente em Direito do Trabalho e doutor em Direito Penal pela Faculdade de Direito da Universidade de São Paulo. Doutor em Ciências Jurídicas pela Faculdade de Direito da Universidade Clássica de Lisboa. Juiz do trabalho do TRT-15 (1ª Vara do Trabalho de Taubaté). Titular da Cadeira n. 53 da Academia Brasileira de Direito do Trabalho. Coordenador do Núcleo de Pesquisas e Extensão "O Trabalho além do Direito do Trabalho" (FDUSP).

(2) Doutoranda em Direito do Trabalho, sob a orientação do Prof. Guilherme Guimarães Feliciano, e pesquisadora do GPMAT e do NTADT, grupos capitaneados pelo mesmo docente na FDUSP.

do art. 8º, § 1º, do Pacto Internacional de Direitos Civis e Políticos – PIDCP –, além dos teores da Convenção n. 29 (de 1930), da Convenção n. 105 (de 1957), do Protocolo PO 29 e da Recomendação n. 203, esses últimos, todos da Organização Internacional do Trabalho (OIT).

Formal e juridicamente, o último país do mundo a abolir a escravidão foi a Mauritânia, que se situa na África atlântica, a noroeste do continente. A criminalização do ato de escravizar deu-se somente no ano de 2007, sendo certo que ainda hoje a prática persiste, como um costume odioso ali corrente, com origem histórica na estruturação socioeconômica e religiosa tradicional. Esse estado de coisas vem desafiando incessante combate por parte de organizações internacionais e de entidades não governamentais de direitos humanos atuantes naquele território, considerando que, mais do que abolição legislativa da escravidão, o que se deseja, de fato, é a sua erradicação, manifestando-se a diferença entre essas duas figuras exatamente no plano da existência, onde a erradicação é fato da vida, enquanto a abolição é forma da lei a validar o acontecimento, após prevê-lo em tese. (plano da validade).

No Brasil, o tráfico escravagista foi abolido em 1850 (Lei n. 581, de 4.9.1850, conhecida como Lei Euzébio de Queiroz) e o instituto da escravidão foi juridicamente *extinto*, como se sabe, em 1888 (Lei n. 3.353, de 13.5.1888, conhecida como Lei Áurea). E é óbvio que, à luz das fontes formais do nosso tempo, o trabalho escravo segue legalmente proscrito, conforme se depreende, de modo explícito e implícito, do texto da Constituição Federal, em seus fundamentos, objetivos, direitos fundamentais e, de maneira patente, em seu art. 243, *caput* e parágrafo único. Tal proscrição tem normas-regras de concreção legislativa, ademais, em diversas fontes infraconstitucionais, como, em particular, no Código Penal brasileiro — que criminaliza a redução à condição análoga de escravo (art. 149) e o tráfico de pessoas (art. 149-A), entre outras condutas —, como também em diferentes e sucessivas normas infralegais do Ministério do Trabalho e da Previdência (MTP).

Bem se sabe, porém, o quanto podem se distanciar os mundos do ser (*"sein"*) e do dever-ser (*"sollen"*). Segundo dados veiculados pela OIT (2016), estimava-se haver à altura cerca de 40 (quarenta) milhões de pessoas, em todo o mundo, vivendo sob o regime de trabalho forçado ou obrigatório. No território brasileiro, por sua vez, tendo em conta apenas o referencial estrito da relação de emprego, calcula-se que haja cerca de 161 (cento e sessenta e um) mil de trabalhadores em situação análoga à de escravo. E é com essa realidade que pretendemos lidar neste estudo.

A subsistência do trabalho forçado ou obrigatório, em todas as suas modalidades, em pleno século XXI constitui, para dizer o mínimo, um paradoxo jurídico, político e ético do nosso tempo. Em termos mais realistas, é mesmo um cancro social e, a rigor, um potencial crime contra a humanidade (Estatuto de Roma, art. 7.º). Tal fenômeno está diretamente relacionado com o avanço hegemônico do capitalismo, podendo ser inclusive compreendido como uma ferramenta atual desse modelo de produção econômica. Entrementes, com o sistêmico processo de crescente concentração do capital, parcela da classe trabalhadora ou é expulsa ou é desacolhida pelo trabalho formal e passa a compor as chamadas massas de reserva, cuja existência repercute sobre o preço da mão de obra ao longo de toda cadeia produtiva e, pela via da necessidade alimentar extrema, termina por oportunizar, em escala global, o trabalho escravo contemporâneo.

Nesse ponto, já é redundante dizer que referida modalidade de exploração do trabalho humano atenta contra a dignidade da pessoa humana e viola os direitos humanos fundamentais à liberdade individual e à igualdade (entre outros), constituindo um dos maiores desafios da atualidade. Não por outra razão, o seu enfrentamento foi incluído entre os Objetivos de Desenvolvimento Sustentável (ODS), previstos pela Agenda 2030 da Organização das Nações Unidas (ONU), para o item do trabalho decente, que é e sempre será modalidade de trabalho livre, com direitos trabalhistas, remunerada e exercida em condições de saúde e segurança para trabalhadoras e trabalhadores.

Stricto sensu e entre outros objetivos, dita agenda global da ONU, buscando desenvolvimento sustentável e a construção de sociedades mais justas, propõe a erradicação da fome e da pobreza, a redução das desigualdades, a saúde e bem-estar, a igualdade de gênero, justiça e paz, como, também a definitiva eliminação — ou erradicação — de formas atrozes e violentas de trabalho, dizendo a ODS 8.7 que:

Meta 8.7

> Tomar medidas imediatas e eficazes para erradicar o trabalho forçado, acabar com a escravidão moderna e o tráfico de pessoas, e assegurar a proibição e eliminação das piores formas de trabalho infantil, incluindo recrutamento e utilização de crianças-soldado, e até 2025 acabar com o trabalho infantil em todas as suas formas.

À vista disso, o trabalho forçado ou obrigatório incita medidas de combate globais e universalistas, como há de ser todo esforço institucional ancorado nas agendas dos direitos humanos. E, nos últimos tempos, instâncias públicas e privadas têm se valido do desenvolvimento tecnológico e de algumas das novas ferramentas digitais que vêm a reboque da chamada "Revolução 4.0" — como, por exemplo, o *blockchain* e a inteligência artificial — para dar esse combate com a máxima efetividade. Entre nós, a título de ilustração, basta dizer que já há sete anos o Ministério do Trabalho introduzia, no rol de suas ações fiscalizatórias, o uso de drones ou VANTS (veículos aéreos não tripulados) e dos recursos da *internet* e das plataformas digitais para proceder a tal enfrentamento; e, no âmbito das instituições privadas de defesa dos direitos humanos, também já se utiliza abertamente a inteligência artificial.

Deita-se aí, pois, o *Leitmotiv* do presente estudo, que pretende lançar algumas reflexões sobre o emprego dessas novas tecnologias na luta contra a escravidão contemporânea, no Brasil e fora dele, mas particularmente no caso brasileiro (mesmo porque, até a bem pouco tempo, nossas políticas públicas de enfrentamento da neoescravidão eram referenciadas mundialmente como exemplo de capacidade e bom sucesso).

Voilà.

1. Conceito

À luz do ordenamento jurídico brasileiro, a dita "escravidão moderna" — ou, como preferiremos, *neoescravidão* ou *escravidão contemporânea* (inclusive para estabelecer distinção com o tipo de escravidão explorada no Brasil colonial entre os séculos XVI a XIX) — tem essencialmente uma definição *jurídico-penal,* sob o *"nomen iuris"* de redução à condição análoga a de escravo (ou, na dicção da doutrina, "plágio"). O conceito remonta então ao art. 149, *caput*, do Código Penal, que associa à referida prática, ali tipificada como crime, uma pena privativa de liberdade de reclusão entre 2 (dois) e 8 (oito) anos. Pelo critério da pena cominada (Lei n. 9.099/1995, art. 61), trata-se de crime de maior potencial ofensivo. A par dessa baliza legal, poderemos buscar ancoragem conceitual, no plano jurídico-positivo, também no precitado Estatuto de Roma (art. 7º, 2, *"c"*) e nas Convenções ns. 29 e 105 da OIT (nesse caso, mais propriamente para o conceito de *trabalho forçado ou obrigatório*).

A criminalização da neoescravidão, por sua vez, reflete e densifica locuções constitucionais que, primeiramente, alçam a dignidade da pessoa humana e os valores sociais do trabalho e da livre iniciativa à condição de fundamentos da República Federativa do Brasil (art. 1º, incisos III e IV, da CRFB), estabelecendo ainda, entre seus objetivos fundamentais, o da construção de uma sociedade livre, justa e solidária (art. 3º, inciso I, da CRFB), o da erradicação da pobreza e da marginalização e o da redução das desigualdades sociais (art. 3º, inciso III, da CRFB), assim como o da promoção do bem de todos, sem preconceitos de origem, raça, sexo, cor, idade e quaisquer outras formas de discriminação (art. 3º, inciso IV, da CRFB).

No art. 5º, inciso III, do mesmo texto constitucional, afirma-se que ninguém será submetido a tratamento degradante, ao mesmo tempo em que, no art. 7º, incisos I a XXXIV, elencam-se os direitos sociais mínimos dos trabalhadores, ressalvando-se expressamente a existência de outros que melhorem a sua condição social e que, portanto, incrementem, *"in mellius"*, referido piso civilizatório.

Nunca é demais dizer, portanto, que, ao lado desse melhoramento social, também é da essência do art. 7º, da Constituição Federal, fixar um tal patamar civilizatório mínimo para os trabalhadores — homens, mulheres e pessoas trans, urbanos e rurais, nacionais e estrangeiros que se ativem profissionalmente no Brasil —, de maneira a lhes conferir um dado mínimo inarredável e irredutível de proteção social e econômica, ou seja, um grau mínimo, de maneira que, qualquer situação do obreiro abaixo dele, constituirá numa sua degradação, isto é, num seu deslocamento, do degrau da civilidade, para um degrau ou categoria inferior, vexatório, degradante.

S.m.j., então, é a partir deste pressuposto que se deve compreender o trabalho degradante, o qual, de forma deveras sumarizada, deve ser compreendido como qualquer aviltamento da dignidade humana do trabalhador, em especial, quanto à recusa ou à sonegação da sua proteção normativa mínima.

E o trabalho degradante não pode ser confundido, indistintamente, com o trabalho desconfortável. Estas são figuras distintas, nada obstante o desconforto, de regra, seja mais um elemento integrativo da degradação laboral. O trabalho meramente desconfortável, de per si, é aquele em que o incômodo ou embaraço é tópico, pontual e passageiro, como, por exemplo, o ruído excessivo verificado num dia atípico de trabalho, ou uma cadeira antiergonômica utilizada provisoriamente. Se se tem, no entanto, uma situação de desconforto sistêmico e de caráter constante, afetando o indivíduo e, até, o meio ambiente de trabalho, tem-se, então, um trabalho degradante, com desobediência do tomador do serviço a seus deveres normativos e, inclusive, com configuração de poluição labor-ambiental. O desconforto sistêmico, desta feita, pode ser peça componente da degradação do trabalho, nunca uma figura a lhe atenuar ou abrandar.

Nesse sentido e de forma peremptória, salvo engano, a resultante interpretativa literal, histórica e sistêmica do texto constitucional brasileiro, promulgado sob o princípio fundamental da dignificação da pessoa humana em todas as suas dimensões, o que inclui a dimensão do ser trabalhador.

No terreno infraconstitucional, por sua vez, encontra-se o Código Penal a se acomodar a um tal entendimento, isto, no art. 149, que manifesta o tipo penal da redução à condição análoga a de escravo, onde, como se verá adiante, inclui-se a submissão do obreiro a condição degradante de trabalho.

CUNHA, a seu tempo e por outras palavras, ministra que a figura típico-penal do art. 149 recebe "*nomen iuris*" tão extenso e cerimonioso — redução à condição análoga de escravo — pelo fato de o Brasil já não reconhecer a escravidão, que é a reificação do ser humano (ou, na dicção do Estatuto de Roma, o indevido exercício, sobre pessoa humana, de poderes ínsitos ao direito de propriedade), como uma situação da vida apta a admitir alguma institucionalidade ou disciplina pelo Direito, desde a já reportada Lei Áurea, de 13 de maio de 1888, com posterior ratificação por todas as constituições do País. Em suma, no Brasil, já não pode haver "escravos" (*rectius*: pessoas "legalmente" escravizadas); o que há — e deve ser combatido — são homens e mulheres essencialmente livres vitimados pelo crime de redução à condição análoga de escravos.

E, como crime contra a liberdade pessoal (ou, mais apropriadamente — embora o texto legal ainda não o diga —, crime contra a *dignidade humana*), a redução à condição análoga a de escravo fere a liberdade locomotora da vítima; mas, para além disso, desde a entrada em vigor da Lei n. 10.803, de 11 de dezembro de 2003, fere ainda outras objetividades jurídicas, como o próprio patrimônio jurídico do trabalhador. Na sua nova descrição típica, o crime tem sua execução vinculada ao exercício de sete condutas específicas, as quais podem se dar isolada ou conjuntamente, admitindo-se qualquer pessoa como sujeito ativo do ilícito (exceto pessoa jurídica), assim como qualquer pessoa natural poderá figurar como sujeito passivo. De acordo com o § 2º, incisos I e II, do art. 149 do Código Penal, haverá aumento de pena se o delito for cometido contra criança ou adolescente, ou por motivo de raça, cor, etnia, religião ou origem.

Nessa ensancha, eis as sete condutas delituosas, particularmente destrinçadas:

i. **Submeter alguém a trabalhos forçados**, ou seja, constranger o obreiro a trabalhar compulsoriamente, mediante uso de violência, intimidação ou ameaça, de natureza física ou moral, sem qualquer contrapartida remuneratória. O trabalhador, então, é destituído de sua liberdade física e impedido de deixar o trabalho, que passa a realizar "*sub vara*", quer queira o obreiro, quer não queira, e pelo tempo determinado pelo sujeito ativo do crime.

ii. **Submeter alguém a jornada exaustiva**, que é aquela cuja duração prolongada (= dimensão quantitativa) e/ou ritmo elevado (= dimensão qualitativa) desrespeita(m) a dignidade da pessoa humana e exaspera(m) agudamente os limites normativos para próprio o trabalho extraordinário. A jornada exaustiva é desgastante e ameaça a integridade biopsíquica do trabalhador, impondo-lhe a fadiga crônica e o risco de exaurimento psicofísico (GOMES e GOTTSSCHALK, 2002, p. 282). A um só tempo e pelo fato de se operar sem pausas, nem descansos, prejudica a dimensão existencial do obreiro, seus projetos de vida, sua saúde física e mental e suas relações sociais.

iii. **Sujeitar alguém a condições degradantes de trabalho**, o que significa compelir alguém a realizar um trabalho sem respeito ao piso normativo de proteção social para a espécie, com humilhação e aviltamento da pessoa humana do trabalhador, sujeito a um trabalho sem direitos mínimos e/ou realizado de modo inseguro (i.e., tendente a provocar acidentes de trabalho) ou morbígeno (i.e., tendente a provocar tecnopatias ou mesopatias e/ou a agravar afecções), sujeitando-o a riscos intensos — especialmente os de ordem labor-ambientais —, eventualmente diferentes e simultâneos, sem as proteções adequadas. Ilustra essa hipótese, por exemplo, o trabalho desprotegido em condições gravemente insalubres ou o trabalho intenso sem acesso a água potável ou a instalações sanitárias dignas.

iv. **Restringir a locomoção de alguém em razão de dívida contraída com empregador ou preposto**, operando-se aqui a servidão por dívida ou o conhecido *truck system*, que consiste na prática patronal de adiantar valores para o trabalhador ou sua família, e/ou de lhe fiar a venda de itens de necessidade básica — sobretudo de alimentação e higiene — em estabelecimentos comerciais de propriedade do patrão, geralmente com custo majorado, previsão de pagamentos parcelados para o futuro e contabilidade tendencialmente fictícia, de maneira que o obreiro reste sempre em dívida e se veja obrigado a permanecer naquele posto de serviço, até saldar os próprios débitos.

v. **Cercear o uso de qualquer meio de transporte, por parte do trabalhador, com o fim de retê-lo no local de trabalho**, fato que se manifesta nas regiões territoriais mais isoladas, usualmente na zona rural, onde chegada e partida do obreiro dependem de condução ou de propriedade do próprio empregador, ou contratada por ele, o qual, visando manter o trabalhador na atividade — e essa finalidade aqui é de imprescindível demonstração —, deixa de providenciar os devidos meios de locomoção e obstrui a sua partida.

vi. **Manter vigilância ostensiva no local de trabalho, com a mesma finalidade**, o que compreende uma ronda ou policiamento permanente no espaço territorial em que se realiza a atividade, com uso, isolado ou conjunto, de vigias e capangas, animais ferozes, como cães de guarda bravios, por exemplo, e armamentos (espingardas, revólveres etc.).

vii. **Apoderar-se de documentos ou objetos pessoais do trabalhador, novamente, com fins de retê-lo no local de trabalho,** finalidade de retenção essa, passível de necessária comprovação, a exemplo das hipóteses imediatamente anteriores. Referido apoderamento, a seu tempo, equivale a uma espécie de confisco, isto é, ao apresamento, sem qualquer contrarrecibo, de instrumentos de trabalho, ou de bolsas e carteiras dos trabalhadores, dos títulos e certidões oficiais aptos à sua identificação, de sua condição laboral e origem, tais como, carteira de identidade, CTPS, cartões de cadastros governamentais etc. A falta dessa documentação, por sua vez, impede o obreiro de afirmar a própria existência e de se identificar perante autoridades policiais, por exemplo, ou perante viações de transporte, quando, longe de casa, desejar adquirir bilhete de retorno a seu lugar de origem.

Em síntese, portanto, pode-se dizer que, para o ordenamento jurídico brasileiro, o trabalho escravo contemporâneo ou a escravidão moderna se manifesta na redução do trabalhador à condição análoga ou semelhante à de escravo e que, conceitualmente, é um crime contra a liberdade pessoal do trabalhador, configurado pelo fato de circunstâncias, *numerus clausus*, de ocorrência singular ou conjugada, de total rebaixamento da sua dignidade moral e individual, como, também, de total rebaixamento do valor social do trabalho, quais sejam a submissão desse obreiro, a um, a trabalhos forçados; a dois, a jornadas de trabalho exaustiva; a três, a condições degradantes de trabalho; a quatro, à restrição locomotiva por *truck system* e, a cinco, à sua retenção no local de trabalho por cerceamento de transporte, vigilância ostensiva ou sequestro ilegal de bens e/ou documentos pessoais.

E um tal delineamento legislativo, por sua vez, ele representa um progresso relativamente ao modelo legal anterior à Lei n. 10.803, de 11 de dezembro de 2003, onde não havia uma taxação enumerativa das condutas caracterizadoras do delito, que era, então, um delito de livre execução, equivalente, apenas, à "*redução de alguém à condição análoga a de escravo*". Eis a conduta típica que devia ser escrutinada e apreciada judicialmente e que, a despeito do *due process* constitucional, podia dar azo a um contorno jurisprudencial disforme quanto às tutelas sociais incidentes e quanto à erradicação pretendida.

Finalmente, o desenho legislativo atualmente disposto no art. 149, do Código Penal, também é considerado consoante às previsões dos tratados e convenções internacionais consignados, a esse respeito, pelo Brasil, quais sejam, a Declaração Universal dos Direitos do Homem — DUDH, o Pacto Internacional dos Direitos Civis e Políticos, o Pacto Internacional dos Direitos Econômicos, Sociais e Culturais, a Convenção n. 29, da OIT, a Convenção n. 105, da OIT, a Convenção n. 182, da OIT, a Declaração OIT sobre Princípios e Direitos Fundamentais, o Protocolo Adicional à Convenção das Nações Unidas contra o crime organizado transnacional relativo à prevenção, repressão e punição ao tráfico de pessoas, em especial de mulheres e crianças.

2. Da tipologia

Desse itinerário conceitual, identifica-se uma acanhada variedade qualitativa na execução do trabalho escravo contemporâneo, que pode ser assim estruturada:

a. **Quanto à intensidade do rebaixamento humano**, o trabalho escravo contemporâneo se subdivide em:

a.1. *Trabalho escravo propriamente dito*, que se passa, por exemplo, quando a pessoa é inteiramente objetificada, podendo ser comprada, vendida e herdada. Oficial e formalmente, já não existe o trabalho escravo no mundo, mas diferentes organizações abolicionistas e defensoras de direitos humanos denunciam a situação da Mauritânia, país — já se disse — situado no noroeste da África, costa atlântica, onde estima-se que uns 20% (vinte por cento) da população vivam sob essa condição.

Nada obstante as negativas governamentais, as tradições e costumes da Mauritânia permitem que seres humanos nasçam e vivam como escravos, suportem maus tratos, estupros e castigos físicos, sendo essa uma condição que passa de mãe para filho, que tem base religiosa e étnico-racial e que se relaciona com a historicidade da ocupação do país, pelos mouros, ainda no século XI. A conjuntura governamental da Mauritânia não usa admitir esses fatos, criminalizando e punindo lideranças abolicionistas, o que tem dificultado o combate a essa prática odiosa.

Um governo progressista eleito no ano de 2007 e, depois, destituído por um golpe de estado, ele aprovou lei considerando a escravidão um delito penal, nada obstante essa mesma lei ainda careça da devida efetividade. Apenas no ano de 2018, a imprensa internacional noticia que, pela primeira vez, membros das castas superiores da Mauritânia são condenados pela prática da escravidão.

Na Líbia, igualmente, a partir do reiterado sequestro de migrantes provindos dos países subsaarianos, seres humanos também têm sido inteiramente objetificados e postos à venda em autênticos mercados, para serem trabalhadores forçados e/ou escravizados sexuais naquele país, onde, também não se aprova, institucionalmente, a escravidão, a qual, todavia, emerge da materialidade de vulnerabilidades socioeconômicas e de outras circunstâncias geopolíticas localizadas.

a.2. *Modalidades equiparadas ao trabalho escravo propriamente dito*, que são os casamentos precoces e os casamentos forçados que integram a cultura de diferentes povos do planeta, assim como o rapto de crianças e adolescentes para o serviço forçado e obrigatório da guerra, tal como se passa em certos países da África e da Ásia, donde provém a tragédia humanitária das crianças-soldados.

a.3. *Trabalho em condição análoga à de escravo*, que é o que se verifica no Brasil, nos termos acima definidos e onde o trabalhador, cidadão livre e titular de direitos individuais, sociais e culturais, é iludido por *gatos contratantes* — ver-se-á mais adiante —, concordando, de boa-fé, com um contrato de trabalho cujas condições inicialmente apresentadas não correspondem às condições posteriormente executadas.

b. **Quanto ao bem jurídico violado** e especificamente quanto à realidade normativa brasileira, podem-se identificar no âmbito da redução do trabalhador à condição análoga à de escravo:

b.1. *Redução do trabalhador a condição análoga à de escravo por privação de liberdade*, na qual, opera-se o enclausuramento do obreiro, que fica ilegalmente retido no local de trabalho e privado do exercício da autodeterminação de sua vontade quanto a ir, vir e ficar. Acomodar-se-iam, no particular, a submissão a trabalhos forçados, sob vigilância ostensiva e com restrições e cerceamentos de meios de transporte e locomoção, com finalidade de manter o trabalhador em atividade.

b.2. *Redução do trabalhador a condição análoga à de escravo por lesão à dignidade humana*, onde se ferem, majoritariamente, aspectos da dignidade corpórea do trabalhador, dimensão física da dignidade da pessoa humana, colocando em risco grave sua segurança e sua saúde biopsíquica. Integram a presente hipótese as jornadas exaustivas e as condições degradantes de trabalho.

b.3. *Redução do trabalhador a condição análoga à de escravo por causa mista*, que seria aquela em que o tipo penal se realiza integralmente, verificando--se, *in concreto*, todas as previsões normativas, aparentando, inclusive, ser a modalidade de ocorrência fática mais comum.

c. Quanto à forma de exploração

c.1. *Escravidão direta*, que seria aquela praticada pelo proprietário do empreendimento de forma retilínea, sem qualquer modalidade de intermediação de mão de obra.

c.2. *Escravidão difusa ou indireta*, que seria a realizada mediante práticas de terceirização direita ou indireta, envolvendo as cadeias globais de produção e podendo se apresentar, simultaneamente, em diferentes partes do planeta. Exemplos múltiplos dessa forma de trabalho escravo contemporâneo foram exibidos, a propósito, durante primeiro trimestre de 2023, pela mídia brasileira, com envolvimento de grandes empresas do agronegócio das regiões Sul, Sudeste e Centro-Oeste, a subcontratarem mão de obra de migrantes nordestinos, negando-lhes direitos trabalhistas, submetendo-os a castigos físicos, apoderando-se de seus documentos pessoais e mantendo-os sob severa vigilância, inclusive durante os horários que deveriam ser de descanso.

d. Quanto ao local de ocorrência

d.1. *Escravidão no âmbito rural* seria a que se desenvolve nos empreendimentos localizados no campo, dedicados à agricultura ou à pecuária.

d.2. *Escravidão no âmbito urbano* seria a que se realiza dentro dos limites geográficos das cidades.

3. Natureza jurídica da exploração do trabalho escravo contemporâneo no Brasil

Para a ordem legal brasileira, o trabalho escravo contemporâneo, como já visto, é designado de redução a condição análoga à de escravo e detém franca índole delituosa, constituindo, a um só tempo, crime tipificado no art. 149, do Código Penal, e infração trabalhista descrita na Portaria Interministerial MTPS/ MMIRDH n. 4, de 11 de maio de 2016.

Enquanto figura criminosa penalmente codificada, dito delito pode ocorrer tanto na forma de crime único, quanto em concurso formal com o tráfico de pessoas, ou com a exploração sexual de crianças e adolescentes, os quais podem ser, assim, sumarizados:

CRIME	DESCRIÇÃO SUMÁRIA
Tráfico de pessoas	Corresponde ao "*recrutamento, transporte, transferência, abrigo ou recebimento de pessoas, por meio de ameaça ou uso da força ou outras formas de coerção, de rapto, de fraude, de engano, do abuso de poder ou de uma posição de vulnerabilidade ou de dar ou receber pagamentos ou benefícios para obter o consentimento para uma pessoa ter controle sobre outra pessoa, para o propósito de exploração*", inclusive de ordem sexual, submissão a condições análogas à de escravo, submissão a qualquer tipo de servidão, adoção ilegal e remoção de órgãos, tecidos ou partes do corpo.
Exploração sexual de crianças e adolescentes (ESCA)	Diversa do abuso sexual infantil, a ESCA representa o incentivo à prostituição, à escravidão sexual, ao turismo sexual e à pornografia, utilizando crianças e adolescentes, de forma negocial e visando lucro.

Figura 1. Fonte: Os autores.

Como infração trabalhista, a redução do trabalhador a condição análoga à de escravo infringe o todo o sistema juslaboral, desde a Constituição Federal, e impõe ao empregador a obrigação de assinar a CTPS do trabalhador e de lhe pagar as seguintes verbas:

a. Salário mínimo mensal, no mínimo, se outro não for o salário mínimo da categoria profissional;

b. Horas extraordinárias com acréscimo mínimo de 50%, conforme seja a norma coletiva incidente para a categoria profissional;

c. Descanso semanal remunerado;

d. Adicionais de insalubridade e de periculosidade;

e. Décimo terceiro salário;

f. Férias acrescidas de um terço;

g. Recolhimento fundiário na base de 8% (oito por cento) do salário do trabalhador;

h. Recolhimento previdenciário;

i. Indenização de aviso prévio;

j. Indenização por dano moral.

4. Ciclo causal reprodutivo do trabalho escravo contemporâneo no Brasil

Refletindo a partir do processo de acumulação capitalista e ponderando que o capitalismo é um modo de produção caracteristicamente excludente, a reificação, a reserva e o descarte de mão de obra lhe são elementos ínsitos e relacionados, sem quaisquer rodeios, com a escravidão contemporânea, que ora transparece, de forma sistêmica, na sociedade global, pronunciando-se, de igual maneira, nas mais diferentes nações, sobretudo, naquelas de economia periférica, como ainda é o caso do Brasil, genuíno exportador de *commodities* agrícolas e minerais.

Assim, é causa genérica da escravidão contemporânea a usura capitalista, consistente na demanda continuada por lucros e rendimentos financeiros crescentes, de um lado, e pela redução de custos, de outro, redução de custos essa, que tem levado à reestruturação produtiva, com produção universalizada de mercadorias, fracionamento das respectivas cadeias de produção, redução do elenco de direitos sociais, rebaixamento qualitativo das contratações laborais, e, também, ao trabalho escravo contemporâneo, que, no Brasil — já se disse antes —, chama-se trabalho análogo à condição de escravo.

E, de modo específico à realidade brasileira, constituem causas da redução do trabalhador à condição análoga a de escravo, entre outras:

a. Alto índice de desemprego no País;

b. Excesso de mão de obra;

c. Vulnerabilidade socioeconômica dos trabalhadores;

d. Analfabetismo ou semianalfabetismo;

e. Baixa escolaridade e falta de qualificação profissional;

f. Baixo nível de exercício da cidadania por parte das populações vulneráveis;

g. Falta de informação sobre as formas e os riscos das práticas escravistas;

h. Aliciamento de trabalhadores por *gatos contratantes*;

i. Impunidade criminal de aliciadores e empresários;

j. Concentração de propriedades e de renda;

k. Isolamento e/ou grande distância geográfica dos locais de trabalho;

l. Herança cultural escravista no Brasil etc.

E tais são razões entrelaçadas, as quais, inclusive, também não se apartam da teia capitalista global retro apontada, valendo esclarecer, na presente oportunidade, que, pela forma histórica da colonização e da exploração da mão de obra no Brasil, certas regiões do País não se desenvolveram a contento, constituindo, desde a aurora republicana aos dias atuais, bolsões de pobreza reproduzidos transgeracionalmente, com histórico de trabalho infantil ilícito e de outras tantas predisposições socioeconômicas para o aliciamento de mão de obra a ser utilizada no trabalho escravo contemporâneo. Fala-se, *in casu* e por exemplo, de certos rincões sertanejos nordestinos, remotos da industrialização regional — que é imperante na faixa litorânea —, e sem maiores possibilidades de sobrevivência, de trabalho, ou de progressão material, caso o indivíduo não possua um modesto quinhão de terra.

Esse cenário, portanto, é bastante propício para a enganosa sedução exercida por prepostos empresariais e/ou *gatos contratantes*, que, publicando condições de trabalho estáveis a serem usufruídas em localidades distantes, induzem milhares de trabalhadores a erro e os reduzem, depois da respectiva viagem, a condição análoga à de escravo. Os testemunhos laborais a respeito são variegados, sobretudo após a libertação dos obreiros atuantes sob regime de cativeiro, relatando-se

(i) os engodos contratuais e suas circunstâncias **(ii)**; as impossibilidades materiais de retornar à terra de origem; **(iii)** as jornadas excessivas e exaustivas; **(iv)** a falta de recebimento do salário; **(v)** os confiscos para o pagamento do transporte inicialmente realizado, das acomodações e da alimentação cotidianas; e **(vi)** a indignidade dessas mesmas acomodações e alimentação, apresentadas como impróprias para o descanso e insuficientes, na quantidade e na qualidade, para a restauração física do trabalhador.

Ademais, uma vez resgatados pelas autoridades policiais e/ou estatais, os trabalhadores retornam a suas localidades de origem e às mesmas condições materiais causais preexistentes a sua redução a condição análoga à de escravo, as quais, como já visto antes, compreendem pobreza, desemprego, falta de respeitosas e corretas oportunidades de vida, falta de preparo educacional etc., revivendo, então, o **ciclo causal reprodutivo do trabalho escravo contemporâneo** e, portanto, se expondo novamente à possibilidade de novos e semelhantes aliciamentos, os quais podem se repetir, várias vezes, durante a vida produtiva do trabalhador, abreviando-a, inclusive, e alcançando os descendentes do mesmo trabalhador, que, diante dos mesmos fatores causais, são tragados pela mesma realidade.

Numa representação gráfica, poder-se-ia sintetizar referido ciclo causal do seguinte modo:

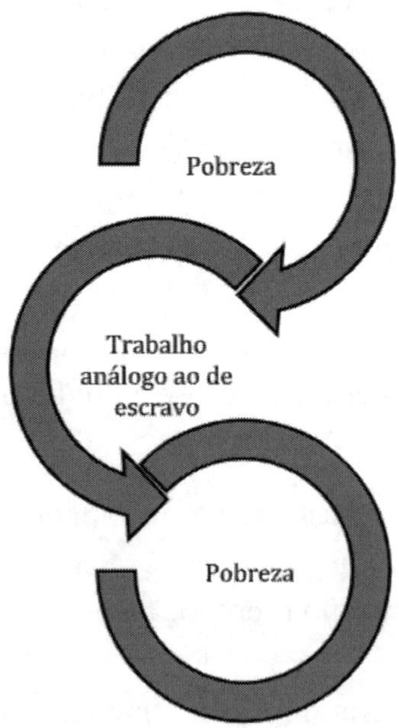

Figura 2. Fonte: Os autores.

Segundo dados oriundos do Observatório Digital do Trabalho Escravo (MPT/OIT), ano 2020, o maior polo brasileiro com predisposições socioeconômicas para o aliciamento do trabalho análogo ao de escravo é o Estado do Maranhão, local de origem de 22% (vinte e dois por cento) dos trabalhadores em situação análoga à de escravo no Brasil. No mesmo sentido, estudo acadêmico realizado por pesquisador do IFMA — Instituto Federal do Maranhão —, no ano de 2015, segundo a qual, confirma-se a posição maranhense de local exportador de mão de obra para o trabalho escravo contemporâneo, revelando-se, ainda, que o próprio Estado também ocupa, simultaneamente, a 5.ª (quinta) posição nacional, na exploração dessa modalidade criminosa de trabalho.

No ano de 2023, já se disse algures, foram resgatados diversos trabalhadores nordestinos em empreendimentos agrícolas da região Sul e da Região Centro-Oeste, os quais são de origem nordestina, oriundos dos Estados da Bahia, do Maranhão, do Piauí e do Rio Grande do Norte.

Mas, a despeito dessa realidade de maior carência e de subdesenvolvimento socioeconômico de certos rincões nacionais, o certo é que o trabalho escravo contemporâneo resulta da indigência material e que, conjugadamente, ambos se apresentam em todo o território brasileiro, em todas as suas regiões administrativas, *do Oiapoque ao Chuí* — por assim dizer —, manifestando-se em atividades rurais e em atividades urbanas, enquanto se apropria do trabalho de homens e mulheres, adultos e crianças. E tanto isso é verdade que, na sequência sazonal dos levantamentos realizados pelo Observatório Digital do Trabalho Escravo, contingente significativo dos resgatados do *trabalho análogo* declara residir nas cidades de São Paulo/SP e de Campos de Goytacazes/RJ, ambas sediadas na Região Sudeste, que é a mais rica do Brasil. Na mesma pegada, nos arrozais de Uruguaiana/RS, no mês de março de 2023, foram encontrados 56 trabalhadores da própria localidade em situação análoga à de escravo, dos quais, 10 eram adolescentes.

5. O trabalhador reduzido a condição análoga à de escravo e seu perfilamento socioeconômico no Brasil

Neste tópico, tem-se em vista dizer quem é o trabalhador escravizado no Brasil contemporâneo, reforçando, de saída, que, como já expresso nas linhas anteriores, ele é o vulnerável socioeconômico, ou seja, é o indivíduo estruturalmente colocado à margem, tanto das relações produtivas formais, quanto das redes de proteção social, sobrevivendo, por conseguinte, sob riscos e incertezas de variegados carizes. Especificamente e a depender do setor de produção econômica, podem ser escravizados homens (95%, segundo dados da Repórter Brasil) e mulheres com idade adulta (83%, entre 18 e 44 anos de idade, também segundo a

Repórter Brasil), migrantes internos (oriundos, no mais das vezes, dos Estados do Maranhão, Bahia, Pará, Minas Gerais e Piauí) e externos, havendo, também, crianças e adolescentes.

Nessa pegada e de maneira generalizada, veja-se o panorama da seguinte publicação jornalística ("*ad litteram*"):

> Os dados oficiais do Programa Seguro-Desemprego registrado de 2003 a 2018 indicam que, entre os trabalhadores libertado, 70% são analfabetos ou não concluíram nem o 5º ano do Ensino Fundamental. Os trabalhadores rurais libertados são, em sua maioria, migrantes internos, que deixaram suas casas com destino à região de expansão agrícola e se empregaram em atividades como a pecuária, a produção de carvão, o desmatamento e o cultivo de cana-de-açúcar, soja, algodão e outras lavouras.

No Brasil, o trabalho escravo contemporâneo se passa no âmbito rural, em localidades próximas e, também, em rincões profundos do País, assim como nas cidades, em certos setores industriais e, até, na prestação urbana de serviços domésticos. Senão vejamos.

No **setor rural**, o trabalho escravo contemporâneo se passa mais frequentemente na pecuária e nas diversas culturas de agroexportação (cana-de-açúcar, café, fruticultura, algodão, culturas diversas etc.), demandando mão de obra majoritariamente masculina e, de forma eventual, mão de obra infanto-juvenil. Os trabalhadores, portanto, são homens adultos, migrantes internos, pertencentes a um extrato desfavorecido socioeconomicamente.

Já na **área industrial** brasileira, o trabalho escravo se manifesta na indústria da construção civil e na indústria de confecções têxteis, verificando-se mão de obra nacional e estrangeira imigrante, nas duas áreas, com significativa presença de mulheres nas atividades relativas à costura. Assim, na construção civil, os trabalhadores são majoritariamente homens em idade adulta, migrantes internos e externos, considerando a presença de trabalhadores haitianos nesse setor. Na confecção têxtil, por sua vez, trabalham homens e mulheres, em relação de equilíbrio numérico, verificando-se relevante presença de trabalhadores bolivianos e de outras nacionalidades latino-americanas e, inclusive, o apontamento de trabalho infantil ilícito.

No **setor de serviços**, finalmente, o trabalho escravo se manifesta no emprego doméstico, ligando-se, inclusive, a uma outra problemática grave e deveras invisibilizada na sociedade brasileira, qual seja, o trabalho doméstico infantil, no qual, crianças e adolescentes são expostos a jornadas excessivas, ausência da devida remuneração, privação de liberdade, evasão escolar e abusos de outras naturezas, inclusive, os de índole sexual.

Nesses casos, a escravidão contemporânea alcança majoritariamente mulheres e meninas negras e pardas, restando velada e subnotificada, visto passar-se no interior dos lares, onde, a princípio, incide a inviolabilidade do domicílio, que traduz o fato da residência da pessoa humana ser inviolável, exceto nos casos de flagrante delito ou para prestar socorro, na hipótese de desastres, ou por determinação judicial, durante o dia (art. 5.º, inciso XI, da CRFB).

Exemplificando a realidade das trabalhadoras domésticas escravizadas no Brasil, recentemente, durante o curso da pandemia da Covid-19, a imprensa nacional veicula as seguintes histórias:

a. **Dia 26 de junho de 2020.** Portal G1 noticia que idosa de 61 anos foi libertada da condição análoga à de escrava, em residência situada no bairro Alto de Pinheiros, cidade de São Paulo.

b. **Dia 21 de dezembro de 2020.** Portal G1 publica o caso de professor universitário denunciado, na cidade de Patos de Minas, por manter trabalhadora doméstica em condição análoga à de escravo por 38 (trinta e oito) anos, sem Carteira de Trabalho assinada, nem recebimento de salário mínimo.

c. **Dia 28 de janeiro de 2021.** Portal G1 publica que idosa de 63 anos de idade é resgatada de trabalho em situação análoga à escravidão, na cidade do Rio de Janeiro, após 41 (quarenta e um anos) sem receber salário.

d. **Dia 25 de agosto de 2021.** Portal G1 divulga que babá se joga do terceiro andar de prédio, após suportar cárcere privado e maus tratos físicos da patroa. Com a queda, fraturou as pernas e foi hospitalizada.

Na mesma linha de reificação das trabalhadoras domésticas e da sua submissão ao trabalho forçado e até ao tráfico de pessoas, ademais, cabe uma necessária remissão a episódio havido no Kuwait, no ano de 2019, onde a tecnologia digital vinha sendo utilizada para o desenvolvimento de aplicativos que disponibilizam a "compra" e a "venda" dessas obreiras, ao lado de automóveis e aparelhos de TV, num verdadeiro mercado digital de trabalhadoras. Com fortes indícios de ocorrência de crime cibernético, esses *apps* são aprovados e disponibilizados por *big techs* globais do setor digital, nada obstante seus anunciantes retratarem, direta ou indiretamente, situações ilícitas evidentes quanto às condições de vida e de trabalho dessas profissionais (como, *e.g.*, o distanciamento em relação à família consanguínea, a retenção de passaporte, a jornada exaustiva de trabalho, a sonegação dos descansos e das férias etc.).

O relato, no entanto, além dos direitos laborais específicos que devem ser reconhecidos e garantidos às trabalhadoras domésticas, suscita outras questões igualmente atuais e igualmente sensíveis, em especial a questão da incidência dos direitos humanos fundamentais na *internet*; a questão da limitação legal e operacional das *big techs*, notadamente em ensejos de flagrante desrespeito aos direitos humanos fundamentais universais e às legislações domésticas locais; a questão da governança estatal doméstica sobre o espaço transfronteiriço e digital da *internet* e sobre as empresas que ali atuam; e, de um modo geral, a questão da salvaguarda estatal concreta dos direitos humanos fundamentais.

6. O lado patronal da escravidão contemporânea

Estimulados pela lucratividade naturalmente ambicionada pelas organizações empresariais e pelos empreendimentos privativos equiparados, os executores do trabalho escravo contemporâneo comportam perfilamento sociológico patronal e, quando empreendedores individuais, tendem a ser homens brancos, que podem praticá-lo direta ou indiretamente, com a contratação terceirizada de mão de obra, sem a devida atenção à integralidade da cadeia global de valor.

Outrossim, podem ser corporações multinacionais, tais como são a *Apple*, denunciada, no ano de 2012, pela contratação da *Foxxconn Tecnologia*, à qual também se imputam diversas violações de direitos humanos sociais; a *Hershey's*, cuja matéria-prima é o cacau adquirido, entre outros países, na Costa do Marfim, onde o trabalho escravo infantil e o tráfico de crianças é uma realidade a ser enfrentada, ao invés de retroalimentada; a Victoria's Secret, que também se beneficia de insumos produzidos com trabalho escravo infantil no continente africano. O patronato escravista, seja pessoa natural ou seja pessoa coletiva, costuma alegar desconhecimento do usufruto das modalidades de trabalho forçado empregado na base da própria cadeia de valor, considerando as respectivas fragmentação e globalização.

No Brasil, por seu lado e como consequências normativas da prática criminosa, referidos empregadores, quando individuais, sofrem processos criminais, na forma de ações penais públicas em razão do bem jurídico tutelado, suportando, ainda, ao lado das pessoas jurídicas passíveis do aludido enquadramento, a inscrição no Cadastro de Empregadores com Trabalhadores com Condições Análogas à de Escravo — também chamada de *Lista Suja* ou Índex — e ações trabalhistas com pleitos indenizatórios ordinários pelos danos laborais materiais e morais. Topicamente, uma ou outra circunstância particular também pode ensejar a demanda de alguma salvaguarda especial.

No caso dos processos criminais, vale observar, dados resultantes de pesquisa realizada na UFMG — Universidade Federal de Minas Gerais, pela Clínica do Trabalho Escravo e Tráfico de Pessoa — CTETP —, sob coordenação do Prof. Carlos Haddad e da Professora Lívia Miraglia e especificamente para a unidade federativa mineira, deixam entrever que:

> De 373 fiscalizações realizadas, houve constatação de trabalho escravo em 157 casos. Submetida parte desses casos à Justiça Criminal, foram proferidas 35 sentenças, das quais resultaram 14 condenações, abrangendo 21 réus. Somente três decisões transitaram em julgado. Em um dos processos, consumou-se a prescrição retroativa da pretensão punitiva. No segundo processo, foram aplicadas multa e pena restritiva de direito. No terceiro caso, expediu-se mandado de prisão para execução depena de 4 anos e 6 meses de reclusão. Deve-se frisar que a sentença transitou cm julgado, ncstc último caso, após tcr sido considerada intempestiva a apelação interposta pelo acusado.

Esses resultados, no entanto, no que diz com a persecução penal dos sujeitos ativos do crime de redução a condição análoga à de escravo e com a *pirâmide da impunidade* que assim se retrata, tendem a se reproduzir no âmbito nacional, valendo, como ilustração, o caso *Trabalhadores da Fazenda Brasil Verde*, em função do qual o Estado brasileiro foi condenado pela Corte Interamericana de Direitos Humanos, ante a crítica falta de providências punitivas e preventivas do trabalho escravo contemporâneo ao longo daquele ensejo (sentença de 20 de outubro de 2016).

Nesse caso, a propósito, só por completude, acrescenta-se que, na fazenda mencionada, milhares de trabalhadores foram submetidos anualmente a trabalho escravo, com servidão por dívidas, suportando ameaças de morte em caso de abandono do posto de trabalho, falta de salário, endividamento com o fazendeiro, falta de moradia, alimentação e de assistência à saúde. Conhecedor das ocorrências, o Estado brasileiro se omitiu e não adotou medidas tutelares administrativas e judiciais em favor das vítimas, entre as quais, inclusive, dois adolescentes desaparecidos. O Brasil foi condenado a indenizar material e moralmente os trabalhadores (E.1 – 478 e segs./ E.2 – 483 e segs.).

No **âmbito social**, há a repercussão reputacional da empresa, como é o caso de grifes café e de confecções flagradas submetendo seus trabalhadores a condições análogas à de escravo, e eventual perda de certificações de qualidade nacionais e estrangeiras.

7. As tecnologias digitais no combate à escravidão contemporânea

Dessarte, passando por relato tão extenso sobre a perversa escravidão contemporânea, chega-se, finalmente, ao cerne do presente estudo, que — já se disse alhures — está debruçado sobre os desafios tocantes à sua erradicação e enfrentamento, buscando conjugar e entretecer as duas variáveis acima epigrafadas, seja a variável de cariz material, tal como ainda é o trabalho escravo moderno, seja a variável de cariz operacional, tal como é a chamada Revolução 4.0, que traz a lume um sem número de inovações tecnológicas ou tecnologias digitais.

E, concernente a um tal entrelaçamento de realidades, verifica-se alhures que não se ignora o fato de que *big techs* têm sido globalmente acusadas tanto da exploração do próprio trabalho escravo moderno, quanto do trabalho infantil ilícito, no que tange à extração dos respectivos insumos produtivos. Todavia, como também já expresso, sem desconhecer e, sobretudo, sem respaldar ditas práticas escravistas, cuja radical abjeção se registra desde já, o esforço metodológico deste texto se volta para um olhar prospectivo da tecnologia e de suas possíveis benemerências aos trabalhadores e à sociedade, com vistas a seu uso, na edificação de relações humanas, laborais e sociais mais sinceras e escrupulosas.

É nessa pegada, então, que se traça uma linha do tempo próxima — por assim dizer —, para afirmar, resumidamente, que as inovações tecnológicas mencionadas correspondem às chamadas tecnologias digitais *lato sensu* e coroam uma evolução técnica inaugurada ainda no século XVIII (1ª Revolução Industrial, com James Watt, em 1765), ao mesmo tempo em que, de forma simultânea, elas também inauguram novas perspectivas e oportunidades informacionais, comunicacionais e científicas em geral, já que se projetam para o futuro e suscitam um sem-número de reações matemáticas, físicas, químicas, biológicas, econômicas, sociológicas, jurídicas etc.

Nesse sentido, SCHWAB (2016, p. 23-31) classifica as inovações tecnológicas relativas à Quarta Revolução Industrial — ou Revolução 4.0 — em 03 (três) categorias distintas, porém interconectadas quanto à interação ferramental, que são, em teor deveras abreviado:

a. **Categoria física**. Constituída por veículos autônomos (caminhões, drones, barcos etc.), impressão 3D, robótica avançada e novos materiais;

b. **Categoria digital**. Constituída por *IoT* ou internet das coisas, inteligência artificial, aprendizado de máquina e *blockchain*;

c. **Categoria biológica**. Constituída por neurotecnologias e as tecnologias relativas ao meio ambiente, genericamente considerado.

Desse universo instrumental, por sua vez, cumpre selecionar apenas os apetrechos que têm sido utilizados no combate à escravidão contemporânea nos mais diferentes lugares do mundo, em especial no Brasil, e que são aqui expostos, observando a disposição ordenada das categorias supra, que são os drones, a *internet*, a inteligência artificial e o *blockchain*.

E, sem esgotar a gnose sobre quaisquer desses artefatos — gnose essa, aliás, já vasta e multifacetada, com olhos sobre o alcance técnico exponencial correspondente, suas consequências materiais e imateriais, seu caráter transfronteiriço, a governança nacional e internacional, a suficiência ou insuficiência da disciplina legal e a necessidade de novos regramentos, a edição de regramentos corporativos pelas *big techs*, os seus limites e a sua relação com direitos humanos fundamentais (integridade física do ser humano, liberdade de expressão e de associação, privacidade, igualdade e direito à não discriminação, empregabilidade profissional etc.) —, esta intervenção se volta somente para o apontamento de suas principais características e para a indicação de como eles são utilizados na tarefa de defrontar o trabalho escravo contemporâneo, salientando que o Brasil, muito embora não figure entre os países produtores dessa tecnologia de ponta, tem feito um uso adequado da mesma e, ao que parece, proveitoso para os fins em questão, quais sejam, o combate e a erradicação do trabalho forçado.

Veja-se, pois.

7.1. Drones

Os drones e os veículos autônomos não tripulados — VANTS — são, assim como indica a própria designação, espécie de veículo robótico, teleguiado por controle remoto, via rádio ou geolocalização por satélite, sem condutor humano em seu interior, sendo o primeiro destinado ao lazer, enquanto o segundo se volta para pesquisas e atividades negociais. Seu inventor, na forma atual de UAV, é o engenheiro espacial iraquiano Abraham Karen, que os concebeu no ano 1977, nos Estados Unidos, para a realização de atividades militares difíceis ao ser humano, tais como, resgates durante incêndios, por exemplo.

Com o tempo, os drones evoluem e se sofisticam, havendo, nos dias atuais, modelos aéreos, espaciais, terrestres e aquáticos, de maneira que suas aplicações também se encontram bastante ampliadas e aprimoradas. Os drones, hoje, são utilizados para diversas finalidades: pesquisas espaciais, atividades militares, controles agrícolas, mergulhos submarinos, entrega de mercadorias, resgate salva-vidas de pessoas em situação de afogamento, filmagens cinematográficas, fotografias etc.

Também integram suas atuais aplicações o mapeamento e o monitoramento de trabalhadores escravos contemporâneos, sendo esse o uso que se lhe dá no Brasil, desde 2015, quando o Ministério Público do Trabalho doou ao Ministério do Trabalho e Emprego — atualmente Ministério do Trabalho e Previdência Social — seis aparelhos do modelo *Inspire1*, marca *DJI*, com câmera de alta resolução acoplada, um dos quais a ser cedido, pelo Ministério em questão, à Polícia Rodoviária Federal, pelo relevante papel que a PRF também desempenha no combate à exploração laboral neoescravista.

Testifica esse uso o depoimento do jornalista Leonardo Sakamoto em apresentação no Seminário TEDx, relatando a história de Pedro, um jovem escravizado moderno. Nesse evento, Sakamoto se reporta às ferramentas do século XXI para combater um problema do século XXI, o que faz, nos seguintes termos (*"in litteris"*):

> No último ano, começamos a usar drones, para tirar fotografias, encontrar e mapear locais de produção. O resultado de todas essas investigações foi usado para convencer empresas a adotarem políticas transparentes contra a escravidão e para monitorar suas cadeias de suprimento.

Para o uso dos drones em questão, são treinados auditores fiscais do trabalho, que iniciam as atividades correspondentes no mês de agosto de 2015, com voos curtos de, no máximo, 2km de distância e 30m de altura (considerando-se, à altura, a falta de regulamentação, pela Agência Nacional de Aviação Civil). Seus benefícios se corporificam na aceleração das fiscalizações e da coleta de provas, considerando que podem sobrevoar, filmar e fotografar os empreendimentos urbanos ou rurais que façam uso do trabalho análogo à condição de escravo.

7.2. A internet

Como já indicia a própria nomenclatura, a *internet* é, grosso modo, uma rede internacional de dispositivos móveis (computadores, celulares, *tablets* etc.), ou de outras redes, que se interligam por meio de cabos submarinos de fibra ótica e de aparelhos roteadores. Ela foi inventada na década de 1960, nos Estados Unidos, com finalidades militares e se chamando ARPANET.

Nos anos 1980, a *internet* passa a ter sua extensão ampliada, para abranger o mundo acadêmico, intercomunicando diversas universidades, primeiro, no território dos Estados Unidos e, depois, também, de países da Europa (Holanda, Suécia, Dinamarca, por exemplo). Na década de 1990, a *internet* já tem seu uso comercial liberado, com empresas passando a explorar o acesso à mesma e, desde então, sua estruturação e seu uso são crescentes.

Em pesquisa publicada em janeiro de 2021, organizações não governamentais atestam que mais da metade da população mundial se encontra conectada à internet, com cerca de 4,66 bilhões de usuários. Com uma tal pulverização, portanto, a *internet* tem sido utilizada por pessoas públicas e pessoas privadas, para os mais diversos fins. Por exemplo, defesa e vigilância do Estado, educação, comunicação, negócios e transações variadas, prestação de serviços, lazer etc. Negativa e prejudicialmente a seus fins essenciais, a *internet* também tem sido palco de crimes cibernéticos de diferentes espécies.

Quanto à prevenção e combate ao trabalho escravo contemporâneo, como instrumento próprio, ou como instrumento conjugado a outras ferramentas, a *internet* permite diferentes ações no Brasil e no mundo. No território brasileiro, a saber, além de vários sítios eletrônicos informativos e pedagógicos, *softwares* têm sido desenvolvidos sob a forma de aplicativos ou *apps*, visando facilitar e anonimizar denúncias de situações efetivas ou suspeitas dessa forma de exploração do trabalho humano, levando os agentes públicos aos lugares corretos com rapidez e economia de recursos humanos e materiais.

Nesse sentido, no âmbito do Poder Público, há iniciativas do Ministério do Trabalho (ou, até há pouco, da Secretaria Especial de Previdência e Relações de Trabalho, do Ministério da Economia), em parceria com a Organização Internacional do Trabalho, e do Ministério Público do Trabalho. No campo das pessoas jurídicas de direito privado nacionais e internacionais, há, entre outras, iniciativas da organização não governamental Repórter Brasil.

Por oportuno e muito resumidamente:

(I) No âmbito do poder público

— **Sistema Ipê e Fluxo nacional de assistência à vítima do trabalho escravo.** O Sistema Ipê é fruto de uma parceria entre o Ministério da Economia e a OIT e constitui um sistema digital para receber denúncias trabalhistas, visando especialização da ação pública, além de prevenção e combate, enquanto o Fluxo nacional de assistência à vítima do trabalho escravo representa um método de atendimento uniformizado às trabalhadoras e trabalhadores resgatados, valendo-se, quanto à fase da denúncia, do Sistema Ipê (Portaria MMFDH n. 3.484, de 06 de outubro de 2021), motivo por que consta no presente registro.

— **MPT Pardal.** Criado pelo Ministério Público do Trabalho, o aplicativo anseia oportunizar o saneamento das irregularidades trabalhistas e, também, coletar provas das graves violações que existem na seara.

(II) No âmbito das pessoas jurídicas de direito privado

— **Moda Livre.** É um aplicativo criado no ano de 2016 pela organização não governamental *Repórter Brasil*, que visa monitorar o cumprimento das obrigações patronais trabalhistas, por parte de certas marcas de roupa, prevenindo o trabalho escravo contemporâneo.

Entre 2016 e 2018, essa mesma organização não governamental também tinha o aplicativo **ENP! (Escravo, Nem Pensar!)**, que visava abordar a temática da escravidão moderna de forma didática e para atividades educacionais que pretendessem debater o assunto pedagógica e preventivamente. Esse aplicativo se encontra desativado, a partir de atualizações respectivas, encontrando-se no *site* de igual nomenclatura todo o arcabouço pertinente e com as mesmas finalidades.

Quanto ao estado da técnica e ao instrumental da *internet* em si, cumpre fixar que, no desenvolvimento e no manejo desses *softwares*, a atualidade também oportuniza o seu uso conjugado com a inteligência artificial e com a *internet* das coisas (IoT), as quais, por sua vez, podem alimentar e retroalimentar algoritmos, tratando dados e permitindo o tráfego de um maior número de informações. É, de fato, um novo e promissor horizonte de tutela.

7.3. Da inteligência artificial

A inteligência artificial consiste numa genuína operação computacional, capaz de decodificar dados, organizá-los e reutilizá-los, nos seus mais diferentes modelos, em tarefas específicas e previamente programada no sistema. Ela é, por assim dizer, uma espécie de imitação do raciocínio lógico-matemático do ser humano, sendo esse a sua inspiração e o fundamento de sua nomenclatura, nada obstante um tal epíteto, pelo seu resultado, seja ainda somente uma ideia, nada mais.

Nesse sentido e por outras palavras, em livre tradução:

> A inteligência artificial é muito diferente da inteligência humana. A principal unidade do pensamento no cérebro humano é o neurônio, enquanto no computador, você tem uma unidade de processamento central (CPU) que realiza cálculos. A menor unidade de uma CPU é um transístor, um componente eletrônico que forma os portões lógicos. São os equivalentes dos neurônios para os computadores, mas não fazem muito. Eles podem mudar o fluxo de eletricidade, ampliá-lo e isso está ótimo. Os portões lógicos formam a base dos programas de computador, que são apenas uma série de uns e zeros. Como essa simples troca de eletricidade pode criar um comportamento inteligente? No nível mais básico, um programa pode exibir algum nível de inteligência dependendo de como está programado.

Por sua cronologia, verifica-se que a **inteligência artificial** procede dos anos pós Segunda Guerra, a partir da emblemática Conferência de Darthmouth, em 1956. Os anos 1960 são considerados a era de ouro da inteligência artificial, enquanto as décadas imediatamente seguintes são referidas como sendo o seu inverno, devido à fuga dos investidores nas pesquisas. No limiar do século XXI, por sua vez, interconectando-se com outras tecnologias digitais insurgentes (*big data*, aprendizado de máquina etc.), a inteligência artificial se renova e passa a viabilizar operações computacionais exponenciais.

Relativamente à uma possível classificação, os processos de inteligência artificial podem ser categorizados em **fortes** ou **fracos**, como, também, em **gerais** ou **restritos**, entre outras variedades topicamente vindicadas. De forma sumária, então, o quadro a seguir:

CATEGORIA DA INTELIGÊNCIA ARTIFICIAL	ESCLARECIMENTO
Inteligência artificial forte	Supõe-se ainda não existente. Cuida-se, a rigor, da inteligência artificial dotada de autoconsciência. Há experimentos recentes que já a anunciam para o presente século.
Inteligência artificial fraca	São máquinas com simulacro de pensamento. Aparentam inteligência humana, mas são programas computacionais não autoconscientes.
Inteligência artificial geral	Tem a capacidade de reconhecer o ambiente, de "aprender" e de replicar a solução aprendida em tarefas diferentes.
Inteligência artificial restrita	Dedica-se a uma única tarefa complexa.

Quadro 3. Fonte: Os autores.

Com diferentes aplicabilidades na sociedade pós-moderna, como, por exemplo, nas finanças, na educação, na saúde, nas comunicações etc., a inteligência artificial também é chamada para o combate ao trabalho escravo contemporâneo. Nesse sentido, pesquisadores da Universidade de Nottingham, na Inglaterra, e ativistas de direitos humanos, têm-na *treinado* para realizar mapeamentos globais, via satélite, identificando localidades e estruturas edilícias compatíveis com a existência do trabalho forçado.

Entrementes, no chamado *cinturão do tijolo*, que se estende entre o Paquistão, a Índia, o Nepal e Bangladesh, a situação espacial analisada por inteligência artificial identifica milhares de fornos, desvelando aspectos quantitativos e geográficos da prática escravista, ao tempo em que também proporciona às autoridades locais munição para um seu enfrentamento eficaz.

Ainda na Inglaterra e em outros países do Reino Unido, a organização não governamental *The Future Society — TFS —* desenvolve o projeto *AIMS* ou *Artificial Intelligence against Modern Slavery*, de código aberto e disponível no GitHub. Este projeto desenvolve métodos e ferramentas para que as empresas com faturamento sujeito à Lei da Escravidão Moderna, de 2015, concedam acesso a seus relatórios e dados, permitindo seu entrecruzamento, ou seja, coleta e tratamento, visando a elaboração de métricas preventivas e contrárias ao trabalho escravo contemporâneo.

Na mesma esteira, na União Europeia, a partir da mesma legislação inglesa retro citada e da 6ª Diretiva Anti-Lavagem de Dinheiro, regulatória do combate a crimes financeiros e seus beneficiários finais, com evidente impacto no tráfico de pessoas e no trabalho escravo contemporâneo e, em cujo universo de aplicação, a inteligência artificial também vem sendo usada para detecção de sinais suspeitos, tais como, fraudes e conexões ocultas indicativas de escravidão contemporânea nas cadeias de suprimento e de produção, ou, ainda, a identificação prévia de possíveis sujeitos contratuais já envolvidos com o referido ilícito.

Nos Estados Unidos da América, a *SAP Ariba*, empresa desenvolvedora de *softwares* da Califórnia (Palo Alto), com atuação na indústria da moda e da alimentação (dois grandes focos da exploração da neoescravidão), desenvolveu um programa de análise de riscos baseado em A.I., para o uso de seus clientes. O programa analisa centenas de dados a fim de identificar possíveis violações de leis trabalhistas. Os dados vêm de auditores independentes (que inspecionam fábricas e fazendas periodicamente), de ONGs que monitoram a neoescravidão, da mídia ou dos próprios trabalhadores, mediante denúncias feitas por meio de uma central telefônica. Em uma interface simples, o programa mostra o risco de trabalho forçado naquela cadeia produtiva, dividido por empresa e mapeado por cor. Com o "aprendizado" de máquina, é possível identificar e denunciar casos de trabalho forçado em tempo real, o que garante respostas imediatas das empresas denunciadas. A intenção declarada da *SAP Ariba* é a de tornar o programa disponível ao grande público (*i.e.*, disponibilizar um *freeware*), colocando a empresa de tecnologia na vanguarda da fiscalização e da autorregulação das cadeias de abastecimento e proporcionando às empresas que se valerem do programa a possibilidade de atenderem às demandas de consumo consciente dos seus respectivos públicos.

Outras *start-ups* estadunidenses também utilizam o mesmo mecanismo da coleta e do tratamento de dados. Por exemplo, a Marinus Analytics, que desenvolve e fornece ferramentas de inteligência artificial, com vistas à obtenção de *insights* acionáveis do *big data*, para aplicação da lei e interrupção do tráfico humano, do abuso infantil e da fraude cibernética. Sua principal ferramenta se chama TrafficJam. Igualmente, a Polaris, que identifica mais de vinte e cinco tipos de tráfico humano, a partir da criação de ferramentas de coleta e análise de dados disponíveis, não só da vítima, mas, também, dados aleatórios do *big data*, passando a identificar novos padrões, informações e redes, até então, não mapeados.

No Canadá, da mesma forma e de acordo com o relatório 2022 do *Scotiabank*, dois desenhos de aprendizado de máquina — modelo da inteligência artificial — detectam exploração sexual de crianças e adolescentes e tráfico humano relativo à exploração sexual, a partir da observação de dados transnacionais dos saques online, do uso de cartões de crédito, transferências eletrônicas de verba, entre outras operações, que findam por identificar atividades suspeitas e tráfico humano.

E, nesses processos todos, preservando a privacidade individual, referidas empresas devem lançar mão da técnica de fusão de dados no aprendizado de máquina, que, fazendo uso de dados estruturados e não estruturados do arcabouço do *big data*, permite maior precisão para o *machine learning*, que passa a apontar tendências (bias) e novos padrões, diante da diversidade — e até da disparidade — das informações.

No Brasil, ainda não há uma incidência direta assemelhada, muito embora fosse factível, para a identificação de propriedades agropecuárias afastadas, ou propriedades citadinas, passíveis de abrigarem o trabalho em condições análogas à de escravo. O Brasil, no entanto, ao lado da Coreia do Sul e da Arábia Saudita, integra o topo do ranqueamento global de governos informatizados, difundindo o que as Ciências Sociais vêm designando de *e-govern* e, nessa perspectiva, já entabula monitoramentos e fiscalizações de teor fiscal e de controle da administração pública com uso da inteligência artificial.

No campo das relações do trabalho, porém, mesmo com expressivo déficit no número de auditores fiscais do trabalho, a inteligência artificial figura como mais um anseio desta categoria profissional, tal como deixa entrever distinto estudo desenvolvido por Barbosa, advogando a pertinência de uma tal aplicabilidade, considerando, em síntese, os variegados dados — brutos e entrecruzados — que compõem o planejamento da fiscalização do trabalho no Brasil. Mas, de toda forma, a inteligência artificial participa do combate à escravidão contemporânea, reflexamente, como um elemento integrativo da tecnologia digital como um todo e operante, conjugadamente, com a *internet*, a *internet* das coisas (IoT), as plataformas digitais educativas e institucionais, os aplicativos desenvolvidos etc.

7.4. Blockchain

O *blockchain* ou cadeia de blocos de informação é, em síntese, uma *tecnologia de registro permanente, transparente* e *dotada de assinatura digital própria*, que se reproduz a cada vez que os dados nela constantes são tratados com a inserção de novos elementos. Assim, o bloco posterior da cadeia tem sempre o próprio código, acrescido do código do bloco anterior, de maneira que a referida tecnologia cria uma espécie de "cartório virtual" em que as operações realizadas são inalteráveis e estão, segura e permanentemente, registradas. Seu uso açambarca o setor financeiro, o setor negocial, as transações logísticas, os contratos cíveis e mercantis etc.

Sua utilização conheceu imenso impulso a partir do ano de 2008, com a crise econômica mundial, para prevenir eventual multiplicidade de gastos nas transações entabuladas via *internet*. A invenção do *blockchain* é atribuída a um certo Satoshi Nakamoto, autor do famoso artigo *"Bitcoin: A peer-to-peer Eletronic Cash System"*. Não se sabe bem, todavia, se Satoshi Nakamoto é um ser humano real ou se é apenas o pseudônimo de outro pesquisador, ou ainda de algum grupo de estudiosos. As moedas digitais, com efeito, baseiam-se em tecnologia *blockchain* (*Bitcoin, Ethereum, Tether* etc.).

Globalmente, organizações não governamentais, instituições educacionais, corporações empresariais e até mesmo Estados têm utilizado o *blockchain* na repressão e na prevenção ao trabalho escravo contemporâneo. Isso ocorre em Hong Kong, por exemplo, onde a empresa Diginex vale-se da tecnologia para promover recrutamentos justos e éticos, sem escravização laboral de imigrantes; também nos Estados Unidos da América, onde a *Coca-Cola*, após ser internacionalmente apontada como sendo uma das empresas integrantes do rol de empresas violadoras de direitos trabalhistas em cadeias globais de fornecimento, dispôs-se a uma parceria com o Departamento de Estado estadunidense para utilizar os registros do *blockchain* em sua própria cadeia produtiva e identificar a origem da cana-de-açúcar que utiliza, refutando aquela que é produzida sob o regime de trabalho forçado.

Em 2016, a organização não governamental *KnowTheChain* — *i.e.*, *"Conheça a cadeia"* (de fornecimento) — divulgou um relatório sobre as empresas de alimentos e bebidas *"Big 10"*, nas quais a *Coca-Cola* estava entre as maiores. Descobriu-se que nenhuma delas atendia às normas trabalhistas internacionais em suas cadeias de fornecimento, e a cana-de-açúcar era um dos insumos mais mal regulados. Em resposta, a *Coca-Cola* firmou parceria com o Departamento de Estado dos EUA — órgão federal do Poder Executivo responsável pelas relações internacionais daquele país, equivalendo ao Ministério das Relações Exteriores brasileiro — para testar a tecnologia *blockchain* em sua cadeia de fornecimento de cana-de-açúcar para melhorar a transparência e a prestação de contas por parte do fornecedor.

No Brasil, outra organização não governamental — a Alinha — lançou mão desse mesmo arcabouço tecnológico registral para regularizar pequenas oficinas clandestinas de costura existentes no Estado de São Paulo. Como se sabe, tal segmento abriga fartos contingentes de trabalhadores migrantes indocumentados, frequentemente reduzidos à condição análoga a de escravo, o que se revela inclusive nas estatísticas do Ministério Público do Trabalho (ações do *Parquet* têm resgatado cerca de 35% dos escravos do setor).

Na sua atuação concreta, a Alinha visita essas oficinas clandestinas e detecta o que é formalmente necessário para sua regularização, com análise de CNPJ, dívidas trabalhistas e reclamações de fornecedores, por exemplo, além de proporcionar a visita de um técnico de segurança do trabalho, que avalia o meio ambiente do trabalho e identifica os respectivos problemas de saúde e segurança laboral. Promove-se também o rastreamento da roupa produzida, o que propicia a posterior "reunião" do costureiro com o consumidor da peça, a partir da combinação cognitiva das informações colhidas em todo o processo econômico, de ponta a ponta. Tal "reunião" seria um fato realmente impossível, se não fosse a cadeia progressiva de informações catalogadas pelo *blockchain*.

Desse modo, a tecnologia digital do *blockchain* serve bem à realização de controles benfazejos, por ser preventiva dos danos da escravidão contemporânea aos obreiros e, também, por ser pedagógica e educativa para com os oficineiros e outros exploradores (que, diante das extremadas chances de detecção das irregularidades — prejudicando-lhes as próprias vendas —, veem-se instados a trocar a clandestinidade da oficina pela formalidade da atividade, dos vínculos e de todas as suas ofertas negociais).

E, com efeito, cada vez mais as cadeias *blockchain* têm sido adaptadas para usos de natureza legal e corporativa. Essa tecnologia deverá influenciar profundamente a forma como consumimos, tornando possível, por mera consulta ao código de barras do produto, rastrear desde a sua matéria prima, passando pelo local e processo de fabricação, até o momento de compra pelo usuário. Sua utilização promove a transparência e a honestidade ao permitir a disseminação de vídeos, fotos, certificados e dados adicionais, que poderão ser facilmente acessados pelos clientes.

Na comparação, se os recursos de inteligência artificial (*supra*) permitem sobre ao *fornecedor* praticar a autorregulação, a tecnologia *blockchain* consagra *o consumidor* como o agente absoluto da decisão: a partir do acesso irrestrito às informações da cadeia de produção, escolherá se consome ou não. Criar-se-á, com isso, um círculo virtuoso: com o tempo, as grandes "mantenedoras" das cadeias de fornecimento tenderão a contratar — e a permitir que se contrate — apenas empresas que assegurem, nos registros *blockchain*, a maior transparência nos respectivos processos produtivos. A *opacidade*, que não raro esconde a iniquidade, será um elemento concorrencial negativo.

Considerações finais

No Brasil e no mundo, ainda persiste o cancro da escravidão. Metamorfoseou-se, é verdade. Hodiernamente, ora é designada como escravidão moderna, ora como escravidão contemporânea — expressão de nossa preferência —, ora, ainda, como neoescravidão. Alcança homens e mulheres, crianças e adolescentes pobres, vulneráveis e de poucas ou de nenhuma letra. Coopta-os de vários modos: seja pelo engano (como, *e.g.*, nos enunciados ardilosos de condições contratuais que não serão realizadas), seja pela violência (como, *e.g.*, nos desdobramentos mais comuns do tráfico de pessoas humanas — um tráfico lucrativo, ignominioso e cruel, como se demonstrou acima —, a impor solidão, silêncio e invisibilidade a um contingente significativo de pessoas humanas desprotegidas).

Ademais, esse ácido fato do século XXI, sabe-se a mancheias, decorre das características inerentes ao modo capitalista de produção, que, a partir da lógica que move a sua matriz econômica (= reprodução acumulada do capital), coloniza todas as esferas de sociabilidade, incluindo-se a política e a social. A pessoa humana fetichiza-se como mercadoria, ao retórico das retóricas autoafirmativas do liberalismo tardio. Impõe-se, como realidade, a sua natureza essencial, que repulsa o compartilhamento material, obstaculiza a inclusão social dos pobres e guarnece a apropriação da mais-valia.

O verbo jurídico, nada obstante, há de seguir os seus pruridos éticos, se se pretende coerente, íntegro e único (o que é, de resto — e bem o sabemos —, também um idílio liberal). Pobres e desguarnecidos, como seres humanos, incorporam a máxima dignidade constitucional, o que basta, na perspectiva jurídica, para justificar um contingenciamento dos excessos éticos engendrados pragmaticamente pelo sistema produtivo. Tal contingenciamento é pacífico, universalista, solidarista e democrático (e, por isso mesmo, há quem o tome por ineficaz e ilusório); realiza-se, na prática hodierna dos Estados Democráticos de Direito, por intermédio dos estratos formais de tutela dos direitos humanos fundamentais, já encartados nas constituições, nas declarações e nos pactos globais. Mas precisa ganhar concreção fora das letras.

De outra parte, originada no mesmo berço liberal — mercê da livre iniciativa e da criatividade exponencial que rege as infindas revoluções industriais —, a chamada *tecnologia digital* vem a lume e passa a ser instada a cumprir, nesse e noutros campos, o seu esperado papel civilizatório. E, a despeito disso, também revela, no seu bojo, as contradições inerentes ao modo capitalista de produção: libertária ou não, é fato que, na sua caminhada evolutiva, também se beneficiou com o trabalho escravo contemporâneo, seja para a extração dos seus insumos, seja para a fabricação de seus dispositivos.

Nada obstante, mesmo à sombra do paradoxo, a tecnologia digital vem sendo rendida às demandas dignificantes do gênero humano, contribuindo para o combate da escravidão moderna, tanto nos parques institucionais brasileiros, quanto em plagas estrangeiras. Em duas importantes frentes, as ferramentas digitais confluem, sem maiores descompassos materiais ou normativos, para a superação das formas mais violentas de indigência nos meios urbano e rural e, em particular, para a erradicação da neoescravidão:

> **(a)** por meio de ações repressivas, tal como se dá com o uso de drones e da comunicação telemática (*internet*), que permitem identificar, documentar e desbaratar núcleos organizados de exploração de mão de obra escravizada;
>
> **(b)** por meio de ações preventivas e educacionais — tal como vem se operando, no Brasil, com o uso da tecnologia *blockchain* (v., *e.g.*, os casos *KnowThe-Chain* e *Alinha*) —, educando-se e informando-se empreendedores sobre a necessidade de eliminação do trabalho escravo contemporâneo, expandindo-se esses dois vetores (educação/informação) para além da primeira "bolha" de interação (de modo a alcançar todos os demais segmentos sociais e institucionais) e buscando-se a uniformização das políticas correspondentes, com vista à sua maior efetividade.

O gênero humano é precioso demais para se amesquinhar em filigranas jurídicas que pretendam distinguir, p. ex., o que é "forçado" do que é "degradante". O tempo informa o espírito; e o nosso tempo descortina um novo limiar tecnológico, de possibilidades exponenciais, propício para a revolução da economia, mas também com a sublimação da condição humana. A rigor e ao revés, agride intensamente o senso ético universal — aquele mesmo que informa o pensamento jurídico desde os seus albores (*"suum cuique tribuere", "honeste vivere", "neminem laedere"*) —, conceber que tanto avanço técnico se ombreie com profunda pobreza, abandono e escravidão. O novo, se não for bom, não se basta por ser novo; e, recordando Timothy Berners-Lee, o "inventor" da *World Wide Web, "o futuro ainda é muito maior do que o passado"*.

Referências

BARBOSA, E. da S. O uso de técnicas da inteligência artificial no planejamento individual da Fiscalização do Trabalho. *Revista da Escola Nacional da Inspeção do Trabalho*, ano 3, 2019, p. 200-215, Disponível em: <https://enit.trabalho.gov.br/revista/index.php/RevistaEnit/article/view/69/43>. Acesso em: 3 mar. 2023.

CAIRES, L.; FERNANDES, L. Escravidão contemporânea atinge milhões e pode ser combatida com auxílio da tecnologia. *ComCiencia*. Pub. em 10 nov. 2021. Disponível em: <https://www.comciencia.br/escravidao-contemporanea-atinge-milhoes-e-pode-ser-combatida-com-auxilio-da-tecnologia/>. Acesso em: 28 nov. 2021.

CARRETERO, N. Leilões de escravos às portas da Europa. *El País*. 02 jul. 2017. Disponível em: <https://brasil.elpais.com/brasil/2017/06/29/internacional/1498753080_705940.html>. Acesso em: 15 out. 2021.

CAZARRÉ, M. Com 40 milhões de escravos no mundo, OIT pede mais empenho dos países. *Agência Brasil*. Pub. 20 jul. 2017. Disponível em: <https://agenciabrasil.ebc.com.br/direitos-humanos/noticia/2017-09/com-40-milhoes-de-escravos-no-mundo-oit-pede-mais-empenho-dos>. Acesso em: 28 jul. 2021.

CHOPRA, A. Using AI to fight a human trafficking modern slavery... Can we win? *The Cyber Express*. Pub. 12 fev. 2023. Disponível em: <https://thecyberexpress.com/ai-to-fight-human-trafficking-modern-slavery/>. Acesso em: 30 mar. 2023.

COELHO, H. Idosa é resgatada em situação análoga à escravidão, no Rio de Janeiro, estando a trabalhadora sem receber salário por 41 anos. *G1 Globo*. Pub. 28 jan. 2021. Disponível em: <https://g1.globo.com/rj/rio-de-janeiro/noticia/2021/01/28/forca-tarefa-resgata-idosa-em-situacao-analoga-a-escravidao-no-rio-patroes-nao-pagaram-salario-por-41-anos-diz-superintendencia.ghtml>. Acesso em: 27 nov. 2021.

CUNHA, R. S. *Manual de direito penal:* parte especial (arts. 121 ao 361). 11. ed. Salvador: JusPodivm, 2019.

DEUTSCHE WELLE. *O caso de trabalho análogo à escravidão em vinícolas do RS*. Pub. 02 mar. 2023. Disponível em: <https://www.dw.com/pt-br/o-que-se-sabe-sobre-caso-de-trabalho-an%C3%A1logo-%C3%A0-escravid%C3%A3o-no-rs/a-64865707>. Acesso em: 31 mar. 2023.

DIREITOS HUMANOS. OIT: O trabalho infantil "tem que acabar". *ONU News*. Pub. 14 nov. 2018. Disponível em: <https://news.un.org/pt/story/2018/11/1647731>. Acesso em: 28 nov. 2021.

FELICIANO, Guilherme Guimarães. Redução à condição análoga à de escravo, na redação da Lei n. 10.803/03. *Revista de Direito do Trabalho*, São Paulo, v. 30, n. 114, p. 81-93, abr./jun. 2004.

GIRARDI, E. P., THÉRY, N. A. D. M., THÉRY H., HATO, J. Mapeamento do trabalho escravo contemporâneo no Brasil: dinâmicas recentes. *Revista Brasileira de Geografia Econômica*, ano II, n. 4, Pub. abr. 2014. Disponível em: <https://journals.openedition.org/espacoeconomia/804>. Acesso em: 28 nov. 2021.

GOMES, O.; GOTTSCHALK, E. *Curso de Direito do Trabalho*. Rio de Janeiro: Forense: 2002.

G1 BA. Babá pula do 3º andar de prédio em Salvador; polícia investiga cárcere privado cometido pela patroa. *G1 Globo*. Disponível em: <https://g1.globo.com/ba/bahia/noticia/2021/08/25/baba-se-joga-de-3-andar-de-predio-em-salvador-policia-investiga-carcere-privado-cometido-pela-patroa.ghtml>. Acesso em: 27 nov. 2021.

G1 SÃO PAULO. Drone será usado pelo Ministério do Trabalho para barrar trabalho escravo. *G1 Globo*. Disponível em: <http://g1.globo.com/tecnologia/noticia/2015/07/ministerio-do-trabalho-usara-drones-para-combater-trabalho-escravo.html>. Acesso em: 28 nov. 2021.

G1 TRIÂNGULO E ALTO PARANAÍBA. Professor denunciado por manter diarista em condições análogas à escravidão é afastado da universidade em Patos de Minas. *G1 Globo*. Pub. 21 dez. 2021. Disponível em: <https://g1.globo.com/mg/triangulo-mineiro/noticia/2020/12/21/professor-denunciado-por-manter-diarista-em-condicoes-analogas-a-escravidao-e-afastado-de-universidade-em-patos-de-minas.ghtml>. Acesso em. 28 nov. 2021.

HADDAD, C. H. B.; MIRAGLIA L. M. M. (Coords.); MONTEIRO, L. F., PEREIRA, M. R., BUENO, M. A. (Cols.). *Trabalho escravo:* entre achados da fiscalização e as respostas. Florianópolis: Tribo da Ilha, 2018. p. 139-140.

HOPKINS, G. How AI and data fusion are turning the tide in the battle agaisnt modern slavery. *Fintechs Futures*. Pub. 31 maio 2022. Disponível em: <https://www.fintechfutures.com/2022/05/how-ai-and-data-fusion-are-turning-the-tide-in-the-battle-against-modern-slavery/>. Acesso em: 30 mar. 2023.

IFMA. Pesquisador do IFMA traça perfil do trabalho escravo contemporâneo no Maranhão. *Notícias*. Assessoria de Comunicação. Pub. 13 mai. 2015. Disponível em: <https://portal.ifma.edu.br/2015/05/13/pesquisador-do-ifma-traca-perfil-do-trabalho-escravo-contemporaneo-no-maranhao/>. Acesso em: 21 nov. 2021.

ISTO É DINHEIRO. *Redação*. Número de usuários da internet no mundo chega aos 4,66 bilhões. Disponível em: <https://www.istoedinheiro.com.br/numero-de-usuarios-de-internet-no-mundo-chega-aos-466-bilhoes/>. Acesso em: 15 nov. 2021.

ITARC. *Confira a história dos drones e suas curiosidades ITARC*. Disponível em: <https://itarc.org/historia-dos-drones/>. Acesso em: 28 nov. 2021.

LACERDA, N. Sakamoto: Trabalho escravo não um desvio, mas ferramenta do sistema. *Brasil de Fato*. Pub. 28 jan. 2020. Disponível em: <https://www.brasildefato.

com.br/2020/01/28/sakamoto-trabalho-escravo-nao-e-um-desvio-mas-sim-uma-ferramenta-do-sistema>. Acesso em: 28 nov. 2020.

LUZ, N. da. Na Mauritânia, a elite desfruta dos privilégios da escravidão, diz Biram Dah Abeid. *Por dentro da África*. Disponível em: <http://www.pordentrodaafrica.com/direitos-humanos-2/na-mauritania-a-elite-desfruta-dos-privilegios-da-escravidao-diz-biram-dah-abeid>. Acesso em: 28 nov. 2021.

MITCHELL, M. *Artificial Intelligence:* A Guide for Thinking Humans. New York: Farrar, Strus and Giroux, 2019.

MPT-SP. *MPT lança dispositivo de celular para flagrar irregularidades trabalhistas*. S.D. Disponível em: <https://www.prt2.mpt.mp.br/250-mpt-lanca-aplicativo-de-celular-para-flagrar-irregularidades-trabalhistas>. Acesso em: 15 nov. 2021.

OBSERVATÓRIO DE ERRADICAÇÃO DO TRABALHO ESCRAVO E DO TRÁFICO DE PESSOAS. Disponível em: <https://smartlabbr.org/trabalhoescravo>. Acesso em: 28 nov. 2021.

PANDEY. A. Tecnologia e consumidores como aliados contra a escravidão. *DW Brasil*. Pub. 28 jan. 2020. Disponível em: <https://www.dw.com/pt-br/tecnologia-e-consumidores-como-aliados-contra-a-escravid%C3%A3o-moderna/a-52168108>. Acesso em: 28 nov. 2021.

PESTANA, J. BP Bunge se posiciona após resgate de 212 trabalhadores em situação análoga à escravidão em Goiás. *GZH Geral*. Pub. 18 mar. 2023. Disponível em: <https://gauchazh.clicrbs.com.br/geral/noticia/2023/03/bp-bunge-se-posiciona-apos-resgate-de-212-trabalhadores-em-situacao-analoga-a-escravidao-em-goias-clfe1jghe001a0151knq52yw1.html>. Acesso em: 31 mar. 2023.

PRADO, J. O que é *blockchain*? [indo além do *bitcoin*] Conheça a história, o funcionamento e as vantagens dessa tecnologia. Disponível em: <https://tecnoblog.net/227293/como-funciona-blockchain-bitcoin/>. Acesso em: 15 nov. 2021.

RIVAL, M. *As grandes invenções da humanidade*. Tradução Antonio de Padua Danesi. São Paulo: Larousse do Brasil, 2009. p. 122-125.

SAKAMOTO, L. Ferramentas do século 21 para abolicionistas do século 21. *TEDx-PlaceDesNations*. Esta palestra foi dada em um evento TEDx, que usa o formato de conferência TED, mas é organizado de forma independente por uma comunidade local. Disponível em: <https://www.youtube.com/watch?v=-2sFqDjfe3Y>. Acesso em: 15 nov. 2021.

SANZ, B. Mauritânia o último reduto da escravidão tradicional no mundo. *Notícias R7*. Pub. 15 abr. 2018. Disponível em: <https://noticias.r7.com/internacional/mauritania-o--ultimo-reduto-da-escravidao-tradicional-no-mundo-15042018>. Acesso em: 15 nov. 2021.

SCOTIABANK. *Leveraging AI key to advancing the fight Against human trafficking post-pandemic.* Pub. 24 fev. 2022. Disponível em: <https://www.scotiabank.com/ca/en/about/perspectives.articles.impact.2022-02-ai-advance-fight-against-human-trafficking.html>. Acesso em: 31 mar. 2023.

SHARE.AMERICA. O que é *blockchain* e por que os trabalhadores devem se importar? Pub. 23 ago. 2018. Disponível em: <https://share.america.gov/pt-br/o-que-e-blockchain-e-por-que-os-trabalhadores-devem-se-importar/>. Acesso em: 28 nov. 2021.

SILVA, L. W. Internet foi criada em 1969 com o nome de "Arpanet" nos EUA. *Folha de S. Paulo*. Pub. 12 ago. 2001. Disponível em: <https://www1.folha.uol.com.br/paywall/login.shtml?https://www1.folha.uol.com.br/folha/cotidiano/ult95u34809.shtml>. Acesso em: 15 nov. 2021.

SPTIZCOVSKY, D. 5 empresas envolvidas com trabalho escravo. *Neomondo*. Pub. 10 mar. 2020. Disponível em: <https://neomondo.org.br/2020/03/10/5-empresas-envolvidas-com-trabalho-escravo/>. Acesso em: 15 nov. 2021.

SCHWAB, K. *A quarta revolução industrial.* Tradução: Daniel Moreira Miranda. São Paulo: Edipro, 2016.

TERRA. Agentes resgatam 56 de trabalho escravo em arrozais no RS. Pub. 11 mar. 2023. Disponível em: <https://www.terra.com.br/noticias/brasil/agentes-resgatam-56-de-trabalho-escravo-em-arrozais-no-rs,7bd1e8afa77a8e4d6327a9eb947066de9igzuip5.html>. Acesso em: 31 mar. 2023.

THE FUTURE SOCIETY. Projeto AIMS contra a Escravidão Moderna. Pub. 17 mar. 2021. Disponível em: <https://thefuturesociety.org/project-aims-artificial-intelligence-against-modern-slavery/>. Acesso em: 30 mar. 2023.

UNODC. Tráfico de pessoas e contrabando de migrantes. S.D. Disponível em: <https://www.unodc.org/lpo-brazil/pt/trafico-de-pessoas/index.html>. Acesso em: 28 nov. 2021.

VASCONCELOS, B. R. de; HERRERA, D. R. Escravidão contemporânea: uma análise do caso de trabalho análogo ao de escravo no Estado do Amazonas. *Revista do Departamento de Ciências Jurídicas e Sociais da Unijuí. Editora Unijuí*, ano XXX, n. 55, jan./jun. 2021 – ISSN2176-6622.

VIEIRA, B. M. Idosa em situação análoga à escravidão é resgatada em casa em bairro nobre de Zona Oeste de SP. *G1 SP*. Disponível: <https://g1.globo.com/sp/sao-paulo/noticia/2020/06/26/idosa-em-situacao-analoga-a-escravidao-e-resgatada-na-zona--oeste-de-sp.ghtml>. Acesso em: 28 nov. 2021.

WANG, Lu. Research on the Ethical Dilemma and Outlet of Strong Artificial Intelligence. *Proceedings*, v. 81, n. 1: 100, 2022. Disponível em: <https://doi.org/10.3390/proceedings2022081100>.

Aspectos Práticos sobre a Utilização da Prova Digital — A Experiência e Controvérsias Decorrentes do Uso do Relatório Riocard para Julgamentos no Interior do TRT da 1ª Região

Fabiano Fernandes Luzes(1)

Marcos Dias de Castro(2)

Maurício Madeu(3)

Introdução

O debate sobre uso de provas digitais envolve, em muitos casos, não apenas aspectos técnicos, que lhe enquadram em uma órbita estritamente processual, e porque não dizer, quanto aos aspectos que circundam a própria produção da prova. Muitas vezes nos deparamos com argumentos que tangenciam desde uma possível "parcialidade" do magistrado, quando determina a produção de provas neste sentido, até mesmo o debate sobre a possibilidade de uso destas provas em desfavor do empregado.

---

(1) Doutorando em Direito do Trabalho e Previdenciário pela Universidade do Estado do Rio de Janeiro — UERJ. Mestre em Sociologia e Direito pela Universidade Federal Fluminense — UFF. Pós-Graduado em Gestão Financeira de Empresas pela UNESA. Graduado em Economia pela Universidade Federal Fluminense — UFF. Juiz do Trabalho Substituto do Tribunal Regional do Trabalho da 01ª Região.

(2) Mestrando em Direito do Trabalho e Previdenciário pela Universidade do Estado do Rio de Janeiro — UERJ. Juiz do Trabalho Titular da 18ª Vara do Trabalho do Rio de Janeiro/RJ.

(3) Especialista em Direito Processual com ênfase em Relações Jurídicas de Trabalho pela Universidade Federal Fluminense — UFF. Juiz do Trabalho Titular da 04ª Vara do Trabalho de São Gonçalo/RJ.

Percebemos assim que o debate se descola daquilo que, em nossa visão, deveria ser seu norte, a pertinência da produção da prova, o confronto destes dados apresentados com outros elementos probatórios, e a convicção devidamente fundamentada pelo magistrado quando levar a termos sua decisão sobre a lide posta.

Amparados nestas questões, objetivamos através deste breve ensaio trazer não apenas reflexões sobre a evolução da dinâmica da produção de provas no interior da justiça do trabalho, mas suscitar no leitor questionamentos sobre a relevância deste novo cenário que surge, com a introdução e amadurecimento das provas digitais.

Para tanto, traremos ao final, como meio de contribuição, algumas reflexões sobre um meio de prova digital que cada vez mais ganha relevância em debates ocorridos no interior do Tribunal Regional do Trabalho da 01ª Região, que seria o uso do relatório decorrente do uso do *"Riocard"*, o que explicaremos com mais vagar nas próximas linhas.

1. A evolução da produção probatório no interior do processo do trabalho — Da oralidade ao "mundo digital"

É imprescindível destacar a importância histórica apresentada pela prova oral na garantia dos direitos dos trabalhadores na Justiça do Trabalho. Apesar de muitos sustentarem que na seara processual haveria menos desequilíbrio de forças, o que se verifica na prática é situação distinta. O processo, em regra, já nasce desproporcional. Isso porque de um lado, temos em regra o empregador como agente detentor de todos os meios de provas, documentais e pessoais, inclusive porque a lei determina que documentos diversos sejam mantidos por este. Por outro lado, o empregado muitas vezes se vê desguarnecido de elementos que possam sustentar suas pretensões, seja porque não premedita durante sua contratualidade demandar em face daquele empregador, não estruturando preventivamente documentos, seja porque grande parte de testemunhas oculares de sua condição se veem tendentes a rejeitar a prestação de esclarecimentos, pois empregados do demandado, possuem receio de represálias futuras.

Partindo desta premissa, o conceito de primazia da oralidade no processo se intensificou, inclusive mais do que em qualquer outro ramo do Poder Judiciário, com primordial relevância de depoimentos recíprocos e de oitiva de testemunhas. É claro que isso não significa dizer que a prova oral não apresentasse fragilidades notórias, mas na seara laboral, em nossa visão, foi o preço a ser pago para garantir a efetividade do direito laboral. Interessante observar que a doutrina tradicional, antes da possibilidade do uso da tecnologia na produção de prova, não divergia a respeito da fragilidade da prova oral e a necessidade de maior aceitação por falta de opção do trabalhador. Na lição de Carlos Henrique Bezerra Leite, *in verbis*:

> Há um consenso geral na afirmação de que a prova testemunhal é o meio de prova mais inseguro. Não obstante, tornou-se o meio mais utilizado no processo do trabalho, sendo certo que não raro constitui o único meio de prova nesse setor especializado do Poder Judiciário brasileiro. (BEZERRA LEITE; 2012; p. 626)

É interessante observar que a fragilidade da prova oral sempre foi destacada pela doutrina. Neste sentido, Mauro Schiavi, antes da utilização da tecnologia como meio mais eficaz de prova, também apontava:

> Como todo meio de prova que depende das percepções sensoriais do ser humano, a prova testemunhal é falível. Embora seja apontada como meio mais vulnerável das provas, ela ainda é preponderante, não só na Justiça Comum, mas, principalmente, na Justiça do Trabalho, em que quase a totalidade das controvérsias é atinente à matéria fática (horas extras, justa causa, equiparação salarial etc.). Em razão disso, devem os operadores do Direito (juízes, procuradores e advogados) conviver como este tipo de prova e procurar aperfeiçoá-la com técnicas de inquirição e principalmente desenvolver a cultura da seriedade e honestidade dos depoimentos. (SCHIAVI; 2017; p. 769)

No direito processual e no interior das balizas que regem a instrução probatória, em geral, não há hierarquia entra os meios de prova. Todavia se sabe que a prova oral é, e sempre foi, a mais insegura e sujeita às várias nuances que retiram ou mitigam a sua credibilidade(4). Embora esta premissa valha para todos os ramos do direito, inexistindo qualquer regra específica na seara do direito processual do trabalho, é inquestionável que os juízes do trabalho sempre

(4) Desde percepções nitidamente pessoais, passando por ângulos distintos, e mesmo contaminação visual das provas, diversas são as possibilidades de barreiras entre o fato e aquele que o testemunha. Isso, sem falar, na real possibilidade de provas maculadas desde o início, independente do lado que busque sua produção.

foram mais tolerantes e expansivos quanto à utilização da prova oral, levando em consideração esta dificuldade imposta ao trabalhador no acesso aos meios de prova.

Diante desta realidade, é inquestionável que passamos a ter duas consequências. Uma primeira, virtuosa, foi o fato dos operadores do direito na seara trabalhista se especializaram na produção deste meio de prova, o que faz dos atuantes na seara laboral agentes diferenciados na instrução probatória que decorra da produção de prova oral. Uma segunda, negativa, passamos a observar uma pequena parte destes operadores desvirtuando a lógica da prova, ou seja, ao invés de buscarem a prova de fatos ocorridos, passam a buscar a produção de provas de fatos inexistentes. Logo, vemos a manipulação deste meio de prova em prejuízo evidente à verdade dos fatos. A questão foi por nós abordada anteriormente, onde destacamos a nossa preocupação com o tema:

> No processo do trabalho, a fragilidade atual da prova oral é uma grande preocupação de todos os operadores do direito. Verificamos na rotina processual diversos casos que vulneram a prova oral. Podemos citar a sistemática ocorrência de depoimentos manipulados, informações falhas em razão da memória ou da própria má-fé, inclusão de valores pessoais das testemunhas a fatos observados, ou mesmo a impossibilidade de ocorrência de prova testemunhal por motivos diversos. Todos estes fatos, além de outros aqui não descritos, acabam por distorcer a realidade, comprometendo a introdução da realidade vivenciada no processo, o que possui como consequência natural a possibilidade de um julgamento amparado em premissas que não ocorreram, e ato contínuo, em uma possível decisão injusta, independentemente daquele que venha a ser prejudicado. (LUZES, *et al.*; 2022; p. 187)

Percebemos assim um autêntico paradoxo na Justiça do Trabalho. Isso porque, a necessidade de garantir a efetividade do Direito do Trabalho acaba por acarretar uma utilização mais acentuada da prova oral neste ramo e a sua respectiva valorização e, valendo-se desta realidade processual, abriu-se em campo perigoso de maior manipulação deste meio de prova. Evidente que em uma perspectiva jurídica, a prova oral não tem prevalência sobre nenhum outro meio de prova, inclusive na Justiça do Trabalho. Todavia, as peculiaridades desta justiça especializada permitiram que houvesse uma maior aceitação deste meio de prova em comparação com o que se verificou em outros ramos do direito. Cumpre ressaltar que não estamos aqui a defender que a prova oral fosse mais manipulada na Justiça do Trabalho, quando comparado com os demais ramos da justiça. Em verdade, a prova oral sempre se caracterizou como a mais vulnerável na história do direito, de modo que a sua ampla utilização nesta justiça especializada, acabou por criar um campo fértil para a possibilidade de sucessivas distorções da realidade dos fatos, e consequente cometimento de injustiças(5).

Mais uma variável que decorre deste debate, situação peculiar e comum atrelada ao processo do trabalho, é a possibilidade de utilização de depoimentos de testemunhas envolvidas com as partes ou com o objeto da demanda. Amplamente aceito na Justiça do Trabalho, é comum que as testemunhas indicadas pelos empregados possuam demanda com fatos idênticos em face do mesmo empregador. Também já destacado, também é usual que as testemunhas indicadas pelos empregadores mantenham o vínculo de emprego com quem o indicou para prestar depoimento. Quanto a estes aspectos, a doutrina e a jurisprudência afastam a parcialidade das testemunhas em razão destas peculiaridades(6), porém não há como desprezar que tais circunstâncias tornam ainda mais vulnerável a prova testemunhal no processo do trabalho.

De outra banda, dizer que não existe hierarquia entre as provas, não implica reconhecer que o legislador não possa prever em determinadas hipóteses o meio mais adequado para se provar determinados fatos ou condições, como ocorre em relação ao pagamento de verbas trabalhistas, cuja prova é exclusivamente documental, como dispõe o art. 464 da CLT, ou para provar o trabalho em condições insalubres ou perigoso, previsto no art. 195 da CLT e que dispõe que a prova pericial é obrigatória e essencial para o estabelecimento do direito ao adicional respectivo. Estes exemplos indicam, claramente, que existem meios de prova mais adequados para que determinadas questões possam comprovar determinados fatos, embora não se possa falar em hierarquia entre os meios de provas. Nesse diapasão, a título de exemplo, embora o legislador não tenha regulamentado o meio mais adequado de prova, todo operador do direito sabe

---

(5) Não se verifica a ocorrência de injustiça apenas quando o autor deixa de receber o que lhe é devido, mas também quando o réu é condenado por algo que já pagou, ou ainda por algo que não é efetivamente devido.

(6) A Súmula n. 357 do C.TST destaca que o simples fato da testemunha possuir demanda em face do empregador, não a torna suspeita.

que é essencial a produção da prova pericial para se comprovar nexo causal de doença profissional, sendo inadequada ou insuficiente a produção de prova oral para esta finalidade. Em nosso sentir, o reconhecimento de que determinados meios de prova são mais adequados para provar determinados fatos, não implica reconhecer a existência de hierarquia entre os meios de prova.

Reconhecida a essencialidade da prova oral para a efetividade Direito do Trabalho no passado, esta realidade começa a mudar com o desenvolvimento de novas tecnologias, novas formas de registros de informações[(7)] e novos hábitos sociais em geral[(8)]. Tal fato culmina com a absorção gradual pelos processos e a dinâmica de produção probatória daquilo que se denomina prova digital. A evolução tecnológica passou a permitir que as partes tivessem acesso a outros meios de prova mais eficazes, e consequente maior acuracidade. O que antes se buscava uma ideia geral sobre um fato, com as provas digitais se admite um alcance mais próximo da realidade.

Consequentemente, vemos uma gradual discussão sobre a mitigação da necessidade, ou extensão, de utilização em demasia da prova oral. Algo que antes poderia, eventualmente, ser contaminado por impressões pessoais, ou mesmo premeditação, como o corriqueiro envolvimento das testemunhas com as partes e/ou com o objeto da demanda, passa a ser muitas vezes subsidiário. O grande avanço, em nosso sentir, é a capacidade de ampliação do universo probatório, especialmente para o trabalhador, razão pela qual haveria de se esperar o maior interesse deste lado da relação processual na utilização das denominadas provas digitais ou com a utilização da tecnologia como alicerce para subsidiar suas pretensões.

Paradoxalmente, a prática tem demonstrado que com maior frequência, grandes escritórios especializados na assistência de trabalhadores se insurgem contra a utilização de novos meios de prova, especialmente no que diz respeito à prova digital ou uso da tecnologia para a solução de conflitos. Tendo em vista que

---

(7) Basta pensarmos na quantidade de informações que um telefone celular armazena diariamente. Desde hábitos alimentares, passando por tipo de transporte, preferencias de lazer, até mesmo à predileção por cores, não seria um absurdo dizer que nosso telefone nos conhecer melhor que nós mesmos.

(8) Neste caso, basta pensarmos que a redes sociais alteram a própria lógica da privacidade. No interior destes ambientes virtuais, verificamos pessoas abrindo mão deste direito por *"like"*, por seguidores, ou simplesmente porque querem compartilhar com terceiros o que fazem. E como consequência natural deste novo hábito, inserem diversas informações, postam fotos, expõem opiniões, e várias outras atividades sujeitas a registros.

a lógica do processo, em especial da instrução probatória, deveria ser a busca da verdade real, tal postura causa certa perplexidade. Se considerarmos que no atual estágio tecnológico, como já destacamos, é possível se obter com maior precisão e confiabilidade informações que possam reproduzir a realidade contratual, sem ter a necessidade de recorrer-se a falível prova oral.

Este quadro citado desperta um sentimento ainda mais forte sobre a insegurança da prova oral. E como consequência deste, nos permite um questionamento multidirecional: será que a experiência adquirida nesta justiça especializada, decorrente da insegurança quanto à prova oral, como impressões distorcidas sobre fatos, ou apenas a simples manipulação da prova oral, vem buscando impedir a utilização de meios de prova mais eficazes na busca da verdade? E algo ainda mais genérico: a quem interessa uma dinâmica instrutória menos alicerçada em provas capazes a inferir com exatidão determinados fatos?

Não se trata de uma resposta simples, em especial pelo fato de práticas similares não serem hábitos exclusivos de um dos lados da relação processual. O que se verifica é que, com frequência, atuações fora do limite da legalidade, e porque não dizer da moralidade, constroem seus "castelos de cartas" sobre práticas criticáveis. E quando diante de novos paradigmas que possam levantar o véu da cegueira, e expor o fato como ele realmente é, optam por lutar pela manutenção daquele *modus operandi*. Para tanto, ora atacam o novo meio probatório, ora atacam a figura do estado-juiz, inclusive buscando levantar suspeitas sobre a atuação daquele(a) que busca algo que deveria ser comum aos dois lados da relação processual: a verdade dos fatos.

Na atualidade não é mais possível termos um Poder Judiciário que despreza o mundo digital e o avanço das tecnologias. Ainda, a grande importância deste novo cenário para obtenção de provas dos mais variados tipos, com acesso aos dados disponíveis em fontes abertas e fechadas, no intuito de atingir-se o objetivo maior de consecução da tutela jurisdicional justa, que certamente impedirá no médio e longo prazo com a possibilidade de alteração da realidade fática através da prova oral. Como bem pontua o Ministro Luiz Fux, grande defensor da utilização de provas digitais nas dinâmicas processuais:

> a prova é o meio através do qual as partes demonstram, em juízo, a existência dos fatos necessários à definição do direito em conflito. Provar, sob esse aspecto, significa formar a convicção do juiz sobre a existência ou inexistência dos fatos relevantes para causa. (FUX; 2019; p. 136)

O direito a produção da prova é essencial para a justa composição da lide, porque tem como objetivo permitir o esclarecimento da verdade, permitindo ao juiz a justa composição da lide. Os dados obtidos através de novas tecnologias não podem ser simplesmente ignorados. Como destacam Thamay e Tamer:

> há verdadeiro direito constitucional à prova, devendo a atividade probatória ser instrumentalizada de acordo com as configurações com o que o fato a ser provado se apresenta. A ideia, justamente, é a de que: se há um fato e há a possibilidade de interesse jurídico respectivo, deve o sistema jurídico estar apto a viabilizar sua prova em processo ou procedimento em que tal interesse seja discutido. Os principais fundamentos constitucionais dessa ideia estão circunscritos nos princípios da inafastabilidade da jurisdição e do contraditório. (Thamay e Tamer; 2020; p. 111)

No aspecto meritório, e com o objetivo claro de impedir a utilização de novos meios de provas, alguns operadores do direito tentam se assegurar na "boia" da privacidade. Defendem que qualquer apuração com a utilização de novas tecnologias tem como efeito imediato vulnerar este direito fundamental. Em nosso sentir, se trata de uma clara resistência ao "novo". Fato é que, em qualquer hipótese, não seria razoável dar-se prevalência ao princípio da privacidade em detrimento dos princípios da ampla defesa e ao contraditório, dos quais se extrai o direito à prova. Lembremos ainda que o art. 5º, LVI da CF/88 assegura o acesso aos meios lícitos de provas e o art. 369 do CPC ratifica este direito.

É importante destacar que a doutrina atual caminha no sentido de que não basta mais o mero acesso formal à justiça. O jurisdicionado tem o direito ao acesso à tutela jurisdicional justa, se assegurando às partes o poder de influência sobre o julgador com a utilização de todos os meios lícitos de provas disponíveis. Como ensina Arruda Alvim "...a prova é direito fundamental das partes, que emana do princípio do contraditório (art. 5º LV, Da Constituição Federal) e do decorrente direito que estas possuem de influir no convencimento do juiz..." (ALVIM; 2017; p. 830). Tão importante quanto aos efeitos intrínsecos ao processo, temos ainda a relevância para a própria sociedade, o que impõe o poder-dever do Estado em determinar a produção de provas aptas a viabilizar que o juiz se aproxime da verdade dos fatos. Tal contexto não só preserva a lealdade processual, como também serve de exemplo para todo e qualquer cidadão, bem como para toda a sociedade, que amparada em premissas mais claras e objetivas, com maior alcance à verdade real, passa a depositar maior confiança sobre o Poder Judiciário.

No atual contexto, é essencial a maior e melhor utilização da prova digital em geral, como meio para obtenção da verdade real dos fatos controvertidos. Com efeito, é essencial que todos os operadores do direito se atualizem e aprendam as peculiaridades que advém destes novos meios de prova. Sua relevância e alcance impõe um novo pensar sobre a verdade que buscamos no interior do processo. Não há mais espaço para verdades unilaterais, que sirvam a interesses essencialmente pessoais. Alcançar a verdade não é um interesse estritamente pessoal, mas algo difuso, pois interfere, como dissemos, na própria credibilidade que a sociedade deposita sobre as decisões oriundas do Poder Judiciário. Logo, sua utilização não deve ficar restrita a restritas hipóteses, ou mesmo ter uma utilização supletivas às demais modalidades probatórias. Por isso, seu protagonismo deve ser algo estimulado, pois como descrevem Thamay e Tamer, a prova digital é:

> ... o instrumento jurídico vocacionado a demonstrar a ocorrência ou não de determinado fato e suas circunstâncias, tendo ele ocorrido total ou parcialmente em meios digitais ou, se fora deles, esses sirvam como instrumento para sua demonstração. A prova digital é o meio de demonstrar a ocorrência de um fato ocorrido em meio digital, o que tem no meio digital um instrumento de demonstração de determinado fato de seu conteúdo. (Thamay e Tamer; 2020; p. 33)

Ousamos afirmar que a modernização dos meios de prova veio para ficar. Não se trata de uma opção, tendo em vista não se pode desprezar informações obtidas de forma mais confiável do que a prova oral. Alguns apresentam resistência ao novo, parte destes por interesses escusos. Entretanto, não temos dúvida em afirmar que o direito à privacidade não pode ser utilizado como obstáculo à obtenção da verdade dos fatos por parte do Poder Judiciário. Novamente fazendo uso das lições de Thamay e Tamer:

> A única barreira igualmente constitucional à faculdade probatória em todas essas possibilidades é a vedação à prova ilícita (art. 5º, LVI, CF). Aliás, do ponto de vista racional, é vedação que posta no próprio Texto Constitucional, mas também confirma a própria natureza constitucional do direito à prova. (Thamay e Tamer; 2020; p. 26)

Buscando contribuir de forma mais clara ao debate, em que pese o enorme leque que se abre com a utilização das novas tecnologias na obtenção de provas, este artigo tem como objetivo central demonstrar boa prática adotada por juízes do trabalho do Rio de Janeiro. Esta vem ocorrendo através da obtenção de informações prestada pela Fetranspor[9], em resposta aos ofícios a ela enviados, objetivando o acesso ao relatório de utilização do denominado cartão *"Riocard"* pelos trabalhadores.

Como veremos, tal ferramenta vem sendo meio adequado e proporcional na busca da solução de controvérsias em torno da jornada de trabalho, haja vista que possibilita o acesso às informações sobre os horários de utilização do transporte público no trajeto trabalho-residência e vice-versa. Percebemos assim que este tem a aptidão de trazer dados fidedignos sobre os horários dos empregados e sua consequente jornada de trabalho, mitigando a necessidade da utilização da prova oral neste particular. Buscaremos explicitar tal ferramenta com maiores detalhes no próximo capítulo.

2. Direito à obtenção de informações na utilização do relatório do Riocard — Princípios atrelados ao direito à prova

Antes de abordagem jurídica e crítica sobre o tema, cumpre apresentar ao leitor, em especial aquele que não reside no Estado do Rio de Janeiro, o que vem a ser o citado "Riocard". Tendo em vista a busca de mobilidade urbana, e aproveitamento de uma única forma de pagamento para toda a malha de serviço de transporte público ofertada para a sociedade fluminense, houve publicação da Lei Estadual n. 4.291/04, que instituiu o sistema de bilhetagem eletrônica.

Inicialmente disponível para o transporte coletivo de passageiros por ônibus, através da Lei Estadual n. 5.628/09, houve a criação do denominado "bilhete único nos serviços de transportes coletivos". Desta forma, nos termos do art. 3º, Lei n. 5.628/09, houve consequente extensão deste meio de pagamento para transportes para: ônibus convencionais com concessão/permissão de linhas rodoviárias intermunicipais, delegadas pelo Estado do Rio de Janeiro; veículos de baixa capacidade de pessoas físicas, com permissão de linhas intermunicipais de transporte complementar, delegadas pelo Estado do Rio de Janeiro; ônibus convencionais, de empresas com concessão ou permissão de linhas municipais, delegadas pelos municípios que compõem a Região Metropolitana do Rio de

(9) É a abreviação da Federação das Empresas de Transporte de Passageiros do Estado do Rio de Janeiro.

Janeiro, quando houver integração com serviço intermunicipal; metrô de empresa com concessão de linhas metroviárias, delegada pelo Estado do Rio de Janeiro, quando houver integração com serviço de transporte intermunicipal; trens de empresa com concessão de linhas ferroviárias, delegada pelo Estado do Rio de Janeiro, quando houver serviço de transporte intermunicipal; barcas de empresa com concessão de linhas aquaviárias, delegada pelo Estado do Rio de Janeiro, quando houver integração com serviço de transporte intermunicipal e com o sistema de veículo leve sobre trilhos (VLT), de concessão delegada pela Cidade do Rio de Janeiro; veículo leve sobre trilhos (VLT) de empresa com concessão de linhas ferroviárias, delegada pela Cidade do Rio de Janeiro, quando houver integração com serviço de transporte intermunicipal.

Devemos ler este serviço a luz do benefício denominado "Vale-Transporte". Instituído pela Lei n. 7.418/85, se trata de um dever imposto ao empregador, quando diante de empregado optante pelo direito, onde se antecipam os recursos pertinentes ao custeio dos transportes públicos, relativos ao deslocamento residência-trabalho e vice-versa, através do sistema de transporte coletivo público, urbano ou intermunicipal e/ou interestadual com características semelhantes aos urbanos, geridos diretamente ou mediante concessão ou permissão de linhas regulares e com tarifas fixadas pela autoridade competente, excluídos os serviços seletivos e os especiais. Apenas para fins de complementação da informação, cumpre ao empregador custear todo e qualquer valor que suplante o limite de desconto de 6% sobre o salário do empregado(10).

É exatamente a combinação entre o benefício do vale-transporte e a modalidade de pagamento através do denominado *"Riocard"* que ensejam sua pertinência como elemento probatório. Como dispõe a Lei Estadual n. 5.628/09, tal ferramenta além de poder ser livremente comercializada para todo e qualquer interessado, admite a possibilidade de ser utilizado para fins de deslocamento dos empregados, com consequente possibilidade de crédito do vale-transporte no referido cartão. Cumpre destacar que a utilização do vale-transporte fornecido pela empresa é restrita ao procedimento de deslocamento entre a residência do empregado e seu local de trabalho, o mesmo acontecendo ao final do dia, quando retorna para sua residência. Percebemos que do benefício aqui debatido nascem duas obrigações de natureza subjetiva: a do empregado, de fornecer adequadamente os dados de sua residência que irão subsidiar a concessão do

(10) Portanto, até o limite de 6%, o valor é totalmente suportado pelo empregado. O que venha a exceder, será suportado pelo empregador.

benefício e de não fornecer a terceiros, desvirtuando a finalidade do benefício(11); a do empregador, que deve fiscalizar o uso adequado do referido.

Ainda, e quanto à pertinência do uso da ferramenta como meio de prova, cumpre observarmos o conteúdo do art. 5º da Lei Estadual n. 4.291/04, que estabelece de forma clara que caberá às delegatárias dos serviços públicos de transporte coletivo, dentre outros deveres, implantar e gerenciar o Sistema de Bilhetagem Eletrônica. Caberá ainda o dever de assegurar ao Poder Público o acesso às informações processadas pela Central de Controle. Neste sentido, não apenas decorrente de eventuais determinações judiciais, a própria regulamentação do serviço dispõe sobre a obrigação de fornecimento das informações geradas pelo controle de acesso. Percebemos que este controle caminha desde eventuais disponibilidades de valores, com dia e horário ocorrido, alcançando o próprio uso do cartão disponibilizado ao usuário. Logo, a cada utilização do sistema de transportes públicos acima descrito, teremos o registro de informações como dia, horário, tipo de transporte e eventual linha publica(12). E desse somatório de informações, é possível a extração de relatório de uso, individualizado pelo cartão fornecido ao empregado(13) com todos as utilizações do *"Riocard"*(14).

No que tange à adequação de acesso à informação constante no relatório "Riocard" aos termos da lei geral de proteção de dados, verificamos que o conjunto de informações não se utilizam de dados sensíveis do trabalhador, sendo meras informações do período em que o empregado estava no uso de transporte público. Portanto, tendo em vista que o próprio empregador tem acesso ao relatório, vemos ser um direito da parte obter tais informações para fazer prova em juízo dos fatos controvertidos. Finalmente, cabe ao magistrado avaliar estas informações e utilizá-las ou não de forma sempre fundamentada.

---

(11) Registre-se inclusive a possibilidade de extinção do contrato de trabalho por justa causa por improbidade quando ocorrer uso indevido do benefício. *Vide* Processo 0100238-44.2020.5.01.0205, TRT 1ª Região, 6ª Turma, relator Juiz convocado José Monteiro Lopes, *DEJT* 28.07.2022, disponível em: <http://bibliotecadigital.trt1.jus.br/jspui/handle/1001/3049566>.

(12) Em especial quando tratamos de transporte coletivo de passageiros por ônibus, que possuem trajetos distintos autorizados pelo órgão que delega. Logo, é comum constar não apenas o início e destino, como também uma numeração daquele.

(13) Importante destacar que uma pessoa pode ter mais do que um cartão, sendo mandamental verificar, quando do uso da ferramenta como prova, qual era a destinatária dos depósitos periódicos pelo empregador, em caso de pluralidade de cartões.

(14) Para fins ilustrativos, é possível verificar parte do conjunto de informações constantes no relatório através do *link*: <https://www.cartaoriocard.com.br/vt2/visitante/ajuda/ajuda_pagina.jsp?r=u07>. Neste caso, não é possível verificar o horário de cada utilização, disponível apenas através de cumprimento de determinação judicial.

Nos parece importante destacar que o relatório, por si só, pode ser insuficiente para a solução de aspectos sobre a jornada de trabalho. Por outro lado, a dinâmica da instrução processual ganha novo corpo. Superamos aquele roteiro que si fixa na busca dos horários do autor, para se buscar entender a própria lógica de deslocamento do empregado. Passamos a verificar questionamentos como o tempo de deslocamento entre a residência do empregado e ponto destino e o tempo que demanda no deslocamento até as dependências da empresa. Em igual sentido, quanto ao final do dia, se busca aferir o tempo que demanda no deslocamento entre as dependências da empresa e o ponto de ônibus, por exemplo, e o tempo médio que se aguarda o transporte público. Como base nestas informações extraídas, é possível, a título exemplificativo, contrapor o registro de ponto do empregado e os horários registrados no relatório do *"Riocard"*, que devem levar em consideração as informações prestadas pelo empregado e eventuais testemunhas. Percebemos assim que não há superação da prova oral, como muitos apontam em sede crítica, mas sim uma nova roupagem para a instrução processual a ser realizada. Percebemos ainda que eventual questionamento sobre a veracidade da informação sobre o tempo de deslocamento do transporte público pode ser contraposto com a outras ferramentas, como o *"Google Maps"*, ao passo que questionamento sobre o tempo de permanência do empregado no ponto de ônibus ou mesmo tempo de deslocamento entre a empresa e o ponto de ônibus, por exemplo, podem ser contrapostas com dados decorrentes de geolocalização. O interessante, em nossa visão, neste aspecto, é que não haveria fundamento na arguição de fragilização à privacidade, tendo em vista estarmos limitados às balizas topográficas e cronológicas fornecidas pelo próprio empregado em sua petição inicial, e talvez em informações prestadas em sede de depoimento pessoal. Em nosso sentir, a estrutura probatória aqui descrita encontra amparo na sistemática principiológica que norteia a produção de provas, qual seja, o princípio da vedação da prova ilícita, o princípio da liberdade probatória e o princípio da persuasão racional.

É chegado o momento de o direito processual do trabalho utilizar-se da evolução tecnológica para a busca da verdade real. O mundo atual impõe maior conectividade entre as pessoas, especialmente por meio de aplicativos de comunicação, que permitem o benefício de ligar pessoas de lugares distantes. Tudo passa pelo virtual, passando pela busca do aperfeiçoamento, a atualização educacional, os relacionamentos de amizades, aspectos culturais e até religiosos. Enfim, a maioria das interações humanas estão disponíveis na internet, ampliando o campo de acesso às informações de forma vertiginosa. O vale-transporte eletrônico, com a informação dos dias e horários de utilização do transporte público pelo trabalhador, é um meio importante e adequado para constatação da verdade dos fatos sobre a jornada de trabalho praticada pelo trabalhador, bem como outras lides que podem ter nesta prova sua justa solução.

Como já dito alhures, a exposição as informações sobre a utilização do transporte público pelo trabalhador não atingem, minimamente, a sua privacidade, porque não expõe nenhum dado sensível. Ao se levar ao extremo o direito à privacidade, o magistrado simplesmente teria, por exemplo, que indeferir eventuais questionamentos direcionados às testemunhas sobre a vida pessoal do trabalhador, o que acarretaria nítido cerceio ao direito à prova. E não menos relevante, os novos aspectos fático-sociais, já descritos acima, ensejam uma maior exposição de pessoas, empresas, produtos, informações aos mais variados conteúdos, o que implica em necessária ruptura de paradigma frente ao que se tinha anteriormente em relação à privacidade. Como abordamos em momento anterior, contrapondo a perspectiva das provas digitais à Lei n. 13.709/18:

> Não há qualquer dúvida da importância do direito à privacidade, inclusive assegurado pela Lei n. 13.709/18, que disciplina a proteção de dados. Todavia, não se verifica através deste regramento a inviabilidade de utilização de provas digitais, não impedindo, inclusive, a utilização de dados sensíveis. Para tanto, se faz mandamental a ocorrência de prévia autorização judicial, ou mesmo que a prova seja colhida de forma lícita. Lembremos que este contexto objetiva o alcance da verdade real dos fatos por parte do Poder Judiciário. (LUZES, *et al.*; 2022; p. 183)

É evidente que qualquer instrução processual expõe algumas informações pessoais das partes, ou mesmo aspectos implícitos àquela relação jurídica até então mantida. Não é possível fazer uma instrução processual sobre fatos controvertidos sem fazer indagações sobre questões pessoais. Sempre foi assim e não se pode achar que toda e qualquer informação pessoal possa ser caracterizada como violação ao direito à intimidade. Além do mais, a publicidade dos atos processuais está, no mínimo, no mesmo patamar constitucional que o direito à intimidade dos cidadãos, cumprindo ao magistrado, no caso concreto, exercer o juízo de ponderação, e na medida do possível, manter a coexistência de ambos(15).

Ponderamos que expor os locais públicos frequentados pelas partes, em regra espaços de aglomeração, com diversas pessoas usando o mesmo serviço de transporte público ao mesmo tempo, como ocorre no acesso às informações na utilização do denominado cartão *"Riocard"*, não gera quebra ao princípio da privacidade e nem tais dados justificam a não observância do princípio da publicidade. O trabalhador, quando expõe o horário de trabalho, sabe que a parte contrária tem o direito de fazer prova de outras atividades realizadas pelo trabalhador, justamente para comprovar que naquele momento não estava à disposição do empregador. De mais a mais, não há qualquer dado sigiloso na exposição do horário em que o trabalhador estava num local público, utilizando-se do transporte público.

Não podemos desprezar um dado jurídico fundamental. Nos processos que não possuem matéria penal, não existe a máxima de que a parte não é obrigada a produzir prova contra si. Inclusive, nosso ordenamento processual apresenta consequências para a eventual recusa injustificada em fornecer informações relevantes determinadas pelo juiz. Indica o art. 400 do CPC que o juiz admitirá como verdadeiros os fatos que, por meio do documento ou da coisa, a parte pretendia provar se o requerido não efetuar a exibição ou se eventual recusa for considerada como sendo ilegítima, por exemplo, não sendo amparada pelas hipóteses do art. 404 do CPC. Tais consequências processuais alcançam tanto o processo civil como o processo do trabalho, e por isso, deve sempre ser avaliado com muita cautela pelas partes. Fato é que na hipótese analisada, não há qualquer exposição de informação sigilosa e o indeferimento deste meio de prova não se justifica, salvo se houver nos autos provas já produzidas e conclusivas sobre os fatos controvertidos. Importante destacar que o acesso às informações referentes à utilização do denominado cartão "Riocard" não depende de qualquer iniciativa da parte, haja

(15) Lembremos que da mesma forma que o espaço em que uma instrução ocorre pode eventualmente, de forma episódica, ser restringido às partes, mediante decisão fundamentada, de igual sorte, na existência de prova digital que porventura possa fragilizar a intimidade de uma das partes, há também possibilidade de limitação daqueles que tem acesso a este conteúdo. Basta que, também em decisão fundamentada, seja atribuído sigilo ao documento, e sucessivamente, seja atribuída visibilidade aos documentos obtidos apenas aos sujeitos processuais. Tal prática já é rotineira quando diante de acesso a dados financeiros e tributários das partes, em especial quando estamos a tratar da fase de execução. E já deixamos uma pergunta no ar: porque algo tão "violento", que é o acesso a dados financeiros e tributários, não é questionado, mas um simples registro de uso de transporte público é sistemático "apedrejado"?

vista que o próprio juízo possui a faculdade de oficiar a Fetranspor para que os dados sejam trazidos aos autos. De qualquer forma, se houvesse a necessidade de alguma contribuição da parte para a produção desta prova, a recusa seria, em nosso sentir, reputada injustificável, de modo que poderia acarretar consequências jurídicas para quem se recusasse a contribuir com o juízo.

3. O uso do relatório do riocard para fins de prova na jurisprudência do Tribunal Regional do Trabalho da 1ª Região

Explicitados os fundamentos da adoção do *"Riocard"* como meio de prova lícito e útil para a obtenção de uma tutela judicial "justa", passamos a uma breve análise da jurisprudência do TRT da 1ª Região para averiguar o ***status quo***, no âmbito do regional fluminense, no que diz respeito ao uso das informações colhidas por este meio de prova.

Inicialmente, mister se faz sublinhar que o uso do "Riocard" já vinha sendo admitido em algumas situações concretas específicas, antes da polêmica que envolvia a questão referente à comprovação da jornada de trabalho. No caso em que a demanda gira em torno de descontos indevidos, quando o empregador desconta a parcela de 6% prevista no art. 114, inciso I do Decreto n. 10.854 de 2021[(16)] mas não realiza a recarga no *"Riocard"*, a obtenção dos relatórios mencionados se demonstra fundamental para comprovação dos fatos narrados pelo autor, independentemente de requerimento autoral. Em vários casos, o TRT da 1ª Região tem admitido o uso dos relatórios solicitados à Fetranspor para analisar se ocorreu ou não a efetiva recarga do benefício, para então concluir pela licitude ou não dos descontos realizados no salário do trabalhador[(17)]. Neste particular, portanto, sempre se asseverou tranquila a possibilidade de expedição de ofício pelas Varas do Trabalho como meio de se assegurar a busca da verdade real nos processos que versam sobre a matéria aqui tratada.

---

(16) Decreto que revogou o antigo Decreto n. 95.274 de 1987, onde o desconto já estava previsto, após a instituição do benefício pela Lei n. 7.418 de 1985.

(17) Casos dos acórdãos proferidos pela 1ª Turma (TRT 1ª Região, 1ª Turma, relator Des. Mário Sérgio Medeiros Pinheiro, Processo 0011349-74.2015.01.0081, *DEJT* 11.03.2017, disponível em: <https://bibliotecadigital.trt1.jus.br/jspui/handle/1001/1353263>), pela 4ª Turma (TRT 1ª Região, 10ª Turma, relatora Des. Alba Valéria Guedes Fernandes da Silva, Processo 0100858-57.2020.5.01.0431, *DEJT* 24.11.2021, disponível em: <https://bibliotecadigital.trt1.jus.br/jspui/handle/1001/2795568>) e pela 10ª Turma (TRT 1ª Região, 4ª Turma, relatora Des. Evelyn Correa de Guamá Guimarães, Processo 0100838-89.2021.5.01.0024, *DEJT* 14.10.2022, disponível em: <https://bibliotecadigital.trt1.jus.br/jspui/handle/1001/3143519>). Todos acessados em: 30 dez. 2022.

Outro uso comum dos relatórios referentes ao "Riocard", diz respeito aos casos de comprovação de motivo justificável para faltas ao trabalho. Há hipóteses em que o trabalhador, sem a recarga do benefício, fica sem condições de trabalhar e ainda assim, lhe é atribuída falta injustificada com desconto dos dias de ausência. O uso dos relatórios em estudo mostra-se muito eficiente para demonstrar a inexistência, insuficiência e/ou inconsistência recorrente das recargas por parte do empregador. Tais relatórios quando cotejados com os controles de ponto em que consignadas faltas sem justificativa, podem levar à conclusão de ilegalidade dos descontos efetuados pelo empregador. E mais: tal circunstância, em verdade, se revela muitas vezes crucial para afastar uma justa causa indevidamente aplicada sob a alegação de desídia, como dispõe o art. 482, *"e"* da CLT, ou mesmo para embasar a decretação de rescisão indireta do contrato de trabalho, com base no art. 483, *"d"* da CLT. De se notar que é predominante no TRT da 1ª Região, a posição que a não concessão do benefício, de forma integral ou parcial, dá ensejo à ruptura do contrato de trabalho por iniciativa do empregado em razão de descumprimento contratual grave por parte do empregador[18]. Casos como estes demonstram que o uso dos relatórios é salutar não apenas para a busca da verdade real, sufragada no art. 765 da CLT, mas também para impedir que a prova dos fatos se torne excessivamente onerosa ou mesmo impossível de ser realizada nos casos concretos.

Por igual, tem sido aceito o uso dos relatórios para os casos em que há utilização do benefício de forma indevida. Deixando de lado a questão da dosimetria adequada da aplicação da justa causa, fato é que tais relatórios deixam transparecer de forma clara e inequívoca, se o uso do benefício ocorreu nos termos legais, tendo em vista lastrear a efetiva ocorrência de pertinência quanto ao horário utilizado, bem como pertinência topográfica, isto é, se os transportes públicos utilizados são os mesmos indicados quando solicitado o benefício. Se percebe que a utilização dos relatórios acaba por trazer segurança ao julgador para concluir

(18) Posição expressamente consignada em acórdãos proferidos pela 1ª Turma (TRT da 1ª Região, 1ª Turma, relator Des. José Nascimento de Araújo Neto, Processo 0100025-33.2019.5.01.0024, *DEJT* 22.05.2022, disponível em: <https://bibliotecadigital.trt1.jus.br/jspui/handle/1001/2591741>), pela 2ª Turma (TRT da 1ª Região, 2ª Turma, relator Des. Valmir de Araújo Carvalho, Processo 0100370-69.2021.5.01.0075, *DEJT* 12.07.2022, disponível em: <https://bibliotecadigital.trt1.jus.br/jspui/handle/1001/3028341>), pela 3ª Turma (TRT da 1ª Região, 3ª Turma, relator Des. Eduardo Von Adamovich, Processo 0100055-25.2019.5.01.0006, *DEJT* 05.03.2021, disponível em: <https://bibliotecadigital.trt1.jus.br/jspui/handle/1001/2524115>), e pela 10ª Turma (TRT da 1ª Região, 10ª Turma, relator Des. Flávio Ernesto Rodrigues Silva, Processo 0101560-27.2017.5.01.0263, *DEJT* 29.03.2020, disponível em: <https://bibliotecadigital.trt1.jus.br/jspui/handle/1001/2223389>). Todos acessados em: 30 dez. 2022.

pela existência ou não de uma eventual justa causa. O art. 112, § 3º do Decreto n. 10.854 de 2021 expressamente prevê que a declaração falsa do trabalhador ou o uso indevido do vale transporte constituem falta grave, o que já era previsto no art. 7º, § 3º do Decreto n. 95.247 de 1987, hoje revogado. Neste aspecto específico, portanto, também não há e nunca houve divergência significativa quanto à possibilidade do meio de prova no âmbito do TRT da 1ª Região[(19)].

Contudo, sem qualquer sombra de dúvida, a questão que nos últimos tempos tomou de assalto o Judiciário trabalhista, diz respeito ao uso dos relatórios para fins de confirmação ou não, da jornada de trabalho expostas nas reclamações trabalhistas pelos trabalhadores beneficiários do vale transporte. O pedido de horas extras, como apontou levantamento recente[(20)], é o principal motivo de ações trabalhistas, representando um montante de cerca de R$ 225 bilhões envolvidos neste tipo de conflito. Já colocamos nossa posição acima, no sentido da plena viabilidade do uso deste meio de prova também neste particular. A questão que fica a ser explicitada é: como o Tribunal Regional do Trabalho da 1ª Região vem se posicionando sobre este aspecto específico?

Explicitando a organização do TRT da 1ª Região, este é composto por dez turmas, com competência precípua para análise de recursos ordinários, agravos de petição e agravos de instrumento, nos termos dos arts. 895, I da CLT e 897, *"a"* e *"b"* da CLT. Destas, apenas duas turmas apresentaram objeções ao uso do *"Riocard"* como meio probatório. A 4ª Turma, em um primeiro momento[(21)], se posicionou de forma contrária, mas a 7ª Turma, de forma mais incisiva, vem se manifestando de forma refratária ao uso deste meio de prova[(22)].

---

(19) Casos dos acórdãos proferidos pela 2ª Turma (TRT 1ª Região, 2ª Turma, relator Des. José Antônio Piton, Processo 0001433-07.2012.5.01.0021, *DEJT* 29.01.2015, disponível em: <https://bibliotecadigital.trt1.jus.br/jspui/handle/1001/603023>) e pela 5ª Turma (TRT 1ª Região, 5ª Turma, relator Des. Evandro Pereira Valadão Lopes, Processo 0010103-74.2015.01.0491, *DEJT* 07.04.2017, disponível em: <https://bibliotecadigital.trt1.jus.br/jspui/handle/1001/1348099>). Todos acessados em: 30 dez. 2022.

(20) *Vide*: <https://www.jota.info/tributos-e-empresas/trabalho/justica-trabalhista-ranking-processos-29102021>. Acesso em: 30 dez. 2022.

(21) Em acórdão proferido em 22 de maio de 2022, a 4ª Turma decidiu que os relatórios não seriam "instrumento legalmente hábil de comprovação dos horários de trabalho do autor" (TRT – 1ª Região, 4ª Turma, relatora Tânia da Silva Garcia, Processo 0101667-59.2017.5.01.0073, *DEJT* 22.05.2022, disponível em: <https://bibliotecadigital.trt1.jus.br/jspui/handle/1001/2592332>).

(22) Acórdãos da 7ª Turma têm se colocado de forma mais veemente contra o uso dos relatórios (TRT – 1ª Região, 7ª Turma, relatora Des. Sayonara Grillo Coutinho, Processo 0101233-08.2019.5.01.0071, *DEJT*

Em breve síntese, são apresentados os seguintes argumentos para o não uso deste meio de prova em debate: em primeiro lugar e com maior incidência, utiliza-se o argumento de que tais relatórios não se constituem em documento "oficial", permitido ou exigido por lei para o controle de jornada de trabalho; também se alega que o uso de tais relatórios subverteria o disposto no art. 74 da CLT, já que a exigência da lei é de que exista controle de jornada através de registro de entrada e saída, manual, mecânico ou eletrônico, este sim, meio hábil para a comprovação do real horário cumprido pelo trabalhador; se menciona, por igual, que os documentos gerados não apresentam o horário de trabalho do trabalhador, mas tão somente horários de deslocamento como usuário do sistema de transporte urbano, já que o trabalhador possui liberdade de locomoção; por fim, também se aduz que a coleta de dados de pessoas humanas em meios digitais ou em bancos de dados de empresas de transporte intermunicipal como *"Riocard"*, invadem a esfera de proteção pessoal de dados, não podendo "substituir" a demonstração de horários de trabalho que, por vontade própria, o empregador não teria controlado durante o contrato de trabalho.

No entanto, este não tem sido o posicionamento dominante no âmbito do Tribunal. Como ressaltado em vários julgados das outras turmas do regional fluminense, onde predomina o entendimento pela plena viabilidade do uso deste meio de prova, os extratos de *"Riocard"* não substituem os horários registrados nos controles de ponto, que, aliás, não são obrigatórios para empresas com estabelecimentos que contam com menos de 20 empregados[(23)]. Neste particular, como a maior parte das empresas brasileiras encontram-se fora da exigência prevista no art. 74 da CLT, o uso dos relatórios pode ser meio de prova hábil para chancelar a prova testemunhal ou mesmo para se aferir a razoabilidade dos horários declinados na petição inicial ou na peça de defesa. De se notar, que a própria 4ª Turma, então reticente ao uso dos relatórios em análise, mudou abruptamente

02.08.2022, disponível em: <https://bibliotecadigital.trt1.jus.br/jspui/handle/1001/3058907>, e TRT – 1ª Região, 7ª Turma, relatora Des. Carina Rodrigues Bicalho, Processo 0100921-09.2020.5.01.0035, *DEJT* 30.11.2022, disponível em: <https://bibliotecadigital.trt1.jus.br/jspui/handle/1001/3205759)>. Acesso em: 30 dez. 2022.

(23) Pequenas e microempresas correspondem a 99% do total das empresas do país, dentre as quais os microempreendores individuais, o que afasta em muito a obrigatoriedade dos controles de ponto (conforme notícia publicada em: <https://www.gov.br/economia/pt-br/assuntos/noticias/2022/julho/mais-de-1-3-milhao-de-empresas-sao-criadas-no-pais-em-quatro-meses>. Acesso em: 30 dez. 2022).

seu posicionamento, como se pode constatar na ementa de acórdão recente que transcrevemos à guisa de exemplo[24]:

> HORAS EXTRAS. CONTROLES DE PONTO IDÔNEOS. ALTERAÇÃO DA VERDADE DOS FATOS PELO AUTOR E TESTEMUNHA. OFÍCIO À FETRANSPOR DEMONSTRANDO INCOMPATIBILIDADE ENTRE O USO DO TRANSPORTE PÚBLICO E OS HORÁRIOS ALEGADOS. Verificada a falta de compatibilidade entre o horário de uso dos transportes públicos e aqueles indicados pelo autor e pela testemunha como de início e término da jornada, resta inquestionável a intenção de alterar a verdade dos fatos para virem a se locupletar do ilícito. A prova documental carreada exortou a validade dos controles ao se notar que nos dias em que houve folga não havia utilização do transporte público, assim como desmentiu os horários de saída informados pelo autor ao demonstrar que ele ingressava no transporte público em horários compatíveis com os anotados no ponto. Desse modo, inafastáveis os controles e consequentemente improcedente o pleito de pagamento do sobrelabor. CONDENAÇÃO DO AUTOR E TESTEMUNHA NA LITIGÂNCIA DE MÁ-FÉ. ALTERAÇÃO IRREFUTÁVEL DOS FATOS. INTUITO FRAUDULENTO COMPROVADO. No caso, como já extensamente discutido no tópico referente às horas extras, houve clara alteração da verdade dos fatos pelo autor e pela sua testemunha. Ambos agiram de forma temerária ao informar horários que foram diametralmente rechaçados pelas informações do vale-transporte do trabalhador. Entendo, portanto, que restou plenamente configurada a litigância de má-fé, diante da inegável intenção das partes de alterarem a verdade dos fatos na tentativa de se locupletarem do ilícito". (grifos nossos)

Outras turmas caminham no mesmo sentido, sublinhando a licitude do meio de prova, a não violação de qualquer direito fundamental do trabalhador, que, aliás, pode ser beneficiado com a demonstração de que os controles registram horários que, de fato, não guardam qualquer correlação com os horários de deslocamento e com o uso do transporte público. Assim a 1ª Turma[25], a 2ª Turma[26], a 3ª

---

(24) TRT 1ª Região, 4ª Turma, relatora Heloisa Juncken Rodrigues, Processo 0100691-43.2020.5.01.0042, *DEJT* 28.07.2022, disponível em: <https://bibliotecadigital.trt1.jus.br/jspui/handle/1001/3049285>. Idêntica posição foi adotada em acórdãos da mesma turma, ainda mais recente, *vide*: TRT 1ª Região, 4ª Turma, relatora Evelyn Correa Guamá Guimarães, Processo 0100379-49.2021.5.01.0069, *DEJT* 15.10.2022, disponível em: <https://bibliotecadigital.trt1.jus.br/jspui/handle/1001/3143549>, e TRT 1ª Região, 4ª Turma, relator Álvaro Antônio Borges Faria, Processo 0100065-14.2020.5.01.0207, *DEJT* 04.10.2022, disponível em: <https://bibliotecadigital.trt1.jus.br/jspui/handle/1001/3122177>. Todos acessados em: 30 dez. 2022.

(25) TRT 1ª Região, 1ª Turma, relator Des. Mário Sérgio Medeiros Pinheiro, Processo 0101062-43.2019.5.01.0203, *DEJT* 21.06.2022, disponível em: <https://bibliotecadigital.trt1.jus.br/jspui/handle/1001/3000844>. Acesso em: 30 dez. 2022.

(26) TRT 1ª Região, 2ª Turma, relator Des. Valmir de Araújo Carvalho, Processo 0101993-58.2016.5.01.0039, *DEJT* 31.05.2019, disponível em: <https://bibliotecadigital.trt1.jus.br/jspui/handle/1001/1755511>. Acesso em: 30 dez. 2022.

Turma[27], a 5ª Turma[28], a 6ª Turma[29], a 8ª Turma[30], a 9ª Turma[31] e a 10ª Turma[32] do TRT da 1ª Região.

Por igual, mister se faz salientar que muitas vezes os extratos de vale transporte não corroboram nem a jornada apontada na inicial, nem aquela mencionada em defesa. Tais situações reforçam o caráter acessório de tais relatórios que se apresentam como mais um meio de prova a ser analisado em conjunto com os depoimentos prestados pelas testemunhas e com os controles de ponto eventualmente colacionados aos autos pelos empregadores.

Especificamente, no que tange à validade dos relatórios, cumpre sublinhar que se tratam de registros eletrônicos fornecidos em consonância com o art. 5º da Lei Estadual n. 4.291 de 2004, gerados a partir de central de gerenciamento do sistema que é operada por órgão a quem a lei confere tal atribuição. Além da idoneidade e licitude dos mencionados relatórios, seu uso diz respeito ao direito fundamental à prova, cuja efetividade deve ser realizada pelo magistrado. Como menciona CAMBI:

---

(27) TRT 1ª Região, 3ª Turma, relator Des. Eduardo Henrique Raymundo Von Adamovich, Processo 0100845-74.2018.5.01.0028, *DEJT* 21.06.2022, disponível em: <https://bibliotecadigital.trt1.jus.br/jspui/handle/1001/2997503>. Acesso em: 30 dez. 2022.

(28) TRT 1ª Região, 5ª Turma, relator Des. Enoque Ribeiro dos Santos, Processo 0100788-23.2020.5.01.0081, *DEJT* 03.08.2022, disponível em: <https://bibliotecadigital.trt1.jus.br/jspui/handle/1001/3060655>, e TRT 1ª Região, 5ª Turma, relator Des. Enoque Ribeiro dos Santos, Processo 0100871-98.2019.5.01.2019.5.01.0202, *DEJT* 02.09.2022, disponível em: <https://bibliotecadigital.trt1.jus.br/jspui/handle/1001/3073930>. Acesso em: 30 dez. 2022.

(29) TRT 1ª Região, 6ª Turma, relator Des. Luiz Alfredo Mafra Lino, Processo 0100302-52.2020.5.01.0044, *DEJT* 1º.10.2021, disponível em: <https://bibliotecadigital.trt1.jus.br/jspui/handle/1001/2739375>, TRT 1ª Região, 6ª Turma, relator Des. Leonardo da Silveira Pacheco, Processo 0100081-31.2021.5.01.0013, *DEJT* 19.10.2022, disponível em: <https://bibliotecadigital.trt1.jus.br/jspui/handle/1001/3164314>, e e TRT 1ª Região, 6ª Turma, relator Des. Roberto Norris, Processo 0100994-58.2020.5.01.0074, *DEJT* 25.11.2022, disponível em: <https://bibliotecadigital.trt1.jus.br/jspui/handle/1001/3199682>. Acesso em: 30 dez. 2022.

(30) TRT 1ª Região, 8ª Turma, relatora Desª. Maria Aparecida Coutinho Magalhães, Processo 0100814-09.2019.5.01.0064, *DEJT* 16.12.2022, disponível em: <https://bibliotecadigital.trt1.jus.br/jspui/handle/1001/3232058>. Acesso em: 30 dez. 2022.

(31) TRT 1ª Região, 9ª Turma, relator Célio Juaçaba Cavalcante, Processo 0101329-13.2019.5.01.0042, *DEJT* 12.11.2022, disponível em: <https://bibliotecadigital.trt1.jus.br/jspui/handle/1001/3179515>. Acesso em: 30 dez. 2022.

(32) TRT 1ª Região, 10ª Turma, relator Des. Marcelo Antero de Carvalho, Processo 0100212-63.2020.5.01.0264, *DEJT* 14.07.2022, disponível em: <https://bibliotecadigital.trt1.jus.br/jspui/handle/1001/3033297>. Acesso em: 30 dez. 2022.

> (...) nesse contexto, a efetividade do direito à prova significa o reconhecimento da máxima potencialidade possível ao instrumento probatório para que as partes tenham amplas oportunidades para demonstrar os fatos que alegam[(33)]

Portanto, a análise da jurisprudência prevalecente no TRT da 1ª Região não deixa dúvida quanto à viabilidade do uso dos relatórios "Riocard" em várias situações fáticas nas quais a Justiça do Trabalho é chamada a pacificar conflitos sociais.

Conclusões

Muitas vezes, quando se defende o novo, o discurso pode aparentar uma possível tendência de abdicação ao que era executado no passado, como se nada mais daquilo até então realizado tivesse serventia. Percebemos que o direito, e de forma específica a perspectiva da produção da prova, não se encontra imune a este movimento. Por outro lado, não estamos a defender a superação do antigo, mas sim o diálogo com este novo cenário em curso.

É evidente que a lógica trazida pela prova oral possuiu e possui enorme valia na seara trabalhista. O que buscamos propor é uma nova perspectiva para este tipo de produção probatória. Ousamos aqui propor que o novo cenário que se abre possui evidentes benefícios, que alcançam celeridade, instrumentalidade, e acima de tudo, possibilidade de maximizar o êxito coletivo na busca da verdade real. E daí, ponderar a produção da prova oral em diálogo com as diversas possibilidade de provas digitais, acabam por trazer um leque de opções, e um dever contínuo de capacitação de todos os operadores do direito.

Percebemos ainda ser fundamental frisar que a utilização de provas digitais não enseja eventual parcialidade do juízo, pois om órgão julgador não tem o poder de antever o resultado dos dados a serem apresentados, e sua aptidão para influenciar na decisão. Se a produção de prova documental, e todos os meios de prova oral não possuem o condão de fragilizar a credibilidade do estado juiz na busca da verdade real, por que razão a determinação de produção de prova digital ensejaria reflexão em outro sentido? Lembremos que o magistrado pode determinar a produção de provas de ofício, inclusive de natureza testemunhal, o que se encontra na esteira de algo básico: é dever do estado a busca da solução justa

(33) CAMBI, Direito Constitucional à prova no processual civil, *cit.*, p. 170.

e adequada a cada processo. Uma decisão que não alcança a verdade dos fatos é injusta, e porque não dizer, fragiliza o Poder Judiciário perante a sociedade. Em sentido oposto, decisões justas o fortalecem, e daí a razão de sustentarmos que a prova digital é algo não apenas útil para o processo, mas também é mandamental para uma sociedade.

Para embasar nossa narrativa, nossos comentários, e porque não dizer, nossa opinião, buscamos trazer a experiência que o regional onde atuamos vem obtendo com um tipo específico de prova digital. Seja solucionando em favor do empregado, seja em favor do empregador, percebemos que o mais relevante desta experiência é a possibilidade da decisão exarada poder ter mais um elemento balizador. Logo, a existência de mais um meio acessório e adequado, permite o cotejo de todos os elementos probatórios produzidos, viabilizando ao magistrado que conduz determinado processo a efetivar a justiça no caso concreto.

Referências

ALVIM, Arruda. *Manual de direito processual civil:* teoria geral do processo e processo de conhecimento. 17. ed., rev., atual e ampl. São Paulo: Revistas dos Tribunais, 2017.

BERBERI, Marco Antonio Lima; HANTHORNE, Bruna de Oliveira Cordeiro. Aspectos controvertidos no uso da prova digital no ordenamento jurídico brasileiro. *International Journal of Digital Law*, Belo Horizonte, ano 2, n. 2, p. 137-165, maio/ago. 2021. DOI: 10.5380/IJDL.berberi.v.2.n.2.

BEZERRA LEITE, Carlos Henrique. *Curso de Direito Processual do Trabalho.* 10. ed. São Paulo: LTr, 2012.

CAMBI, Eduardo. *Direito Constitucional à Prova.* São Paulo: RT. 2001.

DIDIER JR., Fredie; BRAGA, Paula Sarno; OLIVEIRA, Rafael. *Curso de Direito Processual do Civil.* vol. 2. 13. ed. Salvador: JusPodivm, 2018.

FUX, Luiz. *Processo civil Contemporâneo.* 1. ed. Rio de Janeiro: Forense, 2019.

HAMAY, Renan; TAMER, Maurício. *Provas no Direito Digital.* 1. ed. São Paulo: Revistas dos Tribunais, 2020. p. 33-111.

LEMOS, Diego Fontenele; CAVALCANTE, Larissa Homsi; MOTA, Rafael Gonçalves. A prova digital no direito processual brasileiro. *Revista Acadêmica Escola Superior do Ministério Público do Ceará*, 2021, 13(1), 11–34. Disponível em: <https://doi.org/10.54275/raesmpce.v13i1.147>.

LUZES, Fabiano Fernandes; CASTRO, Marcos Dias de; MADEU, Maurício; Direito à privacidade e limites constitucionais – Uma análise sobre os limites ao exercício do contraditório e ampla defesa sob a perspectiva da produção probatória e a consecução da tutela justa. In: *Provas Digitais no Processo do Trabalho:* Realidade e Futuro. Campinas: Lacier Editora, 2022. p. 175-191.

SCHIAVI, Mauro. *Manual de Direito Processual do Trabalho*. 12. ed. São Paulo: LTr, 2017.

Provas Digitais no Direito Previdenciário

Marco Aurélio Serau Junior[(1)]

Maria Carolina Dal Prá Campos[(2)]

Introdução

Atualmente tem sido debatido no ambiente acadêmico e na esfera judicial o tema das denominadas *provas digitais*. A contemporaneidade do tema decorre, obviamente, do impacto trazido pelas novas Tecnologias da Informação e da Comunicação (TIC) em toda a vida humana e, em particular, no universo jurídico e no ambiente judicial.

Como em diversos segmentos do Direito, a tecnologia surge de forma *disruptiva* e o ordenamento jurídico literalmente "corre atrás" dos fenômenos sociais, à guisa de efetuar alguma forma de regulamentação do tema, propiciando balizas mínimas de segurança jurídica.

É nesse quadro que se vêm discutindo as *provas digitais*: são dotadas de legalidade; qual seu alcance; quais as possibilidades tecnológicas; como regulamentar adequadamente; como efetivar o princípio do devido processo legal nesse tópico específico?

As *provas digitais* se relacionam com dois eixos centrais dentro do Processo Civil: a) a ideia de *direito fundamental à prova;* b) a concepção sobre as *provas atípicas.*

---

(1) Professor da UFPR – Universidade Federal do Paraná, na graduação e no Mestrado, nas áreas de Direito do Trabalho e Direito Previdenciário. Doutor e Mestre em Direitos Humanos pela USP – Universidade de São Paulo. Diretor Científico do IEPREV – Instituto de Estudos Previdenciários. Advogado. Consultor. Autor e Coordenador de dezenas de obras jurídicas.

(2) Mestranda em Direito pela Universidade Estadual de Ponta Grossa. Especialista em Direito e Processo do Trabalho. Bacharela em Direito pela Universidade Federal do Paraná. Analista judiciária do Tribunal Regional do Trabalho da 9ª Região.

Direito fundamental à prova é uma concepção derivada da própria ideia de devido processo legal, mas indica um caminho específico, relativo ao alcance e aos limites da instrução probatória. No Brasil, essa ideia vem sendo desenvolvida por juristas como Eduardo Cambi (2001) e William Santos Ferreira (2014).

O conceito de *provas atípicas* também é fundamental para a compreensão e a aplicação das *provas digitais* nos diversos segmentos jurídicos.

O art. 369 do Código de Processo Civil de 2015, seguindo e aprimorando a tradição do estatuto processual anterior, encampou a ideia da *atipicidade das provas*:

> Art. 369. As partes têm o direito de empregar todos os meios legais, bem como os moralmente legítimos, ainda que não especificados neste Código, para provar a verdade dos fatos em que se funda o pedido ou a defesa e influir eficazmente na convicção do juiz.

O art. 371 do Código de Processo Civil de 2015 corrobora essa possibilidade, consagrando a conhecida ideia do *livre convencimento motivado do juízo:*

> Art. 371. O juiz apreciará a prova constante dos autos, independentemente do sujeito que a tiver promovido, e indicará na decisão as razões da formação de seu convencimento.

Em síntese, as partes possuem a mais ampla possibilidade de meios para comprovarem os fatos submetidos ao Poder Judiciário. Porém, algumas modalidades de prova (como a prova testemunhal ou a prova pericial, por exemplo) possuem um regramento estipulado mais amiúde pelo ordenamento jurídico, ao passo que outros mecanismos probatórios são deixados de forma mais livre para utilização pelos atores do processo judicial.

A partir destas premissas, trataremos das possibilidades de utilização das *provas digitais* no cenário do Processo Judicial Previdenciário.

1. Provas digitais

Quando alguém invoca a tutela jurisdicional em face de outrem, é necessário que sejam apresentados ao Estado-Juiz subsídios para que este possa proferir uma decisão justa e pôr fim ao conflito intersubjetivo. Para tanto, as partes podem produzir *provas*, cujo escopo consiste em "convencer o juiz de que têm razão" (CAMBI, 2014, p. 8). A prova, portanto, visa à demonstração de determinado fato, com a indicação de quando e como ocorreu, bem como do(s) sujeito(s) envolvido(s), com o intuito de influenciar a decisão do magistrado.

Para a demonstração do(s) fato(s), as partes devem se valer de *meios probatórios*, que consistem nos "instrumentos por meio dos quais os fatos saem do plano puramente fático e adentram aos processos ou procedimentos" (THAMAY e TAMER, 2022, p. 31). São meios de prova, por exemplo, o documental, o testemunhal e o pericial.

A ocorrência de inovações tecnológicas em ritmo voraz fez com que, na atualidade, a quase totalidade das pessoas dependa da utilização de tecnologias da informação tanto no âmbito profissional, quanto na esfera pessoal. A utilização de computadores interligados à rede mundial de computadores (*internet*) é generalizada, assim como a comunicação interpessoal através de *e-mails* e aplicativos de mensagens instantâneas (*WhatsApp* e *Telegram*, por exemplo), sobretudo em razão da rapidez que proporcionam aos interlocutores.

Mas, ainda que a pessoa não tenha rede sociais ou acesso à internet, os próprios Estados vêm informatizando seus bancos de dados e mantendo arquivos sobre as pessoas naturais e jurídicas em formato digital. No Brasil, é possível citar, a título meramente exemplificativo, a Receita Federal, que há muitos anos vem recebendo as diversas declarações (imposto de renda, ganho de capital etc.) de forma digital; o CNIS — Cadastro Nacional de Informações Sociais do INSS — Instituto Nacional do Seguro Social, que informa todos os vínculos, as remunerações e as contribuições previdenciárias dos indivíduos; e o CadÚnico — Cadastro Único para acesso aos programas sociais do Governo Federal. Destarte, é praticamente impossível não deixar uma "pegada" digital em algum lugar.

Partindo dessa premissa, concluímos ser possível a demonstração de fatos — noutro dizer, a produção de provas — através de meios digitais, as chamadas *provas digitais*. Rennan Thamay e Mauricio Tamer assim conceituam a prova digital:

> [...] instrumento jurídico vocacionado a demonstrar a ocorrência ou não de determinado fato e suas circunstâncias, tendo ele ocorrido total ou parcialmente em meios digitais ou, se fora deles, esses sirvam como instrumento para sua demonstração. A prova digital é o meio de demonstrar a ocorrência de um fato ocorrido em meio digital, ou que tem no meio digital um instrumento de demonstração de determinado fato de seu conteúdo. (THAMAY e TAMER, 2022, p. 33)

Da definição é possível constatar a existência de duas espécies de provas digitais. No primeiro caso, o fato ocorre total ou parcialmente em ambiente virtual ou digital e, portanto, somente pode ser exteriorizado da mesma forma. É o caso, por exemplo, dos supracitados sistemas do Governo Federal (Receita Federal, CNIS e CadÚnico), cujas informações são alimentadas e arquivadas em meio integralmente digital. Na segunda espécie de prova digital, o fato ocorre em ambiente diverso do virtual ou digital, mas é passível de demonstração dessa forma. Por exemplo, é possível aferir a condição econômica de uma pessoa, para fins de concessão de justiça gratuita ou de deferimento de BPC — Benefício de Prestação Continuada previsto nos arts. 20 e 21-A da LOAS - Lei Orgânica da Assistência Social — Lei n. 8.742/1993, através de suas postagens em redes sociais tais como o *Facebook*, o *Instagram* ou o *TikTok*.

Enfim, quando a forma de transporte do fato ao processo é digital, tenha aquele ocorrido total ou parcialmente desta forma ou não, estamos diante de prova digital.

Em que pese o Código de Processo Civil em vigor seja bastante recente, com sua vigência remontando a 2016, ele não contemplou as provas digitais de modo expresso. Existe um projeto de lei, atualmente em trâmite perante a Câmara dos Deputados — PL n. 4.939/2020 (BRASIL, 2020), que conceitua as provas digitais de forma bem mais singela, nos seguintes termos:

> Art. 4º Considera-se prova digital toda informação armazenada ou transmitida em meio eletrônico que tenha valor probatório.
>
> Parágrafo Único – À prova digital aplicam-se subsidiariamente as disposições relativas às provas em geral.

O art. 5º do aludido projeto de lei menciona, ainda, a existência de *"prova nato-digital"* e de prova *"digitalizada na investigação e no processo"* (BRASIL, 2020), indicando o acolhimento da distinção sugerida por Thamay e Tamer. Assim, a prova nato-digital seria aquela cujos fatos ocorreram integral ou parcialmente em ambiente digital e que, consequentemente, é representada desta forma. A seu turno, a prova digitalizada seria aquela cujos fatos ocorreram em outra seara, mas cuja demonstração é feita de forma digital.

Partindo do conceito de *provas digitais*, necessário perquirir acerca da sua natureza jurídica.

José Antônio Ribeiro de Oliveira Silva afirma que a doutrina, de modo geral, as vem considerando como uma espécie de prova documental, sujeita à disciplina dos arts. 442 e 439 a 441, do Código de Processo Civil (SILVA, 2022, p. 76). Nesse caso, a prova digital seria considerada um meio *típico* de prova, porquanto enquadrado como prova documental, regulamentada pela legislação.

Porém, o supracitado autor e Luciane Cardoso Barzotto (2022, p. 101) entendem que, dada a sua dimensão, as provas digitais extrapolariam a regulamentação conferida às provas documentais, tratando-se de novo meio probatório e, portanto, *atípico*. Esta é a posição à qual nos filiamos.

O já citado art. 369 do Código de Processo Civil dispõe que as partes podem produzir provas mediante o emprego de todos os meios legais e moralmente legítimos, ainda que não previstos em lei. Destarte, a liberdade de produção probatória por meios atípicos — nos quais se insere a prova digital — não é absoluta, estando sujeita a balizas morais e jurídicas.

Primeiramente, a doutrina aponta três princípios a cuja observância se sujeitam as provas digitais: (i) princípio da vedação da prova ilícita; (ii) princípio da liberdade probatória; e (iii) princípio da persuasão racional ou do livre convencimento motivado (THAMAY e TAMER, 2022, p. 53).

O *princípio da vedação da prova ilícita* está insculpido no art. 5º, LVI, da Constituição da República. É deveras evidente que a ordem jurídica não pode admitir violações às suas próprias normas (princípios e regras) para a produção de provas. No particular, Guilherme Guimarães Feliciano afirma que existem duas modalidades de ilegalidade de prova:

> [...] a primeira refere-se à forma de geração da prova, em que a ilicitude resulta do descumprimento dos dispositivos legais previstos para a produção de determinada prova e/ou da adoção de meios não autorizados pela lei; a segunda, por sua vez, ocorre quando, nada obstante se adotem os procedimentos legalmente previstos, do ponto de vista adjetivo ou processual, termina-se por agredir um direito individual da(s) parte(s) ou de terceiro(s). (FELICIANO, 2022, p. 214)

Assim, a prova é considerada ilícita quando ela própria ou a forma como foi produzida violar normas de direito material e/ou processual.

O princípio da *liberdade probatória* (art. 369 do Código de Processo Civil) preceitua que qualquer meio de prova é passível de utilização para a demonstração de um fato, esteja ele previsto expressamente na legislação (meio *típico*) ou não (meio *atípico*). No caso da prova digital, em muitas ocasiões, sua produção não apenas é *possível*, como ela consiste no *único* meio adequado para a demonstração de determinado fato. É o caso, por exemplo, dos fatos ocorridos de forma digital, que somente são passíveis de demonstração desta forma. Destarte, eventual impedimento de realização da prova digital por ausência de previsão legal expressa implicaria violação ao devido processo legal e ao contraditório efetivo — no que se refere à possibilidade de influenciar significativamente o convencimento do julgador —, já que privaria a parte de demonstrar o seu direito material e obter a correspondente tutela jurisdicional.

Por fim, de acordo com o princípio da *persuasão racional* ou do *livre convencimento motivado* (art. 371 do Código de Processo Civil), as provas não detêm intrinsecamente um valor pré-determinado (sistema de prova tarifada). O julgador deve analisar as provas e valorá-las, explicitando as razões pelas quais houve por bem decidir de determinado modo.

Além da observância aos supracitados princípios que, a rigor, é exigível quando se trata de qualquer meio de prova, a fim de que a prova digital possa ser considerada confiável (SILVA, 2022, p. 79), é necessário que possua as seguintes características: (i) autenticidade; (ii) integridade; e (iii) preservação da cadeia de custódia (THAMAY e TAMER, 2022, p. 40).

A *autenticidade* consiste na "qualidade da prova digital que permite a certeza com relação ao autor ou autores do fato digital. Ou seja, é a qualidade que assegura que o autor aparente do fato é, com efeito, seu autor real" (THAMAY e TAMER, 2022, p. 40).

A *integridade*, nos termos do art. 3º, IV, do Decreto n. 10.278/2020, consiste no "estado dos documentos que não foram corrompidos ou alterados de forma não autorizada". Noutro dizer, significa que a prova não sofreu adulteração entre a ocorrência do fato e a sua produção.

A *preservação da cadeia de custódia* vem definida no art. 158-A, do Código de Processo Penal, consistindo no "conjunto de todos os procedimentos utilizados para manter e documentar a história cronológica do vestígio coletado em locais ou em vítimas de crimes, para rastrear sua posse e manuseio a partir de seu reconhecimento até o descarte". Mas mesmo em processos não criminais, no que se refere às provas digitais, a preservação da cadeia de custódia significa "comprovar todo trajeto percorrido para a obtenção das provas, dados e elementos. Devem ser descritos os meios percorridos, as ferramentas utilizadas, o resultado alcançado e, ainda, a Autoridade que coordenou essa busca" (CASELLI, 2021, p. 27).

Fixadas as principais premissas sobre as quais se assentam as provas digitais, passamos à análise de sua aplicação prática no âmbito do Direito Previdenciário.

2. Panorama da utilização das provas digitais no Direito Previdenciário

Como dissemos acima, as provas digitais já vêm sendo empregadas no ambiente judicial porque as tecnologias (a maquinalidade e a artificialidade) impregnam a vida moderna. A ciência do Direito, como quase sempre costuma ser, anda em velocidade distinta do fenômeno tecnológico, tanto quanto à sua compreensão como em relação à sua regulamentação.

Neste tópico apresentaremos alguns exemplos nos quais foi aplicada a metodologia de *provas digitais*, buscando encontrar alguns traços gerais e comuns que possam ser identificados, propiciando que no tópico seguinte passemos a uma análise crítica desse quadro.

Levando em consideração a primeira concepção de prova digital de Thamay e Tamer — fatos ocorridos em meio digital e que são passíveis de demonstração dessa forma —, trazemos à baila um caso penal envolvendo a prática do crime de estelionato previdenciário (art. 171, § 3º, do Código Penal), em que se constatou que o acusado estava percebendo auxílio-doença e, concomitantemente, exercendo atividade remunerada de motorista em transporte coletivo de passageiros, mediante o cruzamento de informações obtidas junto a três órgãos governamentais: INSS, Departamento de Trânsito — DETRAN e Polícia Rodoviária Federal. Segue trecho do acórdão proferido no caso:

> Entretanto, durante o período descrito na denúncia, Tício exerceu atividade remunerada paralela, consistente em transporte coletivo de passageiros, o que é demonstrado pelo fato de o réu ter alterado a categoria de sua CNH para que pudesse conduzir referido tipo de veículo; ter recebido multas durante a atividade, o que o obrigou a realizar curso de reciclagem; ter divulgado seus serviços de transporte e viagem em sua página pessoal do *Facebook* (evento 06, DESP1, fls. 04-06); ter o veículo apreendido por transporte de mercadorias oriundas de descaminho. [...]. Além disso, em consulta ao extrato de cadastro de condutor do acusado, consta como observação na sua CNH que o acusado exerce atividade remunerada – hab. escolar, hab. Coletivo [...]. Não se olvide que, durante a percepção do benefício previdenciário, [...] realizou cursos de reciclagem e de transporte coletivo de passageiros, um em 2014, ou seja, inequivocamente

> no período do recebimento do benefício. Ainda, no dia 12/10/2012, na cidade de Céu Azul – PR, o acusado foi surpreendido pela Polícia Rodoviária Federal ao conduzir veículo com mercadorias oriundas de descaminho [...]. [grifos nossos]

Além do cruzamento de informações nas bases de dados governamentais (INSS, DETRAN e Polícia Rodoviária Federal), consta da decisão ter sido utilizada ainda uma fonte aberta para a obtenção de mais subsídios probatórios, a saber, a página de *Facebook* do acusado, na qual eram divulgados seus serviços de transporte.

Com efeito, observamos da jurisprudência que, em sua maioria, as provas digitais vêm sendo utilizadas na segunda acepção da definição de Thamay e Tamer, ou seja: os fatos ocorreram no mundo real, mas foram exteriorizados de forma digital.

A prova digital pode auxiliar, por exemplo, na comprovação da própria qualidade de segurado, sobretudo quando se está diante de contrato de trabalho informal, não registrado em CTPS — Carteira de Trabalho e Previdência Social. No caso que ora apresentamos, a esposa e os filhos de um indivíduo tiveram o benefício de pensão por morte negado pelo fato de o contrato de trabalho deste não estar registrado em CTPS, em que pese o trabalhador empregado seja segurado da Previdência Social (art. 11, I, *"a"*, da Lei n. 8.213/1991) e o benefício de pensão por morte independa de carência (art. 26, I, da Lei n. 8.213/1991). Postagens de terceiros nas redes sociais — no caso concreto, *Facebook* — contribuíram para comprovar a efetiva prestação de serviços de parte do segurado, como depreendemos do seguinte trecho do acórdão:

> O instituidor do benefício, [...], faleceu em 14.04.2008 (fl. 19).
>
> A fim de afirmar a manutenção da qualidade de segurado do instituidor ao tempo do óbito, os apelados tentaram comprovar a existência de dois vínculos não anotados na CTPS e no CNIS do falecido, com os colégios Êxitus e Anglo. Ocorre que o juízo a quo reconheceu apenas o vínculo do instituidor com o Colégio Êxitus, de 05.02.2007 a 29.02.2008 (fls. 550/562). Em recurso, a controvérsia cinge-se à existência ou não de prova material apta a informar a existência efetiva desse contrato.
>
> [...]
>
> No entanto, no decorrer do processo, as partes ora apeladas apresentaram novos documentos (fls. 498/500), como *prints* de páginas de redes sociais, nas quais jovens compartilharam a notícia do óbito do professor [...].

> Desta forma, restado comprovado o vínculo laboral do falecido, tinha essa (*sic*), quando do óbito, a condição de segurado, motivo pelo qual a pensão é devida. [grifos nossos]

Outro campo em que as provas digitais podem ser interessantes no âmbito das ações previdenciárias: a comprovação da convivência pública e duradoura para fins de constatação de união estável e concessão do benefício de pensão por morte. Nesse aspecto, cabe muito bem a utilização de fotos, conversas, dentre outros meios, que demonstrem a relação de conjugalidade entre o *de cujus* e o cônjuge supérstite.

Por amostragem, colacionamos trecho de acórdão de Turma Recursal Única neste sentido:

> 5. A irresignação tanto do INSS quanto do litisconsorte passivo necessário, [...], filho da falecida, refere-se à questão da união estável entre o recorrido e a instituidora do benefício anteriormente ao matrimônio, ocorrido em 17.04.2017. Sobre o tema, destacou o i. juiz sentenciante: "[...] Ademais, a parte autora colacionou aos autos, vasta prova material da união estável por período superior aos 2 (dois) anos, consubstanciada em: 1) Certidão de óbito, ocorrido em 23.02.2018, do qual o Autor foi o declarante; 2) Certidão de casamento, realizado em 17.04.2017; 3) Escritura Pública de Declaração de União Estável desde 05.02.2016, firmada por ambos, no dia 22 de dezembro de 2016; 4) Cartas de próprio punho escritas pela de cujus para o companheiro, datadas de 04.03.2016 e 31.05.2016; 5) *Prints* de WhatsApp e demais publicações feitas em redes sociais, desde janeiro de 2016; 6) Contrato de internação hospitalar da de cujus constando o Autor como responsável; 7) Extratos de utilização pela *de cujus* no plano de saúde do Autor. [...]". [grifos nossos]

No caso sob comento, as trocas de mensagens entre a *de cujus* e o beneficiário da pensão por morte via aplicativo de mensagens instantâneas e a publicação de fotografias em redes sociais demonstrando o termo inicial do relacionamento conjugal certamente influenciaram o convencimento dos magistrados no sentido de reconhecer a união estável prévia ao casamento.

Além das hipóteses acima, têm sido recorrentes decisões judiciais relativas a benefícios por incapacidade para o trabalho em que o sistema judiciário se utiliza de incursões às diversas redes sociais (*Facebook*, *Instagram*, *TikTok* etc.) no intuito de averiguar determinadas condições de vida dos segurados, especialmente encontrar elementos que demonstrem a capacidade laboral ou infirmem a comprovação da incapacidade para o trabalho.

A título exemplificativo, transcrevemos abaixo trecho de voto proferido no âmbito dos Juizados Especiais Federais, em que se negou benefício por incapacidade (auxílio-doença ou aposentadoria por invalidez), adotando-se como fundamentação excerto do laudo do perito médico judicial, o qual foi estruturado a partir de exame médico da parte autora e, também, exame de suas redes sociais:

> Justificativa/conclusão:
>
> A avaliação pericial foi realizada mediante análise da documentação apresentada, consulta à rede social *'Facebook'* e entrevista com a pericianda e sua acompanhante.
>
> A examinada apresenta atestados médicos com CID-10 F32.3 datados nos anos de 2013, 2014, 2016, 2017 e 2018. Em pesquisa realizada na rede social 'Facebook' referente aos anos de 2018, 2017 e 2016 há fotos da examinanda em eventos sociais e segurando bebidas alcoólicas, bem como menção a participação na festa 'Aniversário retrô zona sul'. A pericianda apresentou inúmeras receitas sem sinais de dispensação da medicação. Em atestado médico datado em 17.10.16 está descrito que a examinada estava sem fazer uso de antidepressivos. Não há alterações significativas ao exame do estado metal, exceto humor triste.
>
> Não há elementos de convicção que indiquem doença psiquiátrica ativa. Não há incapacidade laboral. Não há incapacidade civil. [grifos nossos].

Há julgados em sentido diverso, apontando a insuficiência do recurso às redes sociais para infirmar a conclusão pericial médica relativa à constatação da incapacidade laboral. Veja-se, nesse sentido, excerto de outro julgado representativo deste entendimento:

> Ressalte-se que a pesquisa feita pelo perito, em rede social, em nada contribui para a solução do caso concreto. O fato de ter a autora trabalhado e realizado curso a distância não afasta a efetiva existência de incapacidade. Ao contrário, pode estar contribuindo para agravá-la, diante da necessidade de desenvolvimento de atividade remunerada para subsistência. [grifos nossos].

As decisões transcritas demonstram que os conteúdos supostamente publicizados pelo próprio segurado em suas redes sociais vêm servindo, juntamente com outros elementos de prova, de fundamentação para a negativa ou para a concessão de benefícios previdenciários.

3. Análise crítica das provas digitais nas ações previdenciárias

Os exemplos que procuramos trazer para este estudo pioneiro, apesar de pouco numerosos, parecem ser expressivos do que é mais significativo em relação ao tema das provas digitais no Direito Previdenciário. Sobretudo porque permitem entrever algumas possíveis "tendências" nesse campo das provas digitais nas ações previdenciárias.

Um primeiro aspecto que parece bem marcante da análise dos dois últimos casos relatados no tópico anterior: quando se trata de benefício por incapacidade, a utilização das provas digitais parece ter um viés bem marcante de ferramenta que auxilia na sua negativa, infirmando as provas e a argumentação apresentadas pela parte autora (segurados, dependentes, beneficiários da Assistência Social etc.).

Outro ponto bem expressivo: o emprego das provas digitais muitas vezes não decorre de requerimento da parte adversa (em particular do INSS no momento de sua defesa), mas advém de impulso oficial do órgão julgador — até mesmo dos auxiliares da justiça, como servidores do Poder Judiciário ou peritos judiciais.

Esses pontos chamam a atenção para uma certa subversão dos termos que tradicionalmente norteiam a dinâmica do ônus da prova (compete provar à parte que alega um fato ou direito).

Murilo Teixeira Avelino explica que o perito tem o dever de atuar "sem favorecimentos ou preferências. Não à toa aplica-se (*sic*) a ele as mesmas causas de impedimento e suspeição aplicáveis ao magistrado" (AVELINO, 2018, p. 229). Destarte, quando é o perito judicial quem tem a iniciativa de realizar investigação da vida do segurado nas redes sociais — como ocorreu nos casos citados acima, processos n. 5020402-78.2018.4.04.7100/RS e 5001377-38.2021.4.04.7112/RS — é nítido o intuito de buscar subsídios para corroborar a conclusão de inexistência de capacidade laboral. E isso põe em xeque o dever de imparcialidade do profissional.

Na era da sociedade do espetáculo (DEBORD, 1997, p. 14), marcada por "um deslizamento generalizado do ter para o parecer" e em que "toda realidade individual tornou-se social, diretamente dependente da força social, moldada por ela", ninguém expõe suas mazelas nas redes sociais. Dadas a prevalência do parecer em detrimento do ser e a necessidade de amealhar likes a fim de obter validação, as redes sociais são marcadas por postagens que demonstram êxitos e alegrias, jamais fracassos ou dificuldades.

Assim sendo, ao investigar as redes sociais do segurado atrás de informações sobre sua vida pessoal, o perito encontra exatamente o que deseja: pessoas em plena atividade e realização, nunca demonstrando qualquer situação de fragilidade ou vulnerabilidade.

Parece-nos, contudo, que conduta dessa natureza demonstra indiretamente um juízo de valor negativo, no sentido de que o segurado está faltando com a boa-fé e com a verdade perante o Juízo. É admissível que a autarquia previdenciária realize a investigação de tais circunstâncias, mas jamais o perito, a quem compete agir de forma desinteressada.

Tudo isso causa ainda mais espanto quando se tem em consideração que as ações previdenciárias compõem um ramo do Direito Social, em que a relação processual se dá entre partes notoriamente assimétricas, sendo que o polo ativo é dotado de evidente vulnerabilidade econômica e social, a redundar em vulnerabilidade processual.

É bastante curiosa essa atuação ex officio do Poder Judiciário no afã da produção de provas digitais, geralmente com a perspectiva da negativa dos direitos sociais, sendo que esse impulso oficial nem sempre encontra paralelo no sentido contrário, quer dizer, em relação à promoção dos direitos sociais (concessão dos benefícios).

Mesmo quando a investigação da vida do segurado nas redes sociais é feita pelo INSS — o que até é esperado, já que atua processualmente como parte —, subsiste o problema da autenticidade das publicações nas redes sociais, conforme bem observado, por exemplo, no trecho do acórdão que ora transcrevemos:

> Outrossim, descabe considerar a "investigação" efetuada pelo INSS a respeito do modo de vida do segurado nas redes sociais, ou sobre o que este publica no seu perfil, considerando que <u>sequer tem-se a certeza da idoneidade da suposta página atribuída à parte autora</u>, motivo pelo qual tal análise foge da alçada deste Tribunal e faz prevalecer o conteúdo do laudo pericial, máxime quando se trata de segurado acometido de esquizofrenia certificada pelo expert do juízo, o qual possui especialidade em psiquiatria. [grifos nossos]

Com efeito, não são incomuns perfis falsos (*fake*), criados e administrados por terceiros, de modo que a mera apresentação de captura de tela (*print screen*) da publicação em rede social não é suficiente para atrair a conclusão de que o segurado praticou determinada conduta ou participou de determinado evento. No particular, advertem Thamay e Tamer:

> A única maneira mais certa de atestar a autenticidade de tal prova é realizando a quebra de sigilo da postagem, com o fornecimento judicial das informações por parte dos provedores de aplicação e conexão. Sem isso, na imensa maioria dos casos, pairará a dúvida sobre o autor do fato, resultando na inutilidade prática da prova obtida. (THAMAY e TAMER, 2022, p. 44)

Não obstante a fragilidade das provas digitais oriundas de redes sociais quanto à autenticidade, fato é que ocorre de o INSS as utilizar como único elemento para proceder ao cancelamento de benefícios dos segurados.

Dessa forma, entendemos que ao menos as provas digitais oriundas de fontes abertas, notadamente da rede mundial de computadores e das redes sociais, devem ser analisadas com parcimônia e, preferencialmente, em conjunto com outros elementos probatórios. Sua utilização como único fundamento para a cassação de benefícios tem o potencial de ser sobremaneira injusta e nefasta aos segurados.

Conclusões

Considerando que a tecnologia da informação está cada vez mais imbricada com a vida humana, mediante sua utilização tanto na vida profissional quando pessoal, a exteriorização de fatos através de meios digitais se torna mais frequente. Trata-se de um caminho sem volta. Destarte, no Processo Judicial Previdenciário, vem se tornando mais comum a utilização de provas digitais, obtidas tanto através do cruzamento dos cadastros governamentais, quanto extraídas de fontes abertas, a saber, a internet e as redes sociais.

À míngua de regulamentação extensiva a respeito das provas digitais, elas devem ser analisadas com parcimônia, levando em consideração os princípios da vedação da prova ilícita, da liberdade probatória e da persuasão racional. Além disso, devem ser tomados cuidados com relação às suas autenticidade, integridade e preservação da cadeia de custódia, a fim de que a prova digital seja dotada de confiabilidade.

No presente estudo, constatamos que muitas vezes as provas digitais vêm sendo utilizadas pelo Poder Judiciário e pelos auxiliares da Justiça — sobretudo os peritos médicos judiciais — para fundamentar a negativa de benefícios por incapacidade.

Apesar de admitida possibilidade de realização de instrução probatória de ofício por parte de magistrados e auxiliares da justiça, é certo que esse impulso oficial encontra espaço tão somente na perspectiva da negativa da concessão dos benefícios, e não possui o mesmo vigor para a perspectiva de implementação desses direitos sociais.

Ademais, publicações em redes sociais documentadas através de capturas de telas (*print screens*) não detêm a necessária autenticidade e, consequentemente, confiabilidade, a ponto de serem consideradas, isoladamente, hábeis a fundamentar a não concessão ou a cassação de benefício previdenciário, especialmente aqueles por incapacidade.

Por outro vértice, as provas digitais podem ser utilizadas validamente, contribuindo para a demonstração da existência e da duração de relações jurídicas (conjugais ou trabalhistas, por exemplo) no tempo, dando ensejo ao deferimento de benefícios de pensão por morte.

Entendemos que, sobretudo quando têm o potencial de implicar a negativa de benefícios sociais de caráter alimentar e destinados a prover a subsistência dos segurados, as provas digitais não devem ser consideradas isoladamente, mas em conjunto com outros elementos de prova. Somente assim é possível se chegar a uma decisão mais justa e consentânea com os princípios que norteiam a Seguridade Social.

Referências

AVELINO, Murilo Teixeira. *O Controle Judicial da Prova Técnica e Científica*. Salvador: JusPodivm, 2017.

BARZOTTO, Luciane Cardoso. A Prova Digital como Meio de Prova Atípica: aspectos teóricos e um caso prático. In: MISKULIN, Ana Paula Silva Campos; BERTACHINI, Danielle e AZEVEDO NETO, Platon Teixeira de (Coords.). *Provas Digitais no Processo do Trabalho:* realidade e futuro. Campinas: Lacier Editora, 2022. p. 95-106.

BRASIL. Câmara dos Deputados. *Projeto de Lei n. 4.939, de 15 de outubro de 2020.* Dispõe sobre as diretrizes do direito da Tecnologia da Informação e as normas de obtenção e admissibilidade de provas digitais na investigação e no processo, além de outras providências. Brasília: Câmara dos Deputados, 2020. Disponível em: <https://www.camara.leg.br/proposicoesWeb/prop_mostrarintegra?codteor=1936366&filename=PL%20 4939/2020>. Acesso em: 08 abr. 2023.

CAMBI, Eduardo. *Curso de Direito Probatório*. Curitiba: Juruá, 2014.

______. *Direito Constitucional à prova no Processo Civil*. São Paulo: Revista dos Tribunais, 2001.

CASELLI, Guilherme. *Manual de Investigação Digital*. São Paulo: JusPodivm, 2021.

DEBORD, Guy. *A Sociedade do Espetáculo*. Rio de Janeiro: Contraponto, 1997.

FELICIANO, Guilherme Guimarães. Prova Oral Obtida por *WhatsApp* e Aplicativos Similares: uma breve análise. In: MISKULIN, Ana Paula Silva Campos; BERTACHINI, Danielle; AZEVEDO NETO, Platon Teixeira de (Coords.). *Provas Digitais no Processo do Trabalho:* realidade e futuro. Campinas: Lacier Editora, 2022. p. 212-218.

FERREIRA, William Santos. *Princípios fundamentais da prova cível*. São Paulo: Revista dos Tribunais, 2014.

NASCIMENTO, Bárbara Luiza Coutinho do. Provas Digitais Obtidas em Fontes Abertas na Internet: conceituação, riscos e oportunidades. In: LUCON, Paulo Henrique dos Santos; WOLKART, Erik Navarro; LAUX, Francisco de Mesquita; RAVAGNANI, Giovani dos Santos (Coords.). *Direito, Processo e Tecnologia*. 2. ed. São Paulo: Tomson Reuters, 2022. p. 111-126.

SILVA, José Antônio Ribeiro de Oliveira. A Prova Digital: um breve estudo sobre seu conceito, natureza jurídica, requisitos e regras de ônus da prova correlatas. In: MISKULIN, Ana Paula Silva Campos; BERTACHINI, Danielle; AZEVEDO NETO, Platon Teixeira de (Coords.). *Provas Digitais no Processo do Trabalho:* realidade e futuro. Campinas: Lacier Editora, 2022. p. 68-94.

THAMAY, Rennan; TAMER, Mauricio. *Provas no Direito Digital:* conceito da prova digital, procedimentos e provas dititais em espécie. 2. ed. São Paulo: Thomson Reuters, 2022.